사도행전 강해설교 4

21장~28장

사도행전적 비전을 갈망하라

流水 엄승용 지음

예찬사

■ 머리말

언더우드와 아펜셀러 선교사가 공식적으로 한국에 복음을 증거 한 이래 한국교회는 세계에서 그 유래를 찾아볼 수 없을 만큼 괄목할 만한 부흥과 성장을 이룬 것이 사실입니다. 이를 바탕으로 현재 2만 여명이 넘는 선교사를 해외에 파송하여 세계선교를 주도하고 있는 한국교회를 세계가 주목하고 있습니다. 그러나 안타깝게도 오늘날 한국교회는 인본주의, 물량주의, 기복주의, 신비주의 등 교회의 본질을 퇴색하게 하는 요소들이 농후하게 나타남으로 교회내부에서 조차 자성(自省)의 목소리가 높습니다. 뿐만 아니라 교회 밖에서 교회를 바라보는 시선 또한 곱지 않은 것을 부인할 수 없습니다.

주지하는바와 같이 중세교회가 영적 암흑기를 맞이했을 때 루터를 비롯한 종교개혁자들이 '오직 믿음', '오직 성경', '오직 은혜' 를 외치며 종교개혁을 주도했습니다. 그들은 엄청난 위협을 받으면서도 종교개혁의 횃불을 높이 들고 교회의 본질 회복을 위해 자신을 아낌없이 던졌습니다. 그 결과 굽은 길로 가던 중세교회는 현재 기독교의 모습으로 새롭게 탄생되었습니다.

작금(昨今)의 한국교회는 종교개혁자들의 정신을 바탕으로 '사두행전적인 교회' 를 추구함으로 다시 한 번 교회의 본질을 회복해야 한다고 확신합니다. 사도행전적 교회란 성령의 강권적인 능력으로 기사와 표적이 많이 나타나고, 뜨겁게 서로 사랑함으로 하나가 되며, 날마다 구원받는 사람들이 늘어나고, 복음을 땅 끝까지 전파하는 교회를 의미하기 때문입니다.

지금까지 '사도행전적 부흥을 갈망하라'(1-7장), '사도행전적 변화를 갈망하라'(8-14장), '사도행전적 선교를 갈망하라'(15-20장)가 차례로 출판되었습니다. 이제 사도행전 강해설교집을 마무리 지으면서 '사도행전적 비전을 갈망하라'(21-28장)를 세상에 내놓습니다. 너무 부족한 글이라 다른 사람들에게 보이기조차 부끄럽지만, 이 보잘것없는 노력이 사도행전적인 부흥을 꿈꾸며 갈망하는 이 땅에 수많은 성도들과 교회들에게 자그마한 도움이라도 되었으면 합니다.

사도행전 강해설교집을 마무리 하면서 특별히 감사드릴 분들이 있습니다. 마음껏 집필과 선교사역을 펼칠 수 있도록 지도편달(指導鞭撻)을 아끼지 않으시는 믿음의 아버지 최재현 목사님, 늘 자상한 누님처럼 아껴주시고 기도해 주시는 김정민 권사님, 부족한 글을 선뜻 출판해 주신 예찬사 이환호 목사님과 스텝들, 그리고 언제나 기도해주시고 협력해 주시는 한빛교회 성도들에게 감사를 드립니다. 끝으로 기도하며 묵묵히 내조하는 아내와 든든한 후원자인 자녀들에게도 고마움의 뜻을 전합니다.

_ 2012. 6.

대전 한빛교회 비전센터에서

유수(流水) **엄승용** 목사

■ 목차

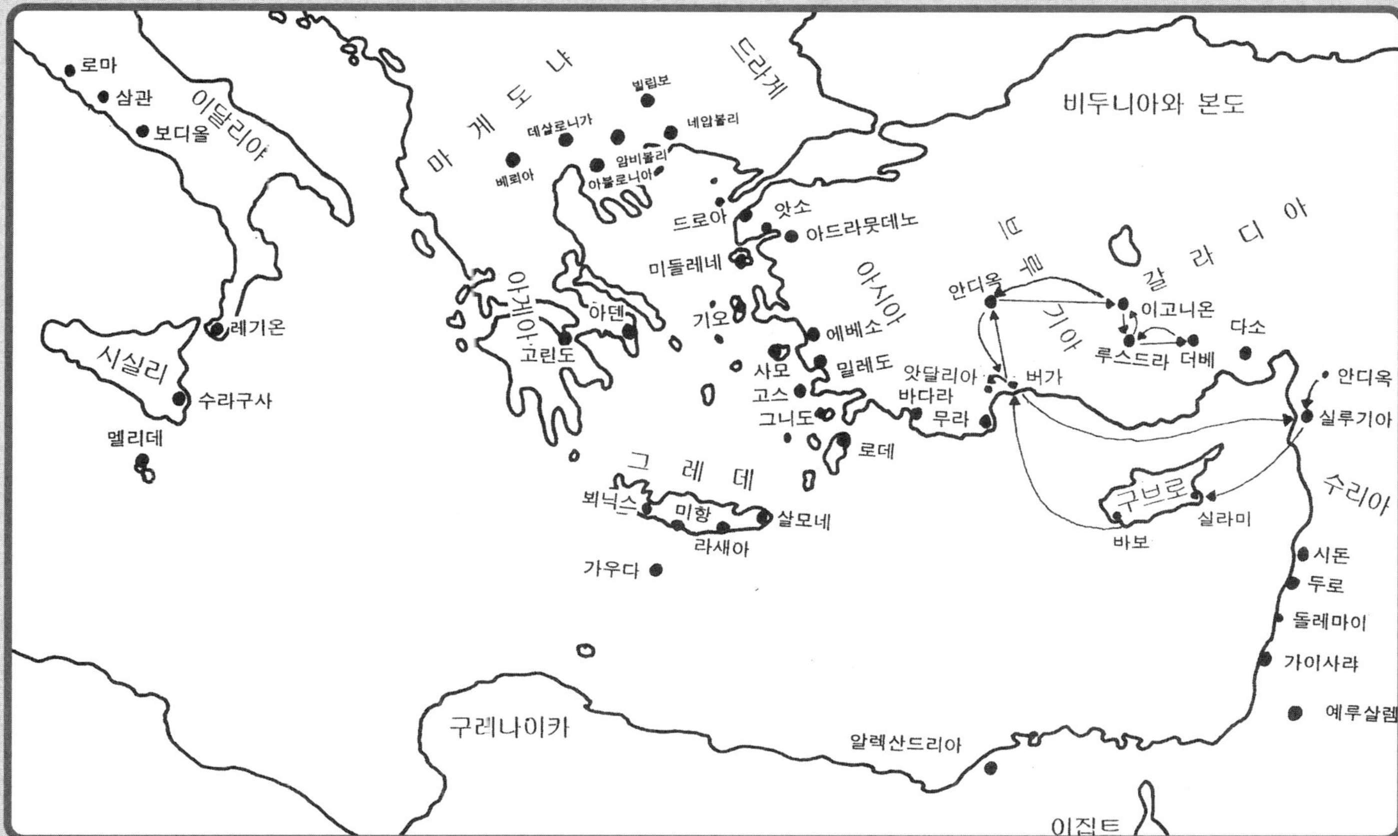

로마
삼관
보디올
이달리아
레기온
시실리
수라구사
멜리데
마게도냐
베뢰아
데살로니가
빌립보
네압볼리
암비볼리
아볼로니아
드라게
드로아
앗소
아드라뭇데노
미들레네
아가야
아덴
고린도
기오
사모
에베소
밀레도
고스
그니도
로데
아시아
그레데
뵈닉스
미항
라새아
살모네
가우다
비두니아와 본도
브루기아
갈라디아
안디옥
이고니온
루스드라
더베
다소
앗달리아
버가
바다라
무라
안디옥
실루기아
구브로
바보
살라미
수리아
시돈
두로
돌레마이
가이사랴
예루살렘
구레나이카
알렉산드리아
이집트

■ 바울의 제 1차 전도여행 ■

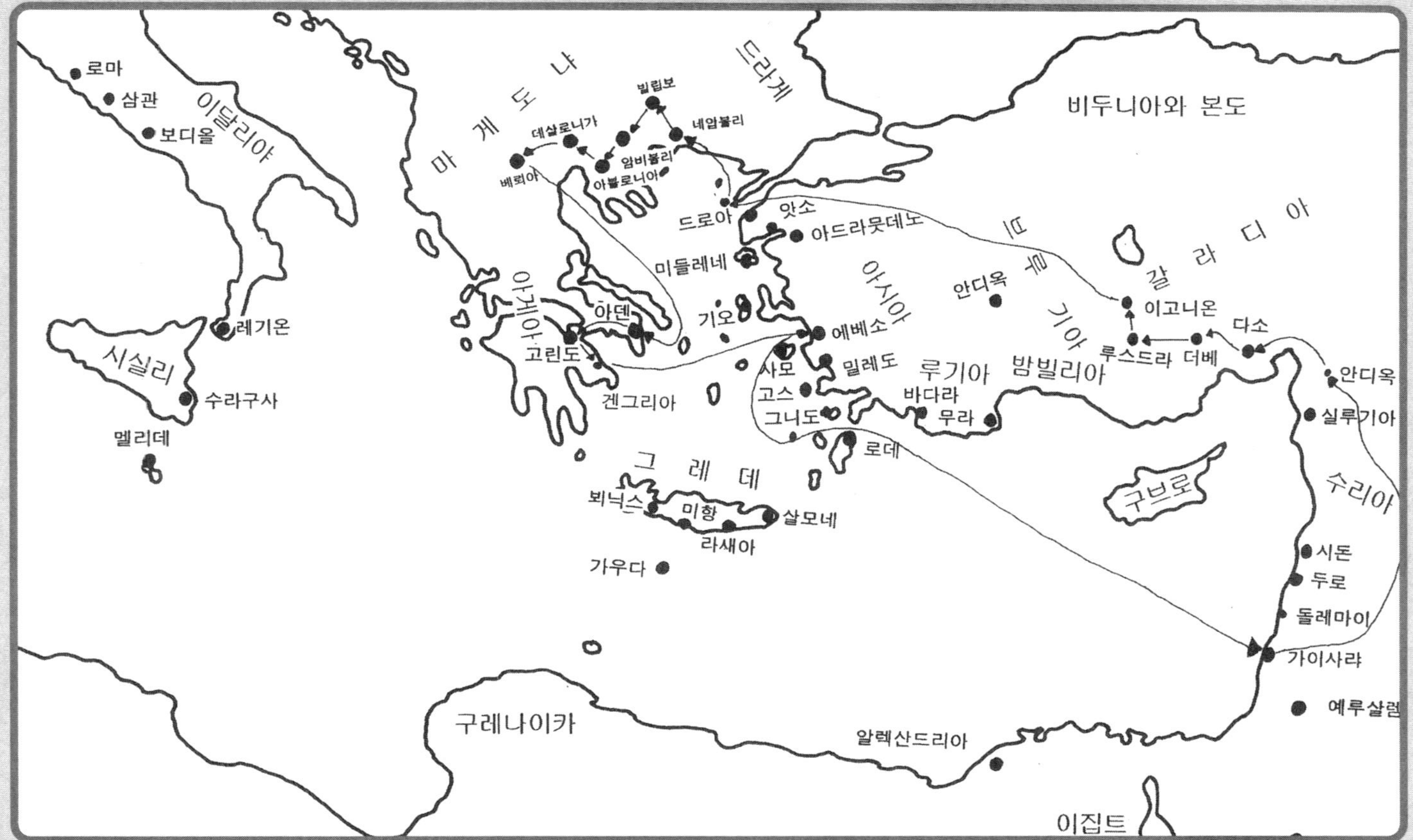

로마
삼관
보디올
이달리아
레기온
시실리
수라구사
멜리데
마게도냐
드라게
빌립보
네압볼리
데살로니가
암비볼리
아볼로니아
베뢰아
드로아
앗소
아드라뭇데노
미들레네
기오
아덴
아게아
고린도
겐그리아
에베소
사모
고스
그니도
밀레도
로데
그레데
뵈닉스
미항
살모네
라새아
가우다
아시아
안디옥
브루기아
갈라디아
비두니아와 본도
이고니온
루스드라
더베
다소
루기아
밤빌리아
바다라
무라
안디옥
실루기아
수리아
구브로
시돈
두로
돌레마이
가이사랴
예루살렘
구레나이카
알렉산드리아
이집트

■ 바울의 제 2차 전도여행 ■

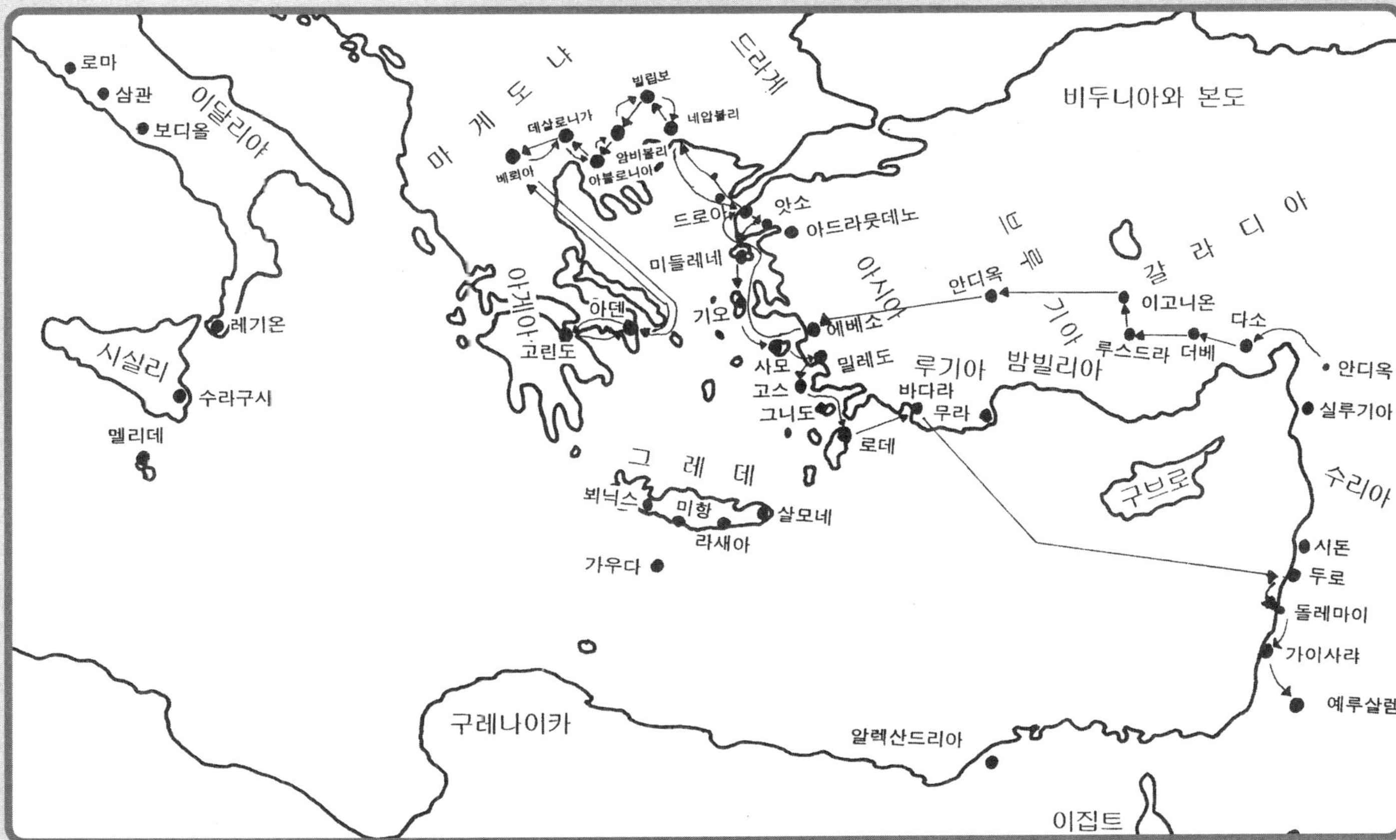
로마
삼관
보디올
이달리아
레기온
시실리
수라구시
멜리데
마게도냐
데살로니가
베뢰아
빌립보
네압볼리
암비볼리
아볼로니아
드라게
앗소
드로아
아드라뭇데노
미둘레네
아가야
아덴
고린도
기오
사모
고스
그니도
밀레도
에베소
아시아
로데
그레데
뵈닉스
미항
라새아
살모네
가우다
비두니아와 본도
브루기아
갈라디아
안디옥
이고니온
루스드라
더베
다소
루기아
밤빌리아
바다라
무라
구브로
안디옥
실루기아
수리아
시돈
두로
돌레마이
가이사랴
예루살렘
알렉산드리아
구레나이카
이집트

■ 바울의 제 3차 전도여행 ■

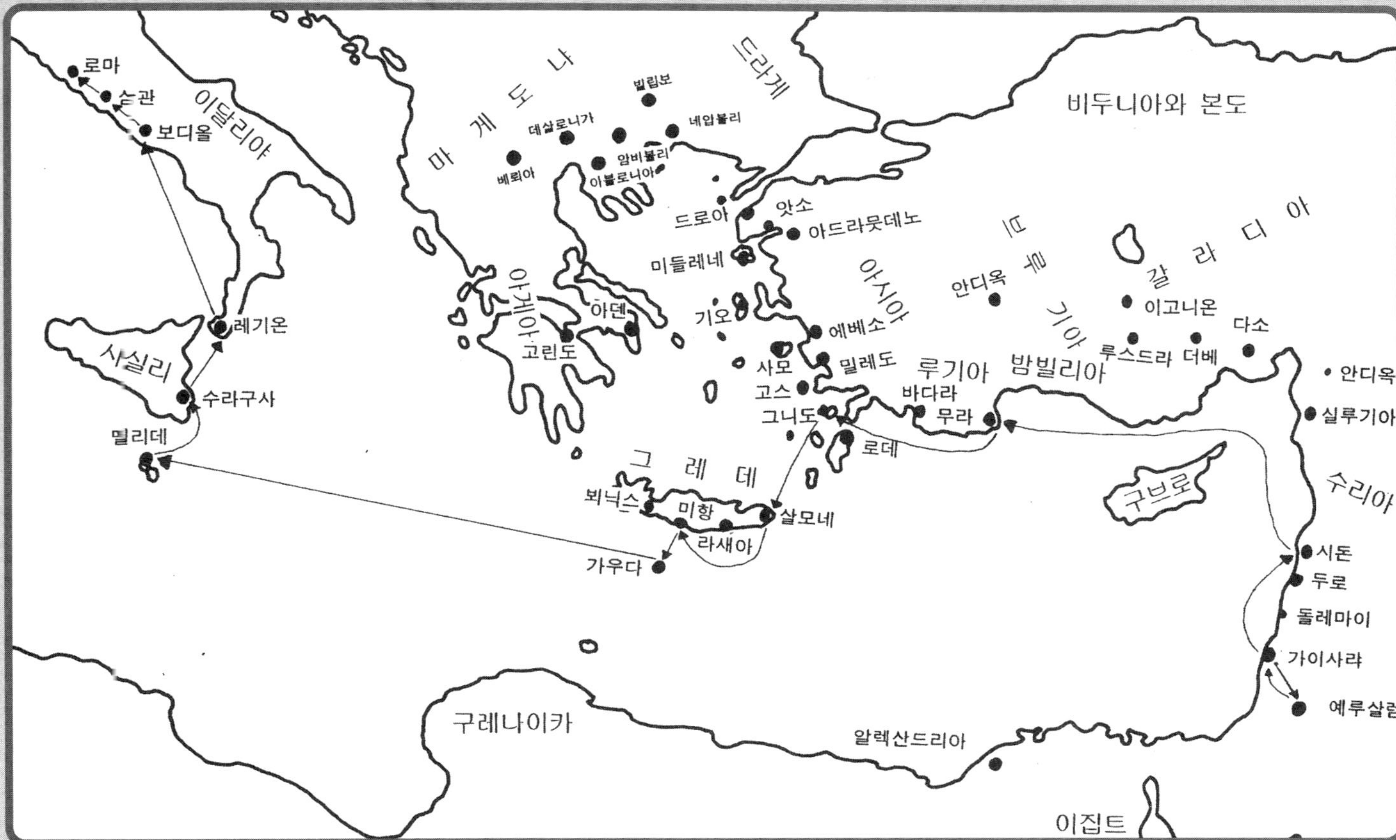
로마
순관
보디올
이달리아
레기온
사실리
수라구사
멜리데
마게도냐
데살로니가
베뢰아
빌립보
네압볼리
암비볼리
아볼로니아
드라게
드로아
앗소
아드라뭇데노
미들레네
아게아
아덴
고린도
기오
에베소
아시아
사모
밀레도
고스
그니도
로데
그레데
뵈닉스
미항
라새아
살모네
가우다
비두니아와 본도
브루기아
안디옥
갈라디아
이고니온
루스드라
더베
다소
루기아
밤빌리아
바다라
무라
안디옥
실루기아
수리아
구브로
시돈
두로
돌레마이
가이사랴
예루살렘
구레나이카
알렉산드리아
이집트

■ 바울의 로마행 ■

두로의 추억

사도행전 21장 1-6절

우리가 그들을 작별하고 배를 타고 바로 고스로 가서 이튿날 로도에 이르러 거기서부터 바다라로 가서 베니게로 건너가는 배를 만나서 타고 가다가 구브로를 바라보고 이를 왼편에 두고 수리아로 항해하여 두로에서 상륙하니 거기서 배의 짐을 풀려 함이러라 제자들을 찾아 거기서 이레를 머물더니 그 제자들이 성령의 감동으로 바울더러 예루살렘에 들어가지 말라 하더라 이 여러 날을 지낸 후 우리가 떠나갈새 그들이 다 그 처자와 함께 성문 밖까지 전송하거늘 우리가 바닷가에서 무릎을 꿇어 기도하고 서로 작별한 후 우리는 배에 오르고 그들은 집으로 돌아가니라

누가는 사도행전 20장에서 바울이 밀레도에서 에베소 장로들을 초청해 긴 설교를 한 것으로 제3차 선교여행을 마무리 짓고 귀로(歸路)에 오르게 됨을 기록했다. 이어서 21장에서는 바울이 밀레도를 떠나 예루살렘으로 돌아오기까지의 일정과 예루살렘에 도착한 후 유대주의자들에게 체포되어 로마 당국자들에게 넘겨진 사실을 기록했다. 본문은 바울 일행이 밀레도를 떠나 고스, 로도, 바다라를 거쳐 두로에 상륙하는 여정(旅程)과 그곳에서 배가 짐을 풀고 싣는 동안 바울 일행이 두로에 있는 성도들을 만나 아름다운 사랑의 교제를 나누고 떠나는 장면이 기록되어 있다.

여기서는 바울이 두로에서 그곳의 성도들과 믿음의 교제를 나눈 아름다운 추억을 살펴보면서 함께 은혜를 나누려고 한다.

1. 바울은 사사로운 정(情)보다 사명 감당을 더 중요시했다(1절).

바울은 밀레도에서 에베소교회 장로들을 초청해서 여러 가지로 권면하고 교훈하는 설교를 했다. 바울의 긴 설교가 끝나자 모든 사람들이 함께 무릎을 꿇고 기도했다(행 20:36). 그때 바울은 에베소교회 장로들과 밀레도 성도들에게 "다시는 자신의 얼굴을 보지 못할 것이라"고 말했다. 그 말을 들은 모든 사람들이 크게 울며 바울의 목을 안고 입을 맞추고 더욱 근심하며 배에까지 그를 전송했다(행 20:37-38).

누가는 본문에서 "우리가 그들을 작별하고 배를 타고…" 라고 기록하고 있다.

사도행전에는 '우리' 라는 단어가 네 번 나오는데(행 16:10-17, 20:5-14, 21:1-18, 27:1 -28:16) 이는 누가 자신을 포함한 바울 일행을 가리키는 말이다. 여기서 사용된 '우리' 라는 말속에는 사도행전 20장 4절에 언급된 사람들, 즉 소바더, 세군도, 가이오, 디모데, 두기고, 드로비모, 아리스다고 등이 포함되었을 것으로 보인다. 왜냐하면 이 사람들의 이름이 언급된 후 지금까지 그들이 바울과 헤어졌다는 언급이 없고 예루살렘교회를 위한 헌금 전달자들의 명단에는 위에 열거 된 사람들 외에 다른 사람들의 이름까지도 포함되었기 때문이다.

그리고 '그들을' 이란 표현은 밀레도의 성도들과 에베소교회의 장로들을 가리킨다(행 20:17). 그들은 예루살렘에서 장차 겪게 될 바울의 결박과 환난을 생각하고 근심하고 울면서 배에까지 나와 바울 일행을 전송한바 있었다(행 20:28).

여기서 좀 더 깊이 생각해 보고자하는 것은 '작별하고' 라는 말이다(1절). 이 말은 헬라어로 '아포스타오' 로 '어떤 사람 또는 물건으로부터의 분리' 를 뜻하는 '아포' 와 '끌다' '당기다' 라는 의미가 있는 '스타오' 의 합성어다. 여기서는 이 말이 두 사람이 붙어 있는 것을 '억지로 떼어놓은 것' 을 일컫는 수동형동사(행 20:30, 눅 22:41) 형태로 쓰였기 때문에 '우리가 억지로 떠나게 되었다' 는 의미가 된다. 즉, 에베소교회 장로들과 바울 일행의 작별은 자발적인 것이 아니라 하나님의 계획 안에서 '강제적' 으로 이루어졌음을 시사(示唆)한다. 바울과 에베소 장로들이 매우 친밀한 사랑으로 묶여졌으나 바울이 사사로운 인간의 정(情)을 과감하게 뿌리치고 하나님의 복음사역을 위해서 에베소를 떠났다는 얘기다.

여기서 우리가 깨달아야 할 것이 있다. 하나님의 일꾼들은 인간적인 사사로운 연민(憐愍)의 정(情)보다 하나님께서 부여해 주신 사명 감당을 최우선적인 과제로 삼아야 한다는 것이다.

2. 바울은 복음의 열정에 사로잡혀 있었다(2-4절).

바울 일행은 밀레도의 성도들, 에베소 장로들과 작별하고 배를 타고 고스로 가서 이튿날 로도에 이르러 바다라로 갔고, 거기서 베니게로 건너가는 배를 만나서 타고 두로로 향했다.

여기서 바울 일행이 밀레도를 떠나 예루살렘으로 돌아가는 여정(旅程)에 나타난 지역들을 구체적으로 살펴보면 다음과 같다.

① 고스(Cos)는 밀레도 남쪽 70킬로미터 떨어진 곳에 위치한 작은 섬이다. B.C.1,500년부터 사람들이 거주한 것으로 알려졌으며 고대 세계

에서 가장 아름다운 항구 중에 하나였다. 이곳에는 그 당시 사람들이 믿고 있던 치료의 신(神) 에스큘라피우스(Aesculapius)신전과 그것에 부속 된 의학학교가 있었고 의학의 원조로 알려진 히포크라테스(Hippocrates)의 고향이었다. 따라서 직업이 의사였던 누가는 고스에 대한 관심이 클 수 밖에 없었기 때문에 이 섬을 본문에서 언급한 것으로 보인다.

② 로도(Rhodes)는 에게 해(the Aegean Sea) 남동쪽에 위치한 섬이다. 일명 '장미의 섬'이라 불릴 만큼 산(山)과 장미나무가 많았는데 이는 풍부한 일조량과 적당한 기후 때문이었다고 한다. 고대 세계의 7대 불가사의 중 하나로 알려진, 높이 45미터가 넘는 거대한 태양신 콜로수스(Colossus)라 불러지는 아폴로의 동상이 있어서 로도를 유명하게 만들었다. 바울 일행이 이곳을 지날 때는 이 거대한 동상이 B.C.224년에 발생한 지진으로 파괴되어 잔해만 남아있었을 것이다.

③ 바다라(Patara)는 로도 섬에서 약 85킬로미터 떨어진 리기아(Lycia) 해안에 위치한 중요한 항구도시다. 이곳은 아름다운 항구이자 거대한 상업도시이기도 했다. 한때는 델피(Delphi)에 필적할만한 아폴로 신의 신탁(Oracle)이 있었던 곳이다.

바울 일행은 바다라에서 베니게로 건너가는 배를 만나서 타고 가다가 구브로를 바라보고 이를 왼편에 두고 수리아로 항해하여 두로에 상륙했다(3절). 이는 거기서 배의 짐을 풀려 했기 때문이다. 이때 바울 일행은 제자들을 찾아 거기서 이레를 머물렀다. 여기서 말하는 '제자들'은 예수 믿는 성도들을 가리키는 말로 복음의 진리를 배운 사람들을 지칭한다. 이 명칭은 예수께서 승천하시기 직전에 사도들에게 전도의 사명을 주시면서 복음을 받아들일 사람들을 가리켜 말씀하신 것으로(마 28:19-20) 초대교회에서는 예수 믿는 신자(信者)들을 제자라고 불렀다.

여기서 특별히 주목할 낱말은 '찾아' 라는 말이다(4절). 이는 '아뉴론테스' 라는 말로 '수색(搜索)하여 찾아낸다.' 라는 의미다. 따라서 바울 일행이 두로에 있는 성도들과 사전(事前)에 약속해서 만난 것이 아니라 그들이 예수 믿는 사람들을 적극적으로 찾아다녀 만났다는 사실을 깨닫게 된다. 두로에 있는 교회가 어떻게 해서 세워졌는가에 대해서 정확한 것은 알 수 없다. 다만 스데반의 순교 이후 신자들이 흩어져 헬라인들에게 복음을 전파함으로 생겨난 것으로 본다(행 11:19). 그리고 '수색하듯이 찾았다' 는 말씀을 볼 때 그 숫자도 많지 않은 것으로 여겨진다.

그러면 바울이 두로에 있는 신자들을 적극적으로 찾아 만난 이유는 무엇인가? 그것은 그곳에 있는 신자들을 격려하고, 가르치며, 복음을 전하기 위함으로 보인다. 이와 같이 바울은 기회만 있으면 복음을 전하고자하는 열정에 사로잡혀 살았음을 깨닫게 된다. 우리는 바울이 디모데에게 편지할 때 "너는 말씀을 전파하라 때를 얻든지 못 얻든지 항상 힘쓰라"(딤후 4:2)고 교훈 했던 것을 다시 한 번 되새길 필요가 있다.

3. 하나님의 말씀을 어떻게 적용하느냐가 중요하다(4절).

바울 일행을 태운 배는 두로에 도착해서 짐을 풀었다(3절). 그리고 다른 짐을 싣고 사람들을 태우는 등 배가 출항을 준비하는데 일주일이 걸렸다(4절). 그동안 바울 일행은 두로에 있는 성도들을 찾아 복음을 전했다. 이때 제자들이 성령의 감동을 받아 바울더러 예루살렘에 들어가지 말라고 권면했다(4절).

여기서 우리가 깊이 생각해야 할 것이 있다. 지금 바울은 성령에 매여 예루살렘으로 가고 있는데 거기서 무슨 일을 만날지 알 수 없었다(행 20:22). 성령께서 바울에게 결박과 환난이 기다린다고 말씀하시기도 했다(행 20:23). 그러나 바울은 "내가 달려갈 길과 주 예수께 받은 사명 곧 하나님의 은혜의 복음을 증언하는 일을 마치려 함에는 나의 생명조차 조금도 귀한 것으로 여기지 아니하노라"(행 20:24)라고 고백하면서 예루살렘을 향해 가고 있는 중이었다. 다시 말하면 바울은 성령께서 말씀하신대로 예루살렘으로 올라가면 결박과 환난이 기다린다는 사실을 알면서도 성령의 지시에 따라 예루살렘으로 향하고 있는 것이다. 그런데 두로에 있는 성도들도 동일한 성령의 감동을 받아 바울이 예루살렘으로 올라가면 결박과 환난이 가린다는 사실을 알고 바울더러 '예루살렘에 들어가지 말라' 고 권하고 있다.

여기서 깨닫게 되는 것이 있다. 똑같은 하나님의 말씀이 임하고 동일한 성령의 지시와 감동이 있다 할지라도 무엇을 선택하며 그 말씀을 어떻게 적용(Application) 하느냐 하는 것은 전적으로 '내가 결정' 할 문제라는 얘기다. 즉, 하나님의 말씀과 성령의 감동이 임할 때 순종할 수도 있고 거부할 수도 있다. 하나님은 인간을 로봇(a Robot)으로 만들지 않으셨기 때문이다. 그러나 분명한 것은 순종하는 자에게는 은총과 축복이 임하지만 불순종하는 자에게는 고난과 형벌이 따른다는 사실은 반드시 기억해야 한다.

바울은 비록 결박과 환난이 예루살렘에서 자신을 기다린다고 하지만 자기에게 주어진 사명을 감당하기 위해서는 예루살렘으로 올라가기를 주저하지 않았다. 이점이 신앙인으로서 그의 위대함을 보여주는 대목이다.

4. 바울 일행과 두로의 성도들은 바닷가에서 기도하고 헤어졌다(5절).

성경에는 두로에 대한 언급이 여러 번 기록되어 있다. 마가는 예수님의 전도 사역 초기에 두로 사람들이 예수님을 찾아 온 사실을 기록했고(막 3:8) 얼마 지나지 않아 예수님이 두로와 시돈 지방을 찾아가신 사실을 썼다(막 7:24, 마 15:21). 또한 그곳에서 한 수로보니게 여인이 자기 딸 고쳐주기를 예수님께 간청했을 때 좀 냉정한 방법으로 그녀의 신앙을 시험한(Test) 후에 그녀의 신앙에 응답하여 큰 사랑과 능력을 베풀어주셨음을 기록했다(막 7:24-30). 특히 주님은 자신이 큰 능력을 베푸셨던 도시들이 회개하지 않았을 때 무섭게 책망하시면서 두로와 시돈을 거명하시기도 했다(마 11:21).

이런 두로에 바울 일행은 성령의 지시를 받아 예루살렘으로 올라가는 여정 중에 잠시 들르게 되었다. 배가 짐을 풀고 싣는 동안 그들은 두로에 있는 성도들을 찾아 복음을 전하고 그들과 함께 그리스도의 사랑을 나누며 친밀한 교제를 나누었다. 바울이 일주일을 두로에 머물면서 성도들과 나눈 사랑의 교제는 그동안 쌓였던 피로를 말끔히 씻어주기에 충분했고 그로서는 평생 잊을 수 없는 추억으로 남았을 것이다. 그런데 중요한 것은 이런 사랑을 나눈 곳이 유대 땅이 아니요, 같은 동족인 유대인도 아니었다는 사실이다. 그들은 북쪽 변방 한 구석에 있는 두로의 이방인 성도들이었다. 이는 복음전하는 하나님의 사람들을 사랑으로 섬기려는 마음은 누구나 가질 수 있다는 사실을 깨닫게 하는 대목이다(왕상 17:8-16, 왕하 4:8-37).

사랑만큼 좋은 묘약은 없고 좋은 추억만큼 아름다운 것은 없다. 그러나 바울은 사명을 따라 산 사람이었기 때문에 아무리 사랑의 교제가 아름답다 할지라도 계속 그곳에 머물 수는 없어서 그곳을 떠나게 되었다. 이때 두로의 성도들은 처자와 함께 성문 밖에까지 전송하고 바닷가에서 무릎을 꿇고 기도했다.

이 말씀 가운데 깨닫게 되는 중요한 교훈이 있다.

① 그들은 기도하며 헤어졌다는 것이다.

떠나가고 떠나보내기 아쉬운 이별이었지만 안녕이란 말 대신에 기도하며 헤어졌다는 사실이 아름답다. 열 번의 작별인사 보다는 한 번의 기도가 훨씬 더 귀함을 깨닫게 된다.

② 그들이 기도드리고 헤어진 장소는 바닷가였다.

바닷가는 기도하기에 좋은 장소는 아니다. 바다에서 불어오는 세찬 바람에 모래가 날리기도 하고 파도소리에 서로의 말이 잘 들리지 않을 수도 있다. 그럼에도 불구하고 그들이 헤어지기 전에 바닷가에서 기도했다는 것은 '기도는 장소의 구애가 없다.' 는 것을 깨닫게 해준다.

필자가 남대문 선교회를 섬길 때의 일이다. 남대문시장에서 사업하는 사람들 가운데 예수 믿는 성도들이 함께 모여 기도하고, 말씀을 나누며, 선교하는 곳이 남대문 선교회다. 필자는 때때로 회원들의 사업장에 찾아가 그들과 사업장을 위해 기도했었다. 수많은 사람들이 오가는 남대문시장 골목에서 성도들의 손을 붙잡고 기도하는 것이 처음에는 매우 어색하고 힘들었다. 그러나 시장골목이면 어떻고 공장이면 어떤가? 기도하려는 마음만 있으면 어디서나 장소의 구애를 받지 않고 기도하는 것이 얼마나 중요한 것인지 그때 더욱 확실히 깨닫게 되었다.

③ 그들은 다 같이 기도를 드렸다.

바울 일행과 두로의 성도들이 헤어지는 현장에는 어른도 있었고, 어린이도 있었고, 남자도 있었고, 여자들도 있었다(5절). 이 말씀은 '기도드리는 곳에는 남녀노소를 가릴 필요가 없다' 는 것을 의미한다. 남녀노소를 불문하고 함께 모여 기도할 때 주님께서도 그곳에 함께 하신다는 사실을 성경은 말씀하고 있다(마 18:20).

④ 그들은 무릎을 꿇고 기도를 드렸다.

당시 유대인들은 대개 서서 기도했다(눅 18:11, 막 11:25, 마 6:5). 그런데 바울은 에베소교회 장로들과 헤어지면서 무릎을 꿇고 기도했고(행 20:36) 오늘 두로의 신자들과 함께 바닷가에서 무릎을 꿇고 기도했다. 이는 겟세마네 동산에서 무릎을 꿇고 기도드렸던 예수님과 같이(마 26:39) 그들의 기도가 간절했는가를 보여주는 대목이다.

5. 그들은 함께 기도를 드린 후에 각자의 사명지로 돌아갔다(6절).

바울 일행은 두로에서 한 주간 꿈같은 시간을 보냈다. 거기서 복음을 전하고 그리스도 안에서 사랑의 교제를 나누었다. 바울로서는 결코 잊지 못할 추억이었을 것이다. 두로의 성도들은 성령의 감동을 받고 바울을 염려해서 결박과 환난이 기다리는 예루살렘에 올라가지 말라고 권하기도 했다. 그러나 바울은 성령의 지시를 따라 예루살렘에 올라가기로 작정하고 바닷가까지 배웅 나온 사람들과 기도로 작별을 고했다. 서로 작별한 후에 바울 일행은 배에 올라 예루살렘으로 향했고 그들은 집으로 돌아갔다고 본문은 말씀한다(6절).

여기서 우리는 기도한 후에 그곳에 머물지 말고 각자의 사명지로 떠나야 한다는 것을 깨닫는다. 아브라함이 소돔과 고모라 성을 위해서 기도한 후에 "하나님이 아브라함과 말씀을 마치시고 가시니 아브라함도

자기 곳으로 돌아갔다"고 성경은 말씀한다(창 18:20-33). 또한 예수께서 베드로, 요한, 야고보를 따로 데리시고 변화산에서 기도하신 후에 "여기가 좋사오니 여기에 초막 셋을 짓고 머물자"는 베드로의 제안을 뿌리치고 산 아래로 내려 오셨다는 사실을 잊지 말아야 한다(마 17:1-8).

■ **오늘의 말씀을 요약해 보자.**

- 하나님의 사람들은 사사로운 연민의 정보다 사명을 따라 살아야 한다.
- 성도들은 복음 전할 기회를 만들어 복음을 전하고자 하는 열정을 가져야 한다.
- 하나님의 말씀이 임할 때 '선택'과 '적용'이 중요하다.
- 하나님의 사람들을 사랑으로 섬기며 교제하는 것은 참으로 중요하다.
- 기도하는 장소는 따로 구별됨이 없다.
- 기도한 후에는 각자의 사명지로 돌아가 충성을 다해야 한다.

주의 뜻이 이루어지이다

사도행전 21장 7-14절

두로를 떠나 항해를 다 마치고 돌레마이에 이르러 형제들에게 안부를 묻고 그들과 함께 하루를 있다가 이튿날 떠나 가이사랴에 이르러 일곱 집사 중 하나인 전도자 빌립의 집에 들어가서 머무르니라 그에게 딸 넷이 있으니 처녀로 예언하는 자라 여러 날 머물러 있더니 아가보라 하는 한 선지자가 유대로부터 내려와 우리에게 와서 바울의 띠를 가져다가 자기 수족을 잡아매고 말하기를 성령이 말씀하시되 예루살렘에서 유대인들이 이같이 이 띠 임자를 결박하여 이방인의 손에 넘겨 주리라 하거늘 우리가 그 말을 듣고 그 곳 사람들과 더불어 바울에게 예루살렘으로 올라가지 말라 권하니 바울이 대답하되 여러분이 어찌하여 울어 내 마음을 상하게 하느냐 나는 주 예수의 이름을 위하여 결박 당할 뿐 아니라 예루살렘에서 죽을 것도 각오하였노라 하니 그가 권함을 받지 아니하므로 우리가 주의 뜻대로 이루어지이다 하고 그쳤노라

바울 일행은 두로를 떠나 남쪽으로 약 35킬로미터 떨어진 돌레마이에 이르러 형제들에게 안부를 묻고 그들과 하루 동안 있다가 이튿날 가이사랴에 이르게 되었다.

돌레마이를 구약시대에는 악고(Acco, 삿 1:31)라고 불렀다. 그러던 것이 B.C.300년경 알렉산더 대왕이 죽고 그의 왕국이 사분되었을 때 첫째 왕국을 차지한 돌레미 2세(Ptolemy Ⅱ, B.C.285-246)의 이름을 따서 돌레마이라고 불려졌다. 현재는 이곳을 악크레(Acre or Akka)라고 부른다. 돌레마이는 팔레스타인 해안에서 가장 좋은 항구로 여겨졌고 산으로 둘러싸여 있어서 이스라엘이 한 번도 이 도시를 점령한 바가 없었다. 따라서 이스라엘 사람들은 이곳을 블레셋의 도시로, 헬라인들은 베니게인의 도시로 인식했다.

돌레마이에서 바울 일행은 하루 밖에 머물지 않았지만 거기서 형제들을 쉽게 만날 수 있었다. 특이한 것은 누가가 두로에서는 그리스도인을 가리켜 '제자들' 이라고 표현한 반면(4절) 여기서는 '형제들' 이라고 표현함으로 친근감을 더해준다는 점이다.

바울 일행은 돌레마이에서 하루를 머물다가 그곳을 떠나 가이사랴에 이르렀다. 가이사랴(Caesarea)는 돌레마이에서 남쪽으로 50-60킬로미터 떨어진 지점에 위치한 곳이다. 가아사랴는 로마 치하에 있던 유대 지방의 정치적 수도이며 행정관(Procurator)이 거주하던 도시로 헤롯 대왕이 건설해서 로마의 황제 아우구스투스(Augustus)를 찬양하기 위해 가이사랴로 이름을 붙였다. 바울은 이 도시를 세 번째 방문했다. 첫 번째는 예루살렘에서 다소로 여행하는 도중에 방문했고(행 9:30), 두 번째는 2차 전도여행 말기에 안디옥에서 돌아오는 길에 방문했다(행 18:22). 따라서 이번이 세 번째 가이사랴을 방문하게 되는 셈이다. 바울 일행은 가이사랴에 이르러 일곱 집사 가운데 하나인 전도자 빌립의 집에 들어가 머물렀다.

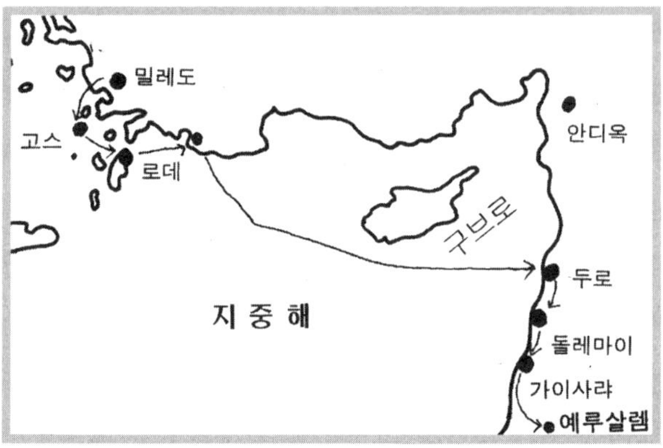

여기서는 바울 일행이 빌립의 집에 머무는 동안 있었던 일들을 살펴

보면서 함께 은혜를 나누려고 한다.

1. 누가는 빌립 집사를 전도자로 부르고 있다(8절).

빌립은 초대 예루살렘교회에서 맨 처음 세움 받은 일곱 집사 가운데 한 사람이었다(행 6:5). 예루살렘교회에 큰 박해가 일어나자 사도 외에는 다 유대와 사마리아로 흩어졌다(행 8:1). 이때 빌립은 사마리아에 내려가 복음을 전했다(행 8:4-5). 그 후 빌립은 에디오피아 여왕 간다게의 모든 국고 맡은 내시(內侍)가 예배드리러 예루살렘에 왔다가 돌아갈 때 성령의 지시에 따라 가사까지 내려가 그에게 복음을 전하고 세례를 베풀었다(행 8:26-36). 이와 같이 빌립은 처음에는 교회 내의 문제로 등장한 구제하는 일을 맡은 '집사' 였다. 그러나 나중에는 복음을 전하며 영혼을 살리는 '전도자' 로 적극적인 활동을 전개한 것이다. 신약성경에서 '전도자' 라는 말이 이곳에서 처음 사용되었고, 에베소서 4장 11절, 디모데후서 4장 5절에 나오는 것 까지 모두 세 번밖에 나오지 않는다. 누가는 빌립을 '전도자' 로 부름으로 그를 사도 빌립과 구분함과 동시에(행 1:13) 그의 전도 업적을 높이 평가하려는 의도를 가진 것으로 보인다.

여기서 깨닫게 되는 것은 하나님은 자기에게 맡겨진 일을 충성스럽게 감당하는 자에게 더 큰 일을 맡기신다는 사실이다(마25:14-30).

2. 빌립은 가정 사역에서도 성공한 사람으로 평가할 수 있다(9절).

빌립에게는 딸이 넷이 있었는데 그들 모두 처녀로 예언하는 자들이었다. 즉, 빌립의 딸 모두는 하나님께로부터 예언의 은사(고전 12:10)를 받았다는 것이다. 이는 당시 교회에서 봉사하던 여자들이 대부분 과부들이었던 점(딤전 5:9-15)에 비추어 볼 때 매우 의미 있는 일로 평가 할 수 있다. 처녀는 정결한 믿음을 준비하여 그리스도의 재림을 대망하는 교회의 그림자와 모형이기도 하다(마 25:1-13). 전도하는 아버지와 처녀로 예언하는 딸들이 있는 가정은 복 받은 가정이라 아니할 수 없다. 이와 같이 빌립은 자신뿐만 아니라 자녀들의 신앙을 잘 지도해서 주의 큰 일꾼들이 되게 한 신실한 하나님의 사람이었다.

오늘날 사역자의 가정 가운데는 자녀들이 부모의 신앙을 유산으로 물려받아 신앙생활을 잘 하는 경우가 많다. 이는 유혹이 많고 사악한 죄악세상 가운데서 주님이 주시는 큰 은총이요 축복이 아닐 수 없다. 그런데 부모는 열심히 주의 일을 하지만 자녀들이 신앙생활을 제대로 하지 않아 사역에 큰 짐이 되고 부담이 되는 경우도 있는 것이 사실이다. 우리가 분명히 알아야 할 것은 널리 세상에 복음을 전하는 것도 중요하지만 먼저 사역자 본인의 가정을 신앙으로 아름답게 세워나가는 것이 더욱 중요하다는 점이다. 왜냐하면 하나님께서 직접 이 땅에 세우신 기관이 '가정'과 '교회'이기 때문이다. 물론 '가족우상주의'는 철저하게 경계하고 지양되어야 하지만 사역이나 교회 일을 핑계로 가족을 돌보지 않은 것은 교회에서나 사회적으로 더욱 심각한 문제를 야기(惹起)시킬 수 있음을 깨달아야 한다. 주의 일꾼들은 "가족이나 친족을 돌보지 않는 자는 믿음을 배반한 자요 불신자 보다 더 악하다"(딤전 5:8)는 말씀을 결코 잊지 말고 본인의 가정 사역에 세심한 주의를 기울일 필요가 있다.

이런 맥락에서 볼 때 빌립은 스스로 전도자로서의 사명을 잘 감당했을 뿐만 아니라 가정 사역에서도 성공했다고 평가할 수 있다.

3. 바울은 끝까지 성령의 지시에 순종하고 따랐다(10-13절).

바울 일행은 빌립의 집에서 여러 날 머물렀다. 여기서 '여러 날 머물렀다' 는 것은 참으로 의미 있는 일이다. 바울은 어찌하든 오순절 안에 예루살렘에 도착하려는 마음으로 지금까지 여행을 급히 서둘렀기 때문에 심신(心身)이 매우 피곤하고 지쳤을 것이다. 그런데 오순절까지는 아직 시간적인 여유가 있었음으로 가이사랴에 머물면서 휴식을 취했다는 얘기다. 바울은 이 기간을 예루살렘에서 해야 할 일들을 계획하고 예상되는 고난에 대해 나름대로의 각오를 새롭게 하기 위한 기간으로 활용했을 것이다. 어떤 신학자가 요절(夭折)하면서 '쉬는 것도 주의 일인 줄은 몰랐다' 고 말했다는 얘기를 들었다. 우리는 '일' 과 '휴식' 의 균형 잡힌 조화가 얼마나 중요한가를 깊이 깨달아야 한다.

이때 아가보라 하는 선지자가 유대로부터 내려왔다. 아가보는 바울의 띠를 가져다가 자기 수족을 잡아매고 "성령이 말씀하시되 예루살렘에서 유대인들이 이같이 이 띠 임자를 결박하여 이방인의 손에 넘겨주리라" 고 예언했다(11절). 그는 성령의 감동으로 천하에 큰 흉년이 들것이라고 예언했었고 그 예언은 글라우디오 때에 그대로 이루어진바 있었다(행 11:28). 그러므로 가이사랴의 형제들과 바울 일행들은 큰 충격에 빠질 수밖에 없었다. 여기서 말하는 '띠' 란 길이가 길고 폭이 넓은 천으로 주로 허리와 어깨를 감싸는데 사용했던 것을 가리킨다. 이와 같은 아가보의 행동은 솔로몬 왕국이 분열 될 것을 나타내기 위해 선지자 아히야가 자신이 입은 새 옷을 찢은 일(왕상 11:29-39)이나, 이사야가 애굽과 구스의 포로생활을 예언하기 위해 3년 동안 벗은 몸과 벗은 발로 다녔던 일(사 20:2-6)과 비슷한 것을 발견할 수 있다.

이런 일이 있자 두로에서와는 달리 현지의 형제들은 물론 바울 일행까지 바울이 예루살렘으로 올라가는 것을 울면서 만류했다(12절). 그러나 바울의 태도는 단호했다. 바울은 그들에게 "어찌하여 울어 내 마음을 상하게 하느냐 나는 주 예수의 이름을 위하여 결박당할 뿐 아니라 예루살렘에서 죽을 것도 각오하였느라"(13절)라고 결연한 의지를 표명했다. 언뜻 보면 두로의 제자들이 '성령의 감동'으로 바울이 예루살렘에 올라가면 박해를 당할 것을 예언하며 만류했고(4절), 아가보도 '성령이 말씀하심'에 따라 바울이 예루살렘에 올라가면 고난당할 것을 예언했는데(11절), 바울이 성령의 감동이나 말씀하심을 '무시한 것처럼' 보인다. 또한 바울의 행동과(행 20:22) 두로에 있는 제자들의 권면이나(4절) 선지자 아가보의 예언은(12절) '상호모순처럼' 보일지 모른다. 그러나 그것은 바울의 고집도 아니고 상호모순 되는 것도 아니다. 분명한 것은 바울은 물론 두로의 제자들과 선지자 아가보가 동일하게 성령의 감동을 받아 바울이 예루살렘에 올라가면 결박과 환난이 기다린다는 것을 알았다는 것이다. 그러나 바울은 어떠한 박해와 고난이 있다 할지라도 성령의 지시대로 예루살렘으로 올라가겠다는 것이 그의 '의지'요 '선택'이었다. 여기에 바울의 위대함이 있는 것이다. 바울의 이와 같은 행동은 마치 자기의 죽음을 미리 알면서 인류 구원의 성업(聖業)을 이루기 위해 예루살렘으로 올라가셨던 예수님의 모습을 떠오르게 한다(마 16:21-25).

4. 성도들은 모든 것을 주의 뜻으로 받아들였다(14절).

선지자 아가보의 예언에 따라 가이사랴의 성도들과 바울 일행은 눈물을 흘리며 바울이 예루살렘으로 가려는 것을 만류했다. 그럼에도 불구하고 바울은 "어찌하여 울어 내 마음을 상하게 하느냐"면서 "나는 주 예수의 이름을 위하여 결박당할 뿐만 아니라 예루살렘에서 죽을 것도 각오하였노라"고 굳은 결의를 보여주었다. 이에 그들은 "주의 뜻이 이루어지이다"라면서 권함을 그쳤다.

여기에 중요한 포인트가 있다. '주의 뜻이 이루어지이다' 라는 말씀이다. 이는 먼저 그 나라와 그 의를 구하라는 말씀과 일맥상통함을 깨닫는다(마 6:33). 우리는 대개 내 뜻, 내 생각, 내 계획을 먼저 세우고 그대로 이루어지게 해달라고 하나님께 요구(?)하는 경우가 많다. 그것도 내가 원하는 대로 되지 않을 때는 원망하고 불평한다. 심한 경우에는 시험에 빠져 하나님을 대적하면서 실망과 좌절을 하게 된다. 이와 같은 사실은 요나 선지자에게서도 찾을 수 있다(욘 4:1-11). 그러나 인류 구원을 위해 십자가를 앞에 놓고 겟세마네 동산에서 기도하시던 예수님이 "할 수 있거든 고난의 잔이 자신에게서 지나가게 해달라"고 기도하시면서도 "그러나 나의 원대로 마옵시고 아버지의 원대로 하옵소서"라고 기도했던 것을(마 26:39) 배워야 한다.

신앙의 사람들은 자신의 생각보다 주의 뜻이 무엇인지를 먼저 생각해야 한다.

종교개혁자 마틴 루터는 1521년 1월 21일, 교황 레오 10세로부터 이단으로 정죄를 받은 후 출교처분을 받았다. 이런 조치는 정부로부터 신변보호를 받을 수 있는 권리를 박탈당했음을 의미하며 누구든지 원하면 루터의 생명을 사유롭게 해칠 수 있다는 것을 뜻한다. 루터가 출교되자 카를 5세는 브름스(Worms)에 국회를 소집하고 루터를 소환했다. 물론 독일정부는 루터에게 신변안전을 보장하는 약속을 했다. 그럼에도 불구하고 프리드리히 선제후(選帝侯)를 비롯한 루터의 친구들은 루터에게 의회에 나가가 말 것을 강력히 권고했다. 그러나 루터는 "만약 보름스 지붕의 기왓장들만큼이나 마귀들이 자리를 잡고 있다 해도 나는 그곳으로 가겠다."라며 보름스로 향했다. 주의 뜻대로 이루어지기를 바라는 개혁자의 모습을 발견하게 된다.

폴라드(Adelaide A. Pollard) 양은 아프리카에 선교사를 가는 것이 큰 소원이었다. 그러나 그는 당료와 신경계통의 병 때문에 침대에서 나날을 보냈다. 그의 몸과 마음이 한시도 편할 날이 없었던 어느 날, 작은 기도모임에 나가 옆에서 간절히 기도하는 어떤 할머니의 기도를 듣게 되었다. "주님이여, 우리의 삶에 어떤 일이 일어나도 좋사오니 주님의 뜻과 섭리만이 우리에게 이루어지게 하옵소서." 그 할머니의 기도를 듣는 순간 그녀의 마음이 깨어지고, 고집이 깨지고, 집념이 녹아지게 되었다. 그의 자아가 깨어지자 그의 마음에 평안이 찾아왔다. 그리고 그녀는 그런 경험을 시로 적었다.

주님의 뜻을 이루소서 고요한 중에 기다리니
진흙과 같은 날 빚으사 주님의 형상 만드소서

주님의 뜻을 이루소서 주님 발 앞에 엎드리니
나의 맘속을 살피시사 눈보다 희게 하옵소서

주님의 뜻을 이루소서 병들어 몸이 피곤할 때
권능의 손을 내게 펴사 강건케 하여 주옵소서

주님의 뜻을 이루소서 온전히 나를 주장하사
주님과 함께 동행함을 만민이 알게 하옵소서

(새찬송가 425장)

■ **오늘의 말씀을 요약해 보자.**

- 자기 사명에 충성하는 사람에게 더 큰 일을 맡기신다.
- 하나님은 가정과 교회를 세우셨다. 복음의 일꾼은 가정 사역에도 충실해야 한다.
- 인간적인 생각을 멀리하고 성령의 지시를 끝까지 순종해야 한다.
- 내 뜻과 내 생각이 아닌 하나님의 뜻이 이루어지기를 소원해야 한다.

바울의 간증

● 사도행전 21장 15-26절 ●

이 여러 날 후에 여장을 꾸려 예루살렘으로 올라갈새 가이사랴의 몇 제자가 함께 가며 한 오랜 제자 구브로 사람 나손을 데리고 가니 이는 우리가 그의 집에 머물려 함이라 예루살렘에 이르니 형제들이 우리를 기꺼이 영접하거늘 그 이튿날 바울이 우리와 함께 야고보에게로 들어가니 장로들도 다 있더라 바울이 문안하고 하나님이 자기의 사역으로 말미암아 이방 가운데서 하신 일을 낱낱이 말하니 그들이 듣고 하나님께 영광을 돌리고 바울더러 이르되 형제여 그대도 보는 바에 유대인 중에 믿는 자 수만 명이 있으니 다 율법에 열성을 가진 자라 네가 이방에 있는 모든 유대인을 가르치되 모세를 배반하고 아들들에게 할례를 행하지 말고 또 관습을 지키지 말라 한다 함을 그들이 들었도다 그러면 어찌할꼬 그들이 필연 그대가 온 것을 들으리니 우리가 말하는 이대로 하라 서원한 네 사람이 우리에게 있으니 그들을 데리고 함께 결례를 행하고 그들을 위하여 비용을 내어 머리를 깎게 하라 그러면 모든 사람이 그대에 대하여 들은 것이 사실이 아니고 그대도 율법을 지켜 행하는 줄로 알 것이라 주를 믿는 이방인에게는 우리가 우상의 제물과 피와 목매어 죽인 것과 음행을 피할 것을 결의하고 편지하였느니라 하니 바울이 이 사람들을 데리고 이튿날 그들과 함께 결례를 행하고 성전에 들어가서 각 사람을 위하여 제사 드릴 때까지의 결례 기간이 만기된 것을 신고하니라

바울 일행은 가이사랴에 있는 전도자 빌립의 집에 머물며 사랑의 교제를 나누었다. 이때 아가보라는 선지자가 유대로부터 내려와 '바울이 예루살렘으로 올라가면 결박과 환난을 당할 것이라' 고 예언했다. 그럼에도 불구하고 성령에 붙잡힌 바울(행 20:22)은 예루살렘으로 발걸음을 향했다. 이때 가이사랴에 있는 몇 명의 제자들이 바울 일행과 동행했고 구브로 출신으로 오래 된 제자 나손도 함께 갔다(16절).

예루살렘에 도착한 바울 일행은 먼저 예루살렘교회 지도자였던 야고보를 찾아 만나서 그동안 하나님께서 자신들을 통해서 행하신 모든 일

을 낱낱이 고했다(19절). 그 간증을 들은 야고보와 장로들은 모든 영광을 하나님께 돌렸다(20절). 그때 야고보와 장로들은 바울에게 '유대인 중에 믿는 자 수 만 명이 바울을 오해함으로 해(害)하려 한다'는 정보를 주었다. 동시에 그들은 바울에게 오해를 풀기 위한 한 가지 방안을 제시했는데 바울은 그들의 제안을 과감하게 받아들였다.

여기서는 예루살렘에 도착한 바울 일행의 행보를 더듬어 보면서 함께 은혜를 나누려고 한다.

1. 바울 일행은 가이사랴에서 여장을 꾸려 예루살렘으로 올라갔다 (15절).

가이사랴에서 예루살렘까지의 거리는 약 100킬로미터 정도로 사흘길이다. 여행자들이 여행에 필요한 물건들을 꾸리는 것은 두말할 필요가 없다. 그럼에도 불구하고 여기서 누가가 특별히 '여장을 꾸려'라는 표현을 쓴 것은 특별한 의미가 있는 것으로 여겨진다. 아마 그 길이 고산지대(高山地帶)였기 때문에 험난한 여행이 예상되므로 평소와는 다른 여장(旅裝)을 꾸리는 일이 필요했던 것이다. 험난한 여행길의 여장은 가벼울수록 좋다. 그러나 꼭 챙겨야 할 것들은 잊지 말고 챙겨야 한다.

우리는 광야 같은 이 세상에서 새 예루살렘을 향해 여행하는 순례자(Pilgrim)들이다. 행인(行人)과 나그네와 같은 인생길(벧전 2:11)의 여장(旅裝)은 가벼울수록 좋다. 히브리서 기자는 "모든 무거운 것과 얽매이기 쉬운 짐을 벗어버려야 한다"(히 12:1)고 권면한다. 그러나 새 예루살렘성에 들어갈 때까지 절대로 잃어버려서는 안 될 여장이 있다. 그 여장은 좀 알레고리(Allegory)한 면이 있긴 하지만, '믿음의 지팡이'와 '말씀의 나침판' 이라고 본다. 험난한 인생길을 살아가는 동안 우리는 쓰러지고 넘어질 때가 많다. 그때 믿음의 지팡이를 짚고 일어서서 또 다시 걸어야 한다. 그리고 우리는 어두운 죄악세상 가운데 살면서 삶의 방향감각을 잃어버리고 방황할 때가 종종 있다. 이때 하나님의 말씀은 인생 항로에서 신앙의 정로(正路)를 걷도록 인도하는 나침판과 같다. 우리는 그 성에 입성할 때까지 '믿음'과 '말씀'을 붙들어야 한다.

2. 바울과 함께 복음의 길을 걷는 충성스런 사람들이 있다(16절).

가이사랴에 있는 신자들은 예루살렘을 향한 바울의 이번 여행이 순탄하지 못하고 어려움이 있을 것을 예견했다. 그럼에도 불구하고 16절을 보면 "가이사랴의 몇 제자가 함께 가며"라는 말씀이 있다. 그들은 힘들고 어려운 일이 예상 된다할지라도 바울과 함께 복음의 멍에를 메겠다고 결단을 내리고 그와 동행한 사람들이다. 이것은 매우 고무적인 일이 아닐 수 없다. 바울은 이방인들에게 복음을 전하는 과정에서 수많은 어려움을 당했으나 이와 같은 성도들 때문에 큰 힘을 얻고 위로를 받았을 것이다.

게다가 구브로 출신인 나손(Mnason)을 함께 데리고 갔다. 누가는 그를 가리켜 "오래 된 제자 구브로 사람" 이라고 설명했다. 따라서 그를 오순절 성령강림 때 마가의 다락에 모였던 120명 가운데 한 사람이었을 것으로 추정하기도 한다. 바울 일행이 나손을 데리고 간 목적은 그의 집에 머물려하기 위함이었다. 이로 볼 때 바울 일행이 예루살렘에 도착하면 마땅히 머물 집이 없었기 때문에 예루살렘에 집이 있었던 나손을 데리고 간 것으로 짐작된다. 따라서 나손은 생활형편이 괜찮은 편이었고 바울에 대해 호의적인 태도를 가지고 있었음이 분명하다.

이와 같이 오늘날도 주의 일꾼들과 복음의 멍에를 함께 메고 고난의 길도 함께 걸을 수 있는 충성스런 사람들이 있어야 사도행전적 교회의 부흥이 온다.

3. 예루살렘에 도착한 바울은 야고보를 찾아 만났다(17-18절).

본문에는 바울이 계획한대로 오순절 안에 예루살렘에 도착했는지에 대해 언급이 없어서 정확하게는 알 수 없다. 다만 본문 27절의 말씀을 비추어 볼 때 바울은 오순절 안에 예루살렘에 당도한 것으로 보인다. 그러면 바울이 오순절 안에 예루살렘으로 오기 원했던 이유가 무엇일까?

이에 대해 다음의 몇 가지로 생각할 수 있다.

첫째, 큰 절기인 오순절에 예루살렘으로 모여드는 큰 무리들에게 복음 전할 기회를 갖기 위함으로 보인다.

둘째, 오순절이 초대교회를 탄생하게 한 특별한 절기이기 때문에 성도들과 함께 이 절기를 지키기 위함으로 보인다.

셋째, 이방인 성도들이 거둔 구제헌금을 가급적 빨리 전하고자 하는 의도로 여겨진다.

예루살렘에 도착한 바울 일행은 형제들의 영접을 받았고 그 이튿날 야고보를 찾았다. 여기서 누가가 '바울'과 '우리'를 구별한 것은 바울의 행동에 초점을 맞추기 위한 것으로 보인다. 어쨌든 이들은 당시 예루살렘교회 지도자였던 야고보를 제일 먼저 찾은 것이다. 이 야고보는 예수님의 동생 야고보를 가리킨다(행 12:17, 15:13, 갈 2:9). 바울은 이 야고보를 가리켜 '기둥 같이 여기는 야고보'(갈 2:9)라고 부름으로 베드로와 함께 예루살렘 교회를 이끌어가는 지도자로 인정하고 존경한 것으로 보인다. 또한 초기 역사학자 요세푸스(Josephus)는 모든 유대인들이 그를 '의인 야고보' 라고 불렀다고 한다. 야고보는 무릎을 꿇고 오랫동안 기도해서 그의 무릎이 낙타의 무릎처럼 되었기 때문에 '낙타 무릎' 이라는 별명을 얻은 것으로도 유명하다.

바울이 야고보를 방문한 것은 큰 의미가 있는 일이다. 왜냐하면 바울과 야고보는 교리적 노선이 많이 다르기 때문이다. 바울은 예수 그리스도를 믿어 '오직 은혜' 로 구원을 받는다는 이신칭의(以身稱義) 교리에 확고한 반면, 야고보는 야고보서를 통해서 '행위' 를 강조했기 때문이다. 종교개혁자 마틴 루터는 바울의 입장을 받아들여 야고보서를 가리켜 '지푸라기 서신' 이라고 혹평하기도 했다. 이와 같이 입장차이가 분명한 사람을 먼저 찾아가 만난다는 것은 참으로 쉽지 않은 일이었다. 이로 볼 때 바울은 매우 유화적이며 겸손한 사람이었음을 깨닫게 된다.

우리들 가운데는 나와 입장이 좀 다른 사람들과는 전혀 교제하지 않는 사람들이 종종 있다. 하나님의 사람은 모든 사람들을 포용할 수 있는 성품이 필요하다. 그리고 바울이 야고보를 신뢰하고 존경해서 그를 찾아 교제했던 것처럼 오늘날도 영적지도자를 신뢰하고 존경하는 풍토가 회복되어야 한다(대하 20:20).

4. 바울이 하나님이 하신 일을 보고할 때 모든 사람들이 하나님께 영광을 돌렸다(19-20절).

바울이 예루살렘교회 지도자인 야고보를 찾아 만났을 때 거기에는 장로들도 있었다. 20절에 의하면 유대인 중에 믿는 사람이 '수만 명'이 있었기 때문에 장로들의 숫자도 상당히 많았을 것으로 예상된다. 바울이 그들에게 문안하고 '하나님이 자신의 사역으로 말미암아 이방 가운데서 하신 일'을 낱낱이 보고했다. 그 보고를 들은 사람들 모두가 하나님께 영광을 돌렸다.

여기서 깨닫게 되는 교훈이 있다.

① 바울은 모든 일을 '하나님이 하셨다'고 말했다(19절).

바울은 자신이 이방인들을 선교하는 과정에서 모든 일을 '하나님이 하셨다'고 말했다. 따라서 자기는 자랑할 것도 교만할 것도 없다는 의미다. 그는 고린도교회에 편지할 때 다음과 같이 말한 일이 있다.

> "나는 심었고 아볼로는 물을 주었으되 오직 하나님께서 자라나게 하셨나니 그런즉 심는 이나 물 주는 이는 아무 것도 아니로되 오직 자라게 하시는 이는 하나님뿐이니라 심는 이와 물 주는 이는 한가지이나 각각 자기가 일한 대로 자기의 상을 받으리라 우리는 하나님의 동역자들이요 너희는 하나님의 밭이요 하나님의 집이니라"(고전 3:6-9)

요즈음 사람들 가운데는 소그만 일을 해놓고도 자기 자랑에 빠지는 사람들이 있다. 우리는 바울의 사역관을 배워야 한다. 우리는 주의 일을 맡은 청지기에 불과하고 모든 일을 주관하시는 분은 우리 속에서 역사하시는 하나님이라는 사실을 고백할 수 있어야 한다.

② 바울은 자기의 헌신을 하나님이 사용하셨다고 보고했다(19절).

하나님은 혼자서 무엇이든지 하실 수 있는 전능하신 분이시다. 그러나 하나님은 일방적으로 혼자 일하지 않으시고 시대마다 그의 일꾼들을 사용하셨다. 따라서 시대마다 헌신된 일꾼들이 필요하다. 그러므로 하나님께서 '내가 누구를 보내며 누가 우리를 위해서 갈꼬?' 라고 말씀하실 때 '주여! 내가 있나이다. 나를 보내소서!' (사 6:8)라고 말했던 이사야처럼 주의 부르심에 응답할 수 있어야 한다.

③ 바울은 하나님이 자기를 통해서 하신 일을 낱낱이 말했다(19절).

바울은 야고보와 장로들에게 하나님께서 자기를 통해서 하신 일을 '낱낱이' 보고했다. 이는 바울의 3차 선교여행 기간 동안에 있었던 일들을 상세하게 보고했다는 의미다. 여기에는 에베소에서 3년 동안 사역한 일(행 19:8-10), 에베소의 회개운동(행 19:17-20), 은장색 데메드리오에 의한 소요사태(행 19:23-41), 마게도냐와 아가야 지방에서의 사역(행 20:1-6), 귀로(歸路)에 있었던 유두고 사건(행 20:7-12), 밀레도에서 에베소 장로들을 초청해서 설교한 일과 작별(행 20:17-38), 두로에서 있었던 아름다운 추억(행 21:3-6), 그리고 가이사랴에서 있었던 일(행 21:8-14) 등이 모두 포함 되었을 것이다.

이와 같은 바울의 간증은 복음이 어떻게 이방인들에게 전파되어 그들을 구원했는가를 보여주는 것으로 구속사적인 의미가 있는 매우 중요한 일이다.

따라서 나를 통해서 하나님이 하신 일은 내가 볼 때 그것이 비록 사소하게 느껴진다 할지라도 다른 사람들과 나눌 때 은혜는 배가되고 하나님께 영광이 된다는 사실을 깨달아야 한다.

④ 바울의 간증을 들은 사람들은 모든 영광을 하나님께 돌렸다(20절).

바울의 선교여행 결과를 상세하게 들은 야고보와 장로들은 모든 영광을 하나님께 돌렸다. 그동안 바울, 그리고 그와 함께 일했던 일꾼들의 헌신적인 수고도 있었다. 그러나 모든 일을 행하신 분은 하나님이시기에 모든 영광을 하나님께 돌린 것이다. 또한 이것은 야고보과 장로들이 이방인들이 믿고 주께 돌아온 것에 대해 시비를 걸거나 반대한 기미가 없었다는 것을 보여주는 의미 있는 일이다.

우리는 바울이 고린도교회에 편지할 때 "먹든지 마시든지 무엇을 하든지 다 하나님의 영광을 위하여 하라"(고전 10:31)고 말한 것을 주의 깊게 생각해야 한다.

5. 율법에 열성을 가진 유대인 신자들이 바울에 대한 오해를 갖고 있었다(20-21절).

야고보는 바울에게 유대인 가운데 믿는 자 수만 명이 있는데 그들은 율법에 열성이 있는 자들로 바울을 오해하고 있다고 전해주었다.

그들이 바울에 대해서 오해하고 있었던 내용은 다음과 같다.

첫째, 바울이 이방인들에게 복음을 선할 때 모세를 배반했다(21절).

둘째, 바울이 아들들에게 할례를 행하지 말라고 했다(21절).

셋째, 바울이 유대인의 관습을 지키지 말라고 했다(21절). 이런 것들은 바울에 대한 편견과 오해로 기인된 것으로 바울의 입장과 전혀 다르다.

여기서 깨닫게 되는 것들이 있다.

① 믿는 자 가운데 율법에 열성을 가진 사람들이 많았다(20절).

이때는 유대교에서 기독교로 넘어오는 시기였다. 그래서인지는 몰라도 믿는 자 가운데 아직도 율법에 열성 있는 사람들이 수만 명이나 되었다는 것이다.

오늘날에도 순수한 복음에서 벗어난 이런 유(類)의 사람들이 많은 것이 문제다. '은혜' 안에 있으면서도 여전히 '율법'에 사로잡힌 사람들이 많은 것이 사실이다. 하나님은 오직 예수 그리스도를 믿음으로 구원에 이르는 길을 열어 놓으셨다는 것을 잊지 말아야 한다.

② 확실한 정황도 모르면서 먼저 오해부터 하는 사람들이 있다(21절).

바울이 모세를 배반하라고 했거나 할례를 행하지 말라고 했다는 것은 오해에서 기인된 것이다. 오히려 바울은 디모데로 하여금 할례를 받도록 했었다(행 16:3). 이는 유대인들에게 복음을 전하는데 걸림이 되지 않도록 하기 위해서다. 또한 바울이 유대인의 관습을 지키지 말 것을 가르쳤다는 것도 오해다. 바울은 '오직 믿음으로 구원을 받을 수 있기 때문에' 이방인들에게 율법을 억지로 지키게 한다든지 유대인의 관습을 따르게 해서는 안 된다고 말했을 뿐이다. 그리고 할례는 각자의 자유에 맡기는 것이 좋다고 말했다(갈 5:6, 고전 7:18-19). 즉, 바울이 할례 자체를 부정한 것이 아니라 할례의 본질적인 의미를 잊어버리고 할례의 형식만 중시하는 것을 지적한 것이다(롬 2:25-29).

확실한 정황을 모르면서 다른 사람을 오해해서는 안 된다. 더욱이 자기 의(義)가 기준이 되어서 남을 비판하고, 정죄하고, 심판하는 것을 금해야 한다.

6. 야고보와 장로들은 바울을 위한 방안을 제시했다(23-25절).

야고보와 장로들은 바울의 신변문제로 심각한 고민에 빠졌다. 바울에 대해 오해하는 유대인들이 그를 거세게 공격할 것이 예견되었기 때문이었다. 이에 예루살렘교회 지도자들은 바울에게 "서원한 네 사람이 우리에게 있으니 그들을 데리고 함께 결례를 행하고 그들을 위하여 비용을 내어 머리를 깎게 하라"고 제안했다(23-24절). 즉, 그들의 제안은 두 가지로 요약할 수 있다. 하나는 서원을 한 사람들과 함께 결례를 행하는 것이요, 다른 하나는 그들의 비용을 대신 내라는 것이다. 일반적으로 결례의 기간은 30일이었으나 특별한 경우에는 7일로 단축되기도 했다(27절). 그 시작과 끝에는 머리를 깎고 그 기간 동안에는 금욕생활을 해야 했다. 결례의 기간이 차면 서원자는 예물을 바쳐야 했는데 제물로는 1년 된 숫양 하나, 속죄 제물로 1년 된 암양 하나, 그리고 화목제물로 숫양 하나와 그 외에 무교병과 과자 등을 바쳤으므로 그 비용이 만만치 않았다(민 6:13-20). 따라서 가난한 사람을 위해서 이런 비용을 대신 지불하는 것은 그 당시에 미덕으로 간주되었다.

예루살렘교회 지도자였던 야고보는 이방선교를 인정했다. 그러나 유대인만은 조상의 전례를 지켜야 된다는 입장을 가졌던 인물로 여전히 유대주의적 색채를 띠고 있었다. 그렇기 때문에 이와 같은 제안을 바울에게 한 것으로 보인다(25절).

한편, 여기서 말하는 '서원한 네 사람'은 예루살렘교회에 속한 유대인 신자로 보인다. 또한 서원이란 나실인의 서원을 의미하는 것으로 여겨지는데, '나실인'이란 '나자르'에서 나온 말로 '억제한다', '성별한다'는 뜻을 가진다. 민수기 6장 1-21절을 보면 나실인은 포도주나 그 밖의 독주를 마시지 않아야 하며(민 6:3-4), 삭도를 머리에 대지 못하게 했고(민 6:5) 죽은 자의 몸에 접촉을 금하고 있다(민 6:6-7). 그런데 기독교 초기 역사학자인 요세푸스에 의하면 이 관습이 초대교회 당시에는 머리를 깎고 희생의 제물을 바치는 것으로 바뀌었다고 한다.

이와 같은 일들을 미루어 볼 때 예루살렘교회의 지도자인 야고보와 장로들이 완전하지는 않다 할지라도 바울의 입지를 위해서 최선을 다하고 있다는 사실은 매우 고무적이다. 따라서 우리들도 다른 사람이 어려움을 당할 때 최선을 다해서 그를 돕고 격려하는 것이 필요함을 깨달아야 한다.

7. 야고보의 제안을 수용하는 바울을 본다(26절).

바울은 야고보와 예루살렘교회 장로들의 제안을 그대로 수용했다. 주지하는 바와 같이 바울은 신앙과 교리에 대해서는 한 치의 양보도 없었던 사람이다. 심지어 자기가 전한 복음 외에 다른 복음을 전하면 하늘로부터 온 천사라 할지라도 저주를 받을 것이라는 것이 바울의 입장이었다(갈 1:8). 그러나 그는 신앙의 본질이 아닌 생활이나 의식의 문제에 대해서는 과감하게 타협하고 양보했다. 이는 바울이 복음 전하는 일에 필요하다면 죄가 되지 않는 한 무엇이든지 양보한다는 적극적인 선교 정책을 가졌음을 보여주는 것이다.

이는 바울이 고린도교회에 편지한 내용과도 일치함을 본다.

> "내가 모든 사람에게서 자유로우나 스스로 모든 사람에게 종이 된 것은 더 많은 사람을 얻고자 함이라 유대인들에게 내가 유대인과 같이 된 것은 유대인들을 얻고자 함이요 율법 아래에 있는 자들에게는 내가 율법 아래에 있지 아니하나 율법 아래에 있는 자 같이 된 것은 율법 아래에 있는 자들을 얻고자 함이요 율법 없는 자에게는 내가 하나님께는 율법 없는 자가 아니요 도리어 그리스도의 율법 아래에 있는 자이나 율법 없는 자와 같이 된 것은 율법 없는 자들을 얻고자 함이라 약한 자들에게 내가

약한 자와 같이 된 것은 약한 자들을 얻고자 함이요 내가 여러 사람에게 여러 모습이 된 것은 아무쪼록 몇 사람이라도 구원하고자 함이니 내가 복음을 위하여 모든 것을 행함은 복음에 참여하고자 함이라"(고전 9:19-23)

우리는 사악한 세상에 살면서 '진리' 만큼은 절대로 양보할 수 없다. 그러나 한 사람이라도 더 구원의 길로 인도할 수만 있다면 억울한 누명을 쓰든지 세상적 · 물질적 손해를 보는 한이 있다 할지라도 과감히 타협하고 양보할 수 있는 자세를 가져야 한다.

■ 오늘의 말씀을 요약해 보자.

- 하늘나라에 갈 여장은 준비했는가를 점검해야 한다.
- 천성을 향하는 순례자들의 짐은 가벼울수록 좋다.
- 주님 앞에 설 때까지 '믿음'과 '말씀'은 놓치지 말고 반드시 붙들어야 한다.
- 고난당하고 손해 보는 것이 예상되어도 주의 종들과 복음의 멍에를 함께 메고 충성하자.
- 생각과 삶의 방식이 달라고 보는 사람을 포용할 수 있는 자세를 갖자.
- 영적지도자를 신뢰하고 존경하는 자세가 필요하다.
- 모든 일을 하나님이 하셨음을 믿음으로 고백하자.
- 선능하신 하나님은 믿는 자들의 헌신을 통해서 일하시기를 원하신다.
- 하나님이 부르실 때 '나를 보내소서!'라고 응답하며 사명을 감당하자.
- 하나님이 나를 통해서 일하신 것들을 성도들과 함께 나눌 때 은혜는 배가 된다.

- 모든 영광을 하나님께만 돌려야 한다.
- 하나님은 오직 예수를 믿을 때 은혜로 구원을 베푸신다.
- 자기 의가 기준이 되어서 다른 사람을 정죄하고 판단해서는 안 된다.
- 다른 사람이 어려움을 당할 때 최선을 다해서 격려하고 위로하는 것이 필요하다.
- 진리는 한 치도 양보하거나 타협할 수 없어도 복음을 위해 자기희생은 감수해야 한다.

체포당한 바울

사도행전 21장 27-40절

그 이레가 거의 차매 아시아로부터 온 유대인들이 성전에서 바울을 보고 모든 무리를 충동하여 그를 붙들고 외치되 이스라엘 사람들아 도우라 이 사람은 각처에서 우리 백성과 율법과 이 곳을 비방하여 모든 사람을 가르치는 그 자인데 또 헬라인을 데리고 성전에 들어가서 이 거룩한 곳을 더럽혔다 하니 이는 그들이 전에 에베소 사람 드로비모가 바울과 함께 시내에 있음을 보고 바울이 그를 성전에 데리고 들어간 줄로 생각함이러라 온 성이 소동하여 백성이 달려와 모여 바울을 잡아 성전 밖으로 끌고 나가니 문들이 곧 닫히더라 그들이 그를 죽이려 할 때에 온 예루살렘이 요란하다는 소문이 군대의 천부장에게 들리매 그가 급히 군인들과 백부장들을 거느리고 달려 내려가니 그들이 천부장과 군인들을 보고 바울 치기를 그치는지라 이에 천부장이 가까이 가서 바울을 잡아 두 쇠사슬로 결박하라 명하고 그가 누구이며 그가 무슨 일을 하였느냐 물으니 무리 가운데서 어떤 이는 이런 말로, 어떤 이는 저런 말로 소리 치거늘 천부장이 소동으로 말미암아 진상을 알 수 없어 그를 영내로 데려가라 명하니라 바울이 층대에 이를 때에 무리의 폭행으로 말미암아 군사들에게 들려가니 이는 백성의 무리가 그를 없이하자고 외치며 따라 감이러라 바울을 데리고 영내로 들어가려 할 그 때에 바울이 천부장에게 이르되 내가 당신에게 말할 수 있느냐 이르되 네가 헬라 말을 아느냐 그러면 네가 이전에 소요를 일으켜 자객 사천 명을 거느리고 광야로 가던 애굽인이 아니냐 바울이 이르되 나는 유대인이라 소읍이 아닌 길리기아 다소 시의 시민이니 청컨대 백성에게 말하기를 허락하라 하니 천부장이 허락하거늘 바울이 층대 위에 서서 백성에게 손짓하여 매우 조용히 한 후에 히브리 말로 말하니라

제 3차 전도여행을 마치고 예루살렘에 도착한 바울은 먼저 교회지도자였던 야고보를 찾아 만났다. 바울은 그동안 하나님이 자기와 함께 하셔서 이방인들에게 복음을 전하게 하신 일들을 야고보와 장로들에게 낱낱이 보고 했다. 그 간증을 들은 사람들은 모든 영광을 하나님께 돌렸다. 그런데 문제는 유대인들이 바울에 대한 편견과 오해가 있다는 것

이다. 그래서 그들이 바울에게 성전에서 결례를 행할 것을 권면함으로 바울은 기꺼이 그 제안을 받아들였다.

그때 아시아로부터 온 유대인들이 성전에서 바울이 있는 것을 보고 무리를 충동해서 바울을 죽이려했다. 소요사태의 주동자들은 바울이 유대인들의 자존심을 손상케 했다는 명목으로 군중들을 선동한 것이다. 우매한 군중들이 분노하여 바울을 성전 밖으로 끌어내어 죽이려했다. 이때 예루살렘 성이 소란하다는 소식을 치안 책임자였던 천부장이 듣게 되었다. 그는 즉시 군사를 이끌고 현장에 달려왔다. 분노한 군중들은 천부장이 군사들과 함께 나타나자 바울 치기를 그쳤다. 천부장은 일단 바울을 소요사태의 주범으로 생각하고 바울을 결박하라 명했다. 그리고 그는 사태의 진상을 규명하기 위해서 군중들에게 바울이 어떤 사람인가를 물었다. 그러자 어떤 사람은 이런 말로 어떤 사람은 저런 말로 소리를 질러 제대로 진상을 규명할 수 없었다. 이에 천부장은 사태의 정확한 진상규명을 위하여 바울을 영내로 데려가라고 명령했다.

여기서는 이 소요사태를 중심으로 우리에게 주시는 교훈을 살펴보면서 은혜를 나누려고 한다.

1. 아시아로부터 온 유대인들이 주동이 되어 바울을 해치려 했다(27절).

바울이 야고보와 장로들의 제안을 받아들여 결례를 마쳐갈 무렵 아시아로부터 온 유대인들이 성전에서 바울을 보고 모든 무리를 충동하여 소요를 일으켰다. 여기서 '아시아로부터 온 유대인들' 이란 에베소를 수도로 한 소아시아 지방에서 온 디아스포라(Diaspora)들을 의미한다. 그들은 오순절을 지키기 위해서 이곳 예루살렘까지 온 것으로 보인다. 당시 유대인의 절기가 되면 흩어진 유대인들 200여만 명이 세계 각지에서 예루살렘으로 모여들었다고 한다. 바울을 죽이려했던 주동자들은 다름 아닌 그들이었다. 그들은 바울을 해치려는 마음을 끝까지 포기하지 않은 끈질긴 사람들이었다.

바울은 소아시아 지방에 복음을 전하면서 여러 번 박해를 당한 일이 있다. 특히 에베소에서는 은장색 데메드리오가 무리를 선동해서 바울을 죽이려고 했었다. 그러나 그 시(市)의 서기장이 사태를 지혜롭게 마무리함으로 뜻을 이루지 못했다(행 19:23-41). 그런데 아시아에서 온 유대인들이 예루살렘에서 바울을 또 만나게 된 것이다. 주지하는바와 같이 바울이 아시아 각지를 다니며 복음을 전했고 특히 에베소에서는 무려 3년 동안이나 복음을 전했었기 때문에 그들은 이미 바울의 얼굴을 인식하고 있었던 것이 분명하다.

그러면 그들이 왜 이토록 바울을 해하려는 마음을 버리지 않았을까? 그것은 한마디로 바울에 대한 '시기와 질투'였다. 시기와 질투는 아주 오래 된 영적질병 중 하나이다(창 4:1-8). 사람의 마음속에 시기와 질투가 자리 잡게 되면 다른 것은 안중에도 없어진다. 그러나 우리가 분명히 알아야 할 것이 있다. 그것은 내 속에 있는 시기와 질투의 쓴 뿌리를 제거하지 않으면 결국 손해는 상대방이 아닌 '나 자신에게 먼저 온다'는 사실이다.

2. 유대인들은 여론을 이용해 자신들의 뜻을 이루려고 했다(27절).

아시아로부터 온 유대인들은 성전에서 바울이 있는 것을 보고 모든 무리를 충동했다(27-28절). 이에 온 성이 소동하여 백성들이 달려 나와 바울을 죽이려 했다(30절). 그런데 문제는 아시아로부터 온 유대인들의 선동에 따라 몰려나온 사람들이 어떤 일로 자신들이 소요사태에 연루되었는지를 몰랐다는 것이다. 누가는 이에 대해 "무리 가운데서 어떤 이는 이런 말로 어떤 이는 저런 말로 소리 치거늘…"(34절) 라고 기록하고 있다.

이런 일은 에베소에서도 있었다. 은장색 데메드리오가 자신들의 경제적 이익의 소망이 끊어진 것을 보고 분개하여 동료 직업인들은 물론 온 에베소 사람들을 선동해서 소요를 일으켰다. 그들은 바울과 같이 다니는 마게도냐 사람 가이오와 아리스다고를 붙들어 일제히 연극장으로 달려갔다. 그때 사람들이 외쳐 어떤 이는 이런 말을 어떤 이는 저런 말을 하니 모인 무리가 분란하여 태반이나 어찌하여 모였는지 알지 못했다(행 19:29-32). 실로 우매한 군중들이 아닐 수 없다.

오늘 본문 가운데 우리들이 관심을 가지고 보아야 할 것이 있다. 그것은 아시아로부터 온 유대인들이 우매한 군중들을 이용해서 '여론몰이', '인민재판' 식으로 바울을 죽이려고 꾀했다는 것이다. 그러나 '진리는 여론에 의해서 좌우되지 않는다'는 사실을 분명히 알아야 한다. 진리는 결코 숫자에 달려있는 것이 아니다. 여론에 편승해 많은 사람들이 동의한다고 해서 비진리가 절대로 진리가 될 수 없기 때문이다.

3. 유대인들은 근거 없는 말로 바울을 공격했다(28절).

유대인들은 백성들의 감정을 자극해서 충동했다. 여기서 '충동하다.'는 말은 '함께 쏟아 붓다.', '혼란시키다.'라는 의미로 홍수가 나서 걷잡을 수 없이 물이 범람하는 모습을 연상케 하는 말이다. 따라서 그들은 근거 없는 말로 백성들의 감정을 자극해서 군중들이 걷잡을 수 없이 흥분하도록 유도했다는 말이다.

주지하는 바와 같이 유대인들은 다음의 세 가지를 아주 소중하게 여겼다.

첫째는 선민의식(選民意識)이다.

둘째는 모세의 율법이다.

셋째는 솔로몬의 성전이다.

그런데 소요사태의 주동자들은 바울이 각처에 다니며 "우리 백성과 율법과 성전을 비방하여 모든 사람들을 가르쳤다"고 주장함으로 백성들의 감정을 자극했다.

그러나 백성을 선동한 유대인들의 주장은 터무니없는 것이다.

첫째, 바울은 유대인들을 비방한 일이 결코 없었다.

오히려 그는 어디를 가든지 먼저 회당을 찾아 자기 동족인 유대인들에게 복음을 전하려는 노력을 게을리 하지 않았다. 한걸음 더 나아가 바울은 자기 동족의 구원을 위해서라면 자신이 그리스도에게 끊어질지라도 원하는 바라고 고백했다(롬 9:3). 그만큼 바울은 자기 동족을 사랑한 사람이었다.

둘째, 바울은 언제 어디서나 율법을 어기라고 말한 적이 없다.

다만 바울은 율법의 근본정신이 무엇인지를 밝혀 예수 그리스도를 증거 했을 뿐이다.

셋째, 바울은 성전을 더럽힌 일이 없다.

여기서 말하는 성전은 헤롯 성전을 가리킨다. 헤롯 성전은 B.C.20-19년에 대(大)헤롯의 통치하에 새로이 건축되기 시작해서 바울 시대까지 아직 완공되지 않았으며 공사가 끝난 것은 A.D.62-64년 이었다. 이 예루살렘 성전은 유대인이나 이방인들이 들어갈 수 있는 바깥뜰이 있고 이스라엘 백성들만 들어가는 안뜰이 있었다. 또 제사장이 들어갈 수 있는 성소가 있고 대제사장만 들어가는 지성소가 있었다. 요세푸스에 의하면 로마당국은 이방인이 안마당으로 들어올 경우 사형에 처할 수 있는 권한을 유대인들에게 주었다고 한다. 그래서 성전안마당 벽에는 "이방인은 난간을 넘어 성전광장을 둘러싸고 있는 경내에 침입하지 말 것. 침입하다가 잡힌 자는 사형에 처해질 것임"이라는 경고문이 붙어있었다고 한다.

누가는 그들이 전(前)에 에베소 사람 드로비모가 바울과 함께 시내에 있음을 보고 바울이 그를 성전에 데리고 들어간 줄로 생각함이었다고 기록했다. 여기서 '생각함 이러라' 라는 말은 '추측하다' 는 의미다. 따라서 바울의 적대자들은 사건의 진상을 제대로 파악하지도 않고 자신들의 '생각' 과 '추측' 만 가지고 바울에 대해 오해와 편견과 적대감을 품은 것이다.

이와 같은 일은 오늘날에도 비일비재(非一非再)하다. '아니면 말고…!' 라는 식으로 아무렇게나 추측하고 상상해서 상대방을 공격하는 일들이 너무나 많다. 공격하는 자는 재미삼아 말할지 모르지만 공격을 당하는 자는 엄청난 고통을 당한다는 사실을 깨달아야 한다.

4. 분노한 군중들을 바울을 잡아 성전 밖으로 끌고 나갔다(30절).

아시아로부터 온 유대인들은 바울에 대해 적대감을 가지고 우매한 군중들의 감정을 자극했다. 그들은 근거도 없이 추측만 가지고 온 예루살렘 성을 요란하게 만들었다. 이에 백성들이 달려와 바울을 잡아 성전 밖으로 끌고 나갔을 때 곧 성전 문들이 닫혔다.

그들이 바울을 성전에서 밖으로 끌고 나간 이유는 다음과 같이 유추(類推)할 수 있다

① 분노한 군중들이 성전 안에서 바울을 살해하면 성전이 피로 더럽

혀질 것을 염려했기 때문으로 보인다.

율법을 준수하며 산다고 자부하는 유대인들로서는 사람이 성전 안에서 살해되어 그 피로 인해 성전이 더럽혀지는 일만큼은 막아야 했기 때문이다.

② 바울이 제단 뿔을 잡아 안전을 확보하는 것을 막으려는 의도로 보인다.

제단 뿔은 제단에서도 가장 거룩한 부분이기 때문에 어떤 범죄자라도 그 뿔을 잡으면 죽일 수 없었다(왕상 1:50). 따라서 그들은 혹시 바울이 제단 뿔을 잡으면 바울을 죽일 수 없었기 때문에 서둘러 성전 밖으로 그들을 끌고 나간 것으로 보인다.

여기서 우리가 깊이 생각할 것이 있다. 오늘날에도 교회 안에서 발생 된 일들을 교회 밖으로 끌어내 해결하려는 사람들이 있다는 것이다. 바울은 세상을 판단할 성도들이 오히려 세상에게 교회 안에서 발생한 일들을 판단해 줄 것을 요구하는 일은 삼가야 한다고 말했다(고전 6:1-7). 교회 안에서 발생한 일은 교회 안에서 믿음을 가지고 처리되어야 한다. 비록 내가 손해 보는 일이 있다 할지라도 교회안의 문제는 교회 안에서만 처리하는 것이 마땅하다.

5. 하나님은 결정적인 순간에 대적의 손에서 바울을 구원하셨다(31-36절).

아시아에서 온 유대인들을 중심으로 예루살렘 거민들이 바울을 죽이려 했다. 이에 예루살렘 성이 소란하다는 소문이 곧 군대의 천부장에게 들렸다. 그 당시 천부장의 이름은 글라우디오 루시아(Claudius Lysias)였고(행 23:26) 보병 760명과 기병 240명을 거느린 로마의 장교였다. 그의 진영은 성전 서북쪽에 있는 안토니아 요새(Tower of Antonia)로 단숨에 성전으로 달려올 수 있는 거리에 위치하고 있었다. 로마는 그들이 통치하는 곳 어디서든지 치안을 유지하는데 전력을 기울였다. 어느 지역에서 소요사태가 일어나면 소요에 연루 된 사람은 물론 그 지역 치안책임자도 엄하게 처벌했다. 그래서 천부장은 군사들을 이끌고 급히 소요의 현장으로 달려온 것이다. 성난 군중들은 천부장과 군인들을 보고 바울을 치는 것을 중단했다(32절). 여기서 '급히' 라는 말은 '바로 그 시간에' 라는 의미다.

바울이 여러 지역을 선교하면서 많은 박해를 받았지만 그의 생명이 이번보다 더 위태로운 적이 없었다. 그러나 하나님은 천부장과 그의 부하들을 소요의 현장으로 '바로 그 시간에' 달려가게 함으로 절묘하게 타이밍(Timing)을 맞추셨다.

오늘도 광야 같은 세상을 살아가는 성도들은 자신의 힘으로 감당할 수 없는 고난과 위기를 당할 때가 있다. 하나님은 '그 결정적인 순간에', '바로 그 시간에' 역사하심으로 우리들을 지키시고 눈동자 같이 보호하신다는 사실을 깊이 깨달아야 한다.

6. 바울은 위기 가운데서도 열정적으로 복음을 증거 하려했다(37-40절).

천부장은 바울이 누구며 무슨 일을 했기에 이런 소요사태가 일어났는지를 군중들에게 물었다. 이에 어떤 이는 이런 말로 다른 이는 저런 말로 소리쳐서 사건의 진상을 파악할 수 없었다. 여기서 '소리쳐서' 라는 말은 '그들이 큰 소리로 부르짖었다' 라는 뜻이며, 시제가 '미완료형' 으로 사용되어 그들의 행위가 얼마간 지속되었음을 보여준다. 이 구절은 예수님을 십자가에 처형하고 대신 유명한 죄수 바라바를 놓아달라고 외쳤던 군중들의 함성을 상기하게 한다(눅 23:18, 요 19:15).

사건의 진상을 제대로 파악할 수 없다고 판단한 천부장은 바울을 영내로 데려가도록 부하들에게 명령했다. 이에 군인들이 바울을 데리고 성전에서 병영으로 통하는 계단에 이르렀을 때 무리들의 폭행으로 말미암아 바울은 군사들에게 들려갔다. 이는 성난 군중들이 그를 없이하고자 외치며 따라갔기 때문이었다.

바울은 군사들에게 들려 병영 안으로 들어가면서 천부장과 처음으로 대화를 나누었다. 그때 바울은 천부장에게 '분노한 군중들을 향해서 말할 수 있게 해 달라' 고 요청했다. 그 당시 보통 유대인들은 아람 방언만 사용하기 때문에 천부장과의 대화가 어려웠을지 모른다. 그러나 바울은 당시 공용어였던 코이네(Koine) 헬라어를 유창하게 구사할 수 있었기 때문에 천부장과의 대화가 가능했을 것이다. 천부장은 바울이 헬라어를 할 줄 아는 것을 보고 바울에게 "네가 이전에 소요를 일으켜 자객 사천 명을 거느리고 광야로 가던 애굽인이냐"고 물었다(38절). 요세푸스에 의하면, A.D.54년 경, 한 애굽인 거짓 선지자가 추종자 3만 명을 이끌고 감람산에 칩거하면서 예루살렘 성벽이 무너질 것을 예언했다. 그들은 자신들이 로마 수비군을 무찌르고 예루살렘을 통치할 것이라고 주장했다. 그러나 로마 총독 벨릭스(Felix, A.D.52-58)에 의해 진압되었고 거짓 선지자는 어디론가 도망쳤다. 천부장은 혹시 바울이 그때 감쪽같이 자취를 감추었다가 다시 나타나 사람들을 현혹시키는 애굽인으로 생각하고 바울에게 질문한 것으로 보인다(38절).

이에 바울은 천부장의 엉뚱한 추측과는 달리 자신은 혈통적으로 유대인이며 작은 마을이 아닌 로마제국의 대도시 중에 하나인 길리기아 다소 시(市)의 시민이라는 사실을 밝혔다. 그러자 천부장은 바울에게 군중들을 향해서 말할 기회를 허락했다. 이에 바울은 층대 위에 서서 백성에게 손짓하며 매우 조용히 한 후에 히브리말로 말하기 시작했다.

이와 같이 바울은 대단히 용기 있는 사람인 동시에 복음을 증거 하려는 뜨거운 열정이 식을 줄 모르는 사람이었다. 그는 때를 얻든지 못 얻든지 항상 복음을 전하려는 열정을 불태웠다(딤후 4:2). 우리 속에 바울과 예레미야 선지자와 같은(렘 20:9) 복음 증거의 열정이 회복되어야 한다.

■ 오늘의 말씀을 요약해 보자.

- 우리가 주를 위해 많은 일을 했다 할지라도 모든 영광을 하나님께만 돌려야 한다.
- 우리는 어려움 당하는 사람들을 도우려하는 자세를 늘 가져야 한다.
- 자기 속에 '질투와 시기의 쓴 뿌리'가 있는 사람은 자신에게 손해가 된다.
- 매사에 여론몰이, 인민재판식의 행동은 삼가야 한다.
- 우리는 확실한 정황도 모르면서 먼저 흥분하고 감정이 폭발해서는 안 된다.
- 우매한 사람들의 군중심리를 이용해서 사리사욕을 취하는 것은 잘못이다.
- 우리는 교회 안에서 발생한 일을 세상으로 끌고나가려는 생각을 버려야 한다.
- 우리의 생활 속에 결정적인 순간에 역사하시는 하나님을 찬양하자.
- 바울과 같이 복음증거에 대한 식을 줄 모르는 열정을 가져야 한다.

바울의 변명

사도행전 22장 1-5절

부형들아 내가 지금 여러분 앞에서 변명하는 말을 들으라 그들이 그가 히브리 말로 말함을 듣고 더욱 조용한지라 이어 이르되 나는 유대인으로 길리기아 다소에서 났고 이 성에서 자라 가말리엘의 문하에서 우리 조상들의 율법의 엄한 교훈을 받았고 오늘 너희 모든 사람처럼 하나님께 대하여 열심이 있는 자라 내가 이 도를 박해하여 사람을 죽이기까지 하고 남녀를 결박하여 옥에 넘겼노니 이에 대제사장과 모든 장로들이 내 증인이라

아시아로부터 온 유대인들이 성전에서 바울을 보고 모든 무리를 충동하여 예루살렘 성은 소요사태가 벌어졌다. 이 소식이 천부장에게 전해지자 그가 친히 군사들을 이끌고 소요현장으로 달려왔다. 성난 군중들은 치안책임자인 천부장과 군인들이 출동한 것을 보고 그제서 바울 치기를 그쳤다. 천부장은 바울을 사태의 주범으로 오해하고 그를 영내로 끌어가도록 명령했다. 이때 바울은 천부장에게 자신을 변명할 수 있도록 요구했고 천부장이 이를 허락했다. 그래서 바울은 유대인들에게 자신을 변명할 수 있는 기회를 갖게 되었다.

여기서는 바울이 자신을 변명한 내용을 함께 나누면서 은혜를 받으려고 한다.

1. 바울은 정중히 예의를 갖추며 회중들의 주의를 집중시켰다(1절).

바울은 쇠시슬에 묶인 채 성전에서 로마군의 영내로 통하는 층대 위

에 서서 변론을 시작했다. 그는 손을 흔들며 유대인들을 향해 '부형들아' 라고 불렀다. 여기서 '부형들아' 라는 말은 '아버지들과 형제들 된 사람들아' 라는 뜻이다. '아버지' 란 그 무리들을 존경해서 하는 말이고 '형제들' 이란 말은 동포라는 뜻이다. 따라서 이 말은 모여 있는 사람들을 높여 부르는 정중한 표현인 동시에 자신은 청중들과 동일한 유대인임을 밝힘으로 '동질성' 에 호소하려는 것으로 보인다. 스데반 집사도 순교하기 직전에 공회 중에서 설교할 때에 동일하게 이 말을 사용한바 있다(행 7:2).

지금 바울의 변명을 듣는 청중들은 유대백성들의 대표자들(산헤드린 공의회원, 제사장들, 랍비들), 아시아로부터 온 디아스포라 유대인들, 그리고 매우 격분한 우매한 군중들이었다. 그들은 천부장이 군사들과 함께 소요의 현장에 나타나기 직전까지만 해도 바울을 죽이려 했던 사람들이다(행 21:31-32).

또한 지금 바울은 로마군의 영내로 끌려가면 무슨 일을 만날지 알지 못하는 상황이었다. 어쩌면 이것이 그의 생애 마지막이 될 변명이요 설교라고 말할 수도 있었다. 그럼에도 불구하고 바울은 침착하면서도 예의 있게 청중들의 주의를 집중시키고 있다.

우리 가운데 앞뒤 상황을 고려하지 않고 흥분한 나머지 '버럭' 소리 먼저 지르는 사람들이 있다. 어떤 경우를 만난다 할지라도 침착성과 예절을 잃지 않도록 삼가 조심해야 한다.

청중들은 바울이 히브리어로 말하는 것을 듣고 더욱 조용해졌다. 그들 생가에는 바울이 당시 통용하는 코이네 헬라어 정도를 구사하는 사람으로 알았다. 그런데 바울이 뜻하지 않게 그들의 언어인 히브리말로 말함을 듣고 더욱 조용해진 것이다. 여기서 말하는 '히브리말' 은 구약 시대의 고전 히브리어와는 달리 바벨론 포로기(B.C.586-444) 이후 아람어의 영향을 많이 받아 아람어화 된 히브리어를 가리킨다. 만일 바울이 코이네 헬라어를 사용해서 변명했을지라도 그들은 모두 알아들었을 것이다. 그럼에도 불구하고 굳이 바울이 히브리 방언으로 말한 것은 청중들 대부분이 유대인들이었기 때문이다. 이것은 바울이 청중들에게 자신과 '민족적 동질성' 을 확인시켜 그의 말에 귀를 기울이게 하기 위함으로 보인다.

또 한 가지 중요한 포인트가 있다. 바울은 로마군의 영내로 끌려가면서도 로마 군인들에게 자기를 이해시켜 위기를 모면하려고 하지 않았다는 사실이다. 그는 유대인들의 영혼구원을 급선무로 생각했기 때문에 자신들의 언어(히브리말)로 유대인들에게 먼저 복음을 전한 것이다. 이와 같이 바울은 자기 동족을 사랑했고 때를 얻든지 못 얻든지 항상 복음 전하는 것을 최우선적인 과제로 삼았다(딤후 4:2). 우리도 이 세상 무엇보다 영혼구원을 급선무로 삼아야 한다.

2. 바울은 실제적인 사실을 가지고 강력하게 변명하고 있다(3-5절).

여기서 말하는 '변명' 은 현재 사용되는 것처럼 잘못된 행위나 범죄에 대한 사과를 뜻하는 말이 아니다. 이 말은 자신의 행위에 대한 해명 또는 생명을 위한 변호를 의미하는 말이다. 따라서 이 말은 '자신을 변호하다' 라는 의미로 서신에서 자주 사용되었다(고전 9:3, 고후 7:11, 빌 1:7, 벧전 3:15).

바울의 변명은 추상적이거나 철학적인 이론이 아닌 '사실' 로 시작했다. 순전히 자기가 겪고 체험한 사실들을 가지고 자신을 변호하고 말씀을 증거 한 것이다. 따라서 설교 가운데 가장 설득력 있고 강력한 설교는 이론적이거나 추상화 하는 것이 아니라 '사실을 있는 그대로 증거하는 것' 이라고 말할 수 있다.

이때 행한 바울의 변론을 정리하면 다음과 같다.

① 바울은 자신이 유대인이라는 사실을 말했다(3절).

유대인들은 선민의식이 대단했다. 그들은 자신들만 하나님이 특별히 선택한 민족이고 이방인들은 지옥의 땔감 정도로 생각했다. 그러나 그들은 선민이기 때문에 하나님께 감사하기 보다는 교만과 우월감이 마음속에 깊이 자리 잡고 있었다. 그럼에도 불구하고 바울이 자신을 유대인이라고 말한 이유는 유대인들과 자신이 한 동족임을 밝히려는 것이다. 이는 청중들로 하여금 자신과 '동질성' 갖게 해서 자신의 변증을 잘 듣게 하기 위한 것으로 보인다.

주지하는 바와 같이 아시아로부터 온 유대인들은 바울이 각처에 다니며 유대인 즉, '우리 백성' 을 비방했다고 군중들을 충동했다. 이에 백성들이 그 말을 듣고 흥분해서 온 예루살렘 성이 소란하게 되었다(행 21:27-28). 이에 바울은 나는 이방사람이 아니라 "나도 유대인이다"라고 말함으로 민족의 동질성을 들어 호소하고 있는 것이다. 따라서 바울은 "나도 여러분과 똑같은 유대사람이다. 나도 여러분들과 다를 것이 없다. 나도 같은 히브리인이요, 같은 말을 하고, 같은 문화를 가진 사람이다"라는 점을 강조하고 있다.

이는 전도에 있어서 매우 중요한 일이다. 전도하는 사람이 전도대상자를 향해도 "나는 근본적으로 당신들과는 다르다"라고 시작하면 청중들은 그 말을 들으려하지 않을 것이다. 전도는 동질성에 호소할 때 더 큰 효과를 거둘 수 있다. 그런 점에서 바울은 매우 위대한 전도자라고 평가할 수 있다.

② 바울은 자신이 길리기아 다소에서 출생했고 이 성(城)에서 자랐다고 말했다(3절).

성경에는 바울의 집안에 대해 자세히 소개되고 있지는 않다. 다만 지금까지 전해오는 유대 전승에 의하면 바울의 부모는 원래 갈릴리 지방의 조그만 마을인 기살라(Gischala)에서 살았는데 B.C.1세기경 로마가 팔레스타인을 폐허로 만들 즈음 다소(Tarsus)로 피신했다고 한다. 다소는 그 당시 소아시아 남쪽의 길리기아에 위치한 곳으로 정치, 경제, 사회, 문화적으로 꽤 융성한 곳이었다. 또한 다소는 당시 세계에서 아덴과 알렉산드리아와 함께 3대 대학도시로 유명한 학문의 고장이었다. 따라서 바울은 자기가 이름 있는 도시에서 출생한 사실을 큰 자랑으로 여겼다. 그리고 그는 자신이 '이 성'에서 자랐다고 말했는데(3절), 이는 바울이 유년시절을 보낸 곳이 예루살렘임을 가리키는 말이다. 그러나 바울이 다소에서 출생했고 예루살렘에서 자랐다고 증거 한 것은 결코 자기를 자랑하기 위한 것이 아니다. 다만 자신에 대해 오해하고 있는 청중들에게 자신의 출생과 성장과정을 설명함으로 복음증거를 위해 자신의 뿌리를 활용한 것으로 보아야 한다.

③ 바울은 자신이 가말리엘의 문하에서 엄격한 율법을 배웠다고 증거 했다(3절).

당시 유대교는 율법에 관련해서 샴마이파와 힐렐파가 있었다. 가말리엘(Gamaliel)은 바리새파 중에서도 진보주의파로 통하는 힐렐(Hillel)학파의 대표자인 힐렐의 손자였다. 가말리엘은 당대에 가장 덕망이 높은 율법학자였으므로 유대인들의 신뢰와 존경을 받았었다. 따라서 바울이 가말리엘의 문하생이었음을 밝힌 것은 누구보다도 자신이 율법에 정통하다는 것을 의미한다. 아시아로부터 온 유대인들은 바울이 율법을 비방했다고 군중들을 충동했다(행 21:28). 그러나 바울은 자신이 당대 최고의 석학으로 알려진 가말리엘에게서 율법을 배웠고 또 그 율법을 실천했기 때문에 율법을 비방하지도 않았을 뿐만 아니라 율법의 의(義)로는 흠이 없는 자라는 것을 주장하는 것으로 보인다(빌 3:6).

④ 바울은 자신이 하나님께 대해 열심이 있는 자라고 주장했다(3절).

사도행전 21장 20절을 보면 "유대인 중에서 믿는 자 수만 명이 있으니 다 율법에 열성을 가진 자"라고 말씀하고 있다. 그 열성적인 사람들이 바울을 죽이려는데 앞장섰다. 그런데 지금 바울은 자신이 청중들 못지않게 하나님께 대한 열성을 가지고 있음을 말하고 있다.

바울은 빌립보교회에 편지할 때 "열심으로는 교회를 박해하고"(빌 3:6)라고 고백했다. 갈라디아교회에 편지할 때는 "내가 내 동족 중 여러 연갑자보다 유대교를 지나치게 믿어 내 조상의 전통에 대하여 더욱 열심이 있었으나"(갈 1:14)라고 말했다. 이는 자신이 하나님께 대해 매우 열심이 있는 사람이라는 사실을 증거하는 것이다.

바울은 하나님께 대한 열심이 특별했다는 증거로 이 도를 박해하여 사람을 죽이기까지 하고 남녀를 결박하여 옥에 넘겼다고 말했다(4절). '이 도'는 예수 그리스도를 믿는 신앙 또는 예수 그리스도를 따르는 것을 의미한다. 바울은 하나님께 대한 열심이 있어서 기독교를 박해하여 사람을 죽이기까지 했다고 말한다(행 26:10, 고전 15:9, 갈 1:13, 빌 3:6, 딤전 1:13). 여기서 '바울이 사람을 죽이기까지 했다'는 것은 실제로 사람을 죽인 일이 있기보다 스데반의 죽음에 대한 죄책감에서 나온 것으로 보인다. 바울은 후에 자신을 가리켜 '비방자요, 박해자요, 폭행자'(딤전 1:13)였다고 말했고 '죄인 중의 괴수'(딤전 1:15)라고 고백한바 있다.

또한 바울은 자신의 특별한 열심에 대해서는 대제사장들과 모든 장로들이 증인이라고 말한다(5절). 당시 대제사장들과 장로들은 유대 백성들로부터 대단한 신뢰와 존경을 받던 사람들이었다. 바울은 지금 자기가 하고 있는 말에 대한 신빙성을 부여하기 위해서 대제사장들과 장로들을 증인으로 내세웠다(5절).

우리에게 이런 열정이 있어야 한다. 말세가 되면 성도들의 신앙이 차지도 뜨겁지도 않을 것이라고 성경은 말씀한다(계 3:15-16). 우리는 내 심령 속에 뜨거운 신앙의 열정이 불타오르도록 사모하며 기도해야 한다.

■ **오늘의 말씀을 요약해 보자.**

- 복음을 전하는 자는 복음을 듣는 자들을 존중할 줄 알아야 한다.
- 복음 증거자는 어떤 상황에 부딪힌다 할지라도 침착함과 예의(禮儀)를 지켜야 한다.
- 자기 신변의 안정보다 복음증거를 우선 했던 바울을 본받아야 한다.
- 추상적이고 이론적인 설교보다는 '사실'을 그대로 증거 할 때 힘이 있다.
- 복음을 전할 때 '동질성'을 활용하는 것이 효과적이다.
- 바울과 같은 신앙의 열정이 회복되어야 한다.

주님, 누구시니까?

● 사도행전 22장 5-11절 ●

이에 대제사장과 모든 장로들이 내 증인이라 또 내가 그들에게서 다메섹 형제들에게 가는 공문을 받아 가지고 거기 있는 자들도 결박하여 예루살렘으로 끌어다가 형벌 받게 하려고 가더니 가는 중 다메섹에 가까이 갔을 때에 오정쯤 되어 홀연히 하늘로부터 큰 빛이 나를 둘러 비치매 내가 땅에 엎드러져 들으니 소리 있어 이르되 사울아 사울아 네가 왜 나를 박해하느냐 하시거늘 내가 대답하되 주님 누구시니이까 하니 이르시되 나는 네가 박해하는 나사렛 예수라 하시더라 나와 함께 있는 사람들이 빛은 보면서도 나에게 말씀하시는 이의 소리는 듣지 못하더라 내가 이르되 주님 무엇을 하리이까 주께서 이르시되 일어나 다메섹으로 들어가라 네가 해야 할 모든 것을 거기서 누가 이르리라 하시거늘 나는 그 빛의 광채로 말미암아 볼 수 없게 되었으므로 나와 함께 있는 사람들의 손에 끌려 다메섹에 들어갔노라

아시아에서 온 유대인들이 성전에서 바울이 있는 것을 보고 모든 무리를 충동하여 바울을 죽이려고 했다. 이에 온 예루살렘 성이 요란하다는 소문이 로마군대의 천부장에게 들렸다. 그는 즉시 군사를 이끌고 소요의 현장으로 달려왔다. 천부장은 바울을 소요사태를 일으킨 장본인으로 오인하고 바울을 체포해서 군영(軍營)으로 끌고 가라고 명령했다. 바울은 성전에서 영내(營內)로 통하는 층계에 이르렀을 때 천부장으로부터 백성들을 향해 변명할 기회를 얻었다. 그는 쇠사슬에 묶인 채 손을 흔들어 성난 군중들을 조용하게 한 후에 자기의 출생으로부터 시작해서 변명을 시작했다.

오늘 본문은 바울이 유대인들에게 자신을 변명하는 가운데 다메섹 도상에서 부활하신 예수님을 만난 역사적인 사건을 자신의 입술로 직

접 간증하고 있는 것을 본다.

여기서는 바울이 직접 고백한 다메섹 도상의 회심 사건을 중심으로 은혜를 나누려고 한다.

1. 믿음 없이 열정만 가진 사람이 더 큰 문제를 일으킬 수 있다(5절).

필자는 30여 년간 목회하면서 성도들을 살펴본 결과 교회 안에 몇 가지 유형(type)의 신자들이 있음을 발견하게 되었다.

① 믿음도 없고 열정도 없는 사람

② 믿음은 없으나 열정이 있는 사람

③ 믿음은 있으나 열정이 없는 사람

④ 믿음도 있고 열정도 있는 사람

이 네 부류의 신자들 가운데서 어떤 사람이 교회 안에서 가장 큰 문제를 일으키면서 목회자와 교회를 어렵게 할까? 필자의 견해로는 '믿음은 없으나 열정이 있는 사람' 으로 보인다. 필자가 미국에서 이민목회를 할 때 경험한 바로는 교회를 마치 한인 커뮤니티(Korean Community) 정도로 생각하고 교회 나오는 사람들이 상당수 있었다. 이런 사람들 가운데 어떤 사람은 나름대로 열정을 가지고 언제나 자기주장만 일삼았기 때문에 늘 교회 안에 문제가 발생했었다. 교회는 일반 사회단체와는 다르지 않는가? 믿음 없이 세상적인 열정만 가지고 열심을 내면 낼수록 교회 안에서는 더 큰 문제를 일으키게 된다.

다메섹 도상에서 부활하신 주님을 만나기 전의 바울은 열정적으로 성도를 박해하고 교회를 어렵게 하는 사람의 원형(原型)이었다. 바울은 예수 믿기 전에 이, 도(道) 즉, '예수 그리스도를 믿고 영생 얻는 길'을 제대로 알지 못했다. 그렇지만 그에게는 사람을 죽이기까지 하고 남녀를 결박하여 옥에 넘기는 등 남다른 열정이 있었다(4절). 심지어 그는 대제사장들과 모든 장로들에게서 공문을 받아 가지고 다메섹에 있는 신자들까지 결박하여 예루살렘으로 끌어다가 형벌을 받게 하려고 다메섹을 향해 갔었다(5절). 그리스도를 만나기 전에 바울은 그렇게 하는 것이 하나님께 대한 충성이요 하나님을 잘 섬기는 것으로 여겼다. 그래서 그는 다른 사람보다도 예수 믿는 사람들을 박해하는데 앞장섰던 것이다.

2. 바울은 자신의 회심을 간증 형식으로 직접 설명했다(6-8절).

누가는 사도행전 9장 1-9절에서 바울이 다메섹 도상에서 부활하신 주님을 만난 사건을 객관적으로 기술했다. 그러나 여기서는 바울이 다메섹 도상에서 회심하게 된 사실을 처음으로 자신의 입으로 직접 이야기하고 있다는 점이 중요하다.

① 바울은 자신이 '대제사장과 장로들'로부터 공문을 받았다고 말했다(5절).

바울은 자신이 대제사장과 장로들로부터 공문을 받아가지고 다메섹에 있는 크리스천들을 예루살렘으로 끌어다가 형벌을 받게 하려고 그곳으로 갔다고 말했다(5절). 사도행전 9장 2절에서는 대제사장에게서 공문을 받은 것으로 기록되어 있는데 오늘 본문에서는 '대제사장과 모든 장로들'로부터 공문을 받은 것으로 되어있다. 이는 자신이 그 공문을 대제사장 개인에게서 받은 것이 아니라 적어도 산헤드린 공의회로부터 받은 '공식적인 것'임을 강조하려는 의도로 보인다. 따라서 그 공문은 대제사장이 산헤드린 공의회 의장자격으로 서명했을 것이다. 한편, 바울이 이 말을 할 때의 대제사장은 아나니아였지만(행 23:2) 바울이 다메섹으로 갈 당시의 대제사장은 가야바였다.

② 바울은 자신이 부활하신 예수님을 만난 시간이 '정오' 였다고 말했다(6절).

바울이 부활하신 주님을 만난 시간을 '정오' 라고 밝힌 것은(6절) 자신의 체험이 비몽사몽간에 환상을 본 것이 아니라 백주 대낮에 이루어진 '사실' 이었음을 강조하기 위한 것으로 보인다. 바울은 그때 홀연히 하늘로부터 '큰 빛' 이 자신을 둘러 비쳤다고 말했다. 바울에게 비춰진 큰 빛은 햇빛보다 더 밝았다. 주지하는 바와 같이 이 세상에는 햇빛보다 더 밝은 빛은 없다. 그러므로 바울에게 비춰진 그 빛은 자연적인 빛이 아니라 초자연적인 '하늘의 빛' 이었음을 알 수 있다(6절). 바울은 이 빛이 자신에게 비춰지기 전에는 하나님에 대한 열정은 있었으나 여전히 어두움에 거했고 예수 믿는 사람들을 박해하는 것이 하나님 앞에서 최선의 삶이라고 착각했었다. 이런 바울에게 주님은 참 빛으로 오셨고 빛 된 삶이 무엇인지를 보여주셨다(요일 2:8).

'참 빛' 되신 주님(요 1:9)의 신비로운 빛이 우리의 어두운 심령에 비춰질 때 우리도 새로운 세상을 볼 수 있음을 깨달아야 한다.

③ 바울은 자신에게 나타난 분이 '나사렛 예수' 였다고 말했다(8절).

교회를 박해하는 일에 앞장섰던 바울을 갑자기 전도자로 변화시킨 초자연적인 사건은 부활하신 주님이 주도(主導)하신 것이다. 사도행전 9장 5절에서는 단순히 '예수' 라고 했지만 본문에서 바울은 그분을 '나사렛 예수' 라고 밝히고 있다. 나사렛은 팔레스타인 북부 갈릴리 언덕 남쪽에 위치한 조그만 마을이다. 당시 사람들은 나사렛을 주목해보지 않았었다. 오히려 나사렛 같은데서 무슨 선한 것이 나올 수 있겠느냐고 비아냥거렸다(요 1:46). 그럼에도 불구하고 바울이 예수님의 이름 앞에 '나사렛' 이라는 지명을 붙인 것은 당시에 예수라는 이름으로 불린 사람들이 많았기 때문이다. 즉, 바울은 다른 예수가 아니라 십자가에 못 박혀 죽었다가 다시 살아나신 그 예수님이 메시아라는 사실을 강조함과 동시에 그 예수님이 '예언의 성취자' (마 2:23)였음을 보여주기 위한 의도로 보인다.

④ 바울은 자신이 '부활하신 예수님의 음성을 들었다' 고 고백했다(7절).

사도행전 9장 7절에서는 사람들이 소리만 듣고 보지는 못했다고 기록하고 있으나 본문에서는 자기와 함께 한 사람들이 빛은 보면서 소리는 듣지 못했다고 말했다(9절). 이 두 진술 사이에는 표현상의 차이가 있지만 본질적으로 성경이 말씀하고 있는 것은 바울을 제외한 나머지 주변 사람들은 주님을 만나는 구체적인 체험을 하지 못했다는 것을 말씀하는 것이다. 즉, 주위 사람들은 빛을 보기는 했지만 그것이 주님의 영광스런 계시로 보지 못했고, 소리는 듣기는 들었지만 구체적으로 그 의미는 알지 못했다는 것이다. 이는 오직 바울만이 그 사건을 체험했다는 사실을 우리에게 시사(示唆)하는 것이다.

우리는 영의 눈이 떠질 때만 하나님의 계시를 볼 수 있고 영의 귀가 열려질 때만 하나님의 음성을 확실히 듣는다는 사실을 기억해야 한다. 신앙생활을 하면서 주님과의 이런 확실한 만남을 통해 신령한 것을 보고 들을 수 있는 사람이 복된 사람이다.

⑤ 바울은 이런 상황 속에서도 주님께 당돌하게 질문했다(8, 10절).

큰 빛이 바울에게 비춰질 때 바울은 땅에 엎드러졌다. 보통 사람 같으면 '살려 주십시오' 라고 싹싹 빌면서 사정했을 만한데 바울은 이런 상황 가운데서도 당돌하게 "주님 누구시니이까?" 라고 질문했다. 이는 바울이 보통 사람이 아니라는 것을 깨닫게 한다. 그때 주님이 바울에게 "나는 네가 박해하는 나사렛 예수라" 고 대답하시자, "주님 무엇을 하리이까?" 라고 바울은 다시 한 번 질문을 했다.

사도행전 9장에서는 두 번째 질문이 생략되어 있다. 바울의 두 번째 질문은 부활하신 주님을 만나고 난 후 자기의 사명이 무엇인지를 알고자 하는 질문이다. 이는 마치 오순절에 성령의 권능을 힘입은 베드로의 설교를 들은 많은 사람들이 "형제들아 우리가 어찌할꼬?" 라고 외친 것과 유사하다. 바울은 자신의 잘못을 깨닫는데 그치지 않고 보다 적극적인 자세로 장차 주님을 위해서 무엇을 해야 할지를 묻고 있다. 이는 참된 회개 또는 회심이 무엇인지를 보여주는 대목으로 매우 중요한 의미를 갖게 한다.

⑥ 성도와 교회를 박해하는 것은 곧 주님을 박해하는 것임을 깨닫는다.

바울은 주님의 큰 빛의 비취임을 받고 즉시 땅에 엎드러졌고 주님의 음성을 들었다. "사울아 사울아 네가 왜 나를 박해하느냐?" 그때 바울이 "주님 누구시니이까?" 라고 물었다. 이에 주님은 "나는 네가 박해하는 나사렛 예수라" 라고 대답하셨다. 사실 바울은 예수님이 십자가에 못 박혀 돌아가시고 부활하시기 전까지 예수님을 만난 적이 없었기 때문에 직접 예수님을 대적하고 박해한 일은 없었다. 그런데 지금 부활하신 예수님이 바울에게 "네가 왜 나를 박해하느냐?" 라고 묻고 있는 것이다. 이로 볼 때 예수 믿는 사람들 곧, 주님의 교회를 박해하는 것은 주님을 박해하는 것이라는 얘기다. 왜냐하면 교회는 그의 몸이기 때문이다(골 1:24).

■ **오늘의 말씀을 요약해 보자.**

- 믿음 없이 인간적인 열성만 갖는 것은 교회를 어렵게 할 수 있다.
- 믿음도 있고 열정도 있는 성도들이 되자.
- 참 빛 되신 주님이 우리 속에 있는 어두움을 몰아낼 수 있도록 하자.
- 예수님은 예언의 성취자였다.
- 영의 눈과 귀가 열려져 하나님의 이상을 보고 음성을 들을 수 있어야 한다.
- 주님을 만난 사람들은 자신에게 주어진 사명이 무엇인지를 깨닫고 그 사명에 따라 살아가는 것이 중요하다.

왜 주저하느냐

사도행전 22장 12-16절

율법에 따라 경건한 사람으로 거기 사는 모든 유대인들에게 칭찬을 듣는 아나니아라 하는 이가 내게 와 곁에 서서 말하되 형제 사울아 다시 보라 하거늘 즉시 그를 쳐다보았노라 그가 또 이르되 우리 조상들의 하나님이 너를 택하여 너로 하여금 자기 뜻을 알게 하시며 그 의인을 보게 하시고 그 입에서 나오는 음성을 듣게 하셨으니 네가 그를 위하여 모든 사람 앞에서 네가 보고 들은 것에 증인이 되리라 이제는 왜 주저하느냐 일어나 주의 이름을 불러 세례를 받고 너의 죄를 씻으라 하더라

바울은 예루살렘성전에서 로마군의 영내로 통하는 계단 위에 서서 유대인들을 향해 간증 겸 자신을 변론했다. 그는 먼저 자신의 출생, 성장 배경, 신앙과 율법 등에 대한 자기 입장을 청중들에게 소상하게 밝혔다. 그리고 자신이 다메섹 도상에서 부활하신 주님을 만난 사실과 사람들의 손에 끌려 다메섹으로 들어간 일에 대해서 말했다. 이어서 그는 다메섹에 있는 아나니아로부터 안수 받고 다시 보게 되었다면서 그를 통해 주의 음성을 들었고 사명을 받았다고 자세히 증거 했다.

여기서는 주의 제자 아나니아를 통해서 바울이 들은 주의 음성을 중심으로 은혜를 나누려고 한다.

1. 주의 일꾼을 세워주는 사람이 필요함을 깨닫는다(12-16절)

바울은 다메섹 도상에서 햇빛보다 더 밝은 빛으로 나타나신 주님을 만났다. 그는 그 빛의 광채로 말미암아 볼 수 없게 되어 함께 있는 사람

들의 손에 끌려 다메섹으로 들어갔다(11절). 바울은 거기서 아나니아('여호와는 은혜로우시다')라는 주의 제자로부터 안수 받고 다시 보게 되었으며(행 9:12) 그를 통해서 하나님의 지시를 받았다. 아나니아 역시 환상 가운데서 주의 지시를 받고 바울을 하나님의 일꾼으로 세웠다(행 9:10-11).

성경은 아나니아가 어떤 사람인가를 다음과 같이 말씀하고 있다.

① 그는 다메섹에 사는 주의 제자였고 바울의 체포 대상자 가운데 하나였다(행 9:10-14).

② 그는 기도하는 사람으로 환상을 보고 주의 계시를 받았다(행 9:11-16).

③ 그는 율법에 따라 경건한 삶을 사는 사람이었다(12절).

④ 그는 모든 유대인들에게 칭찬을 듣는 사람이었다(12절).

⑤ 그가 안수함으로 바울이 다시 보게 되었다(13절).

⑥ 그는 바울에게 주의 사명을 전달한 사람이었다(14-16절, 행 9:15-17, 22:14-15).

⑦ 그는 바울에게 세례를 준 사람이었다(16절, 행 9:18).

여기서 깨닫게 되는 것은 바울처럼 주의 일에 직접 나서서 복음을 전하는 행동하는 신앙인도 있어야 하지만 아나니아처럼 뒤에서 주의 일꾼들을 세워주는 사람들이 필요하다는 사실이다.

2. 바울은 아나니아를 통해서 하나님의 음성을 들었다(14-16절).

바울은 다메섹 도상에서 햇빛보다 더 밝은 빛으로 오신 부활의 주님 앞에 엎드러졌다. 바울이 "주님 무엇을 하리이까"라고 주께 여쭈었고 주님은 "일어나 다메섹으로 들어가라 네가 해야 할 모든 것을 거기서 누가 이르리라"고 말씀하셨다(10절). 그때 바울은 빛의 광채로 말미암아 볼 수 없게 되어 함께 한 사람들의 손에 끌려 다메섹으로 들어갔다. 다메섹에는 율법에 따라 경건하게 살면서 모든 유대인들에게 칭찬을 듣는 아나니아라는 주의 제자가 있었다. 그가 바울 곁에 와서 "형제 사울아 다시보라"고 말했다. 아나니아는 이미 바울이 어떤 인물인지를 소문을 통해서 익히 알고 있었다(행 9:13). 그럼에도 불구하고 바울을 '이 웬수야!' 라고 부르지 않고 '형제' 라고 부르고 있음을 유의할 필요가 있다(13절). 아나니아는 바울에게 안수해서 다시 보게 했다. 그리고 그는 주의 명령을 바울에게 전달하고 그에게 세례를 주었다.

바울이 아나니아를 통해서 깨달은 것과 주의 음성을 들은 내용은 다음과 같다.

① 자신을 택하신 분이 하나님이심을 깨닫게 되었다(14절).

아나니아는 박해자 바울을 택하여 복음 증거자로 삼으신 분은 다름 아닌 하나님이라는 사실을 알려주었다. 하나님은 전에 아나니아에게 "가라 이 사람은 내 이름을 이방인과 임금들과 이스라엘 자손들에게 전하기 위하여 택한 나의 그릇이라"(행 9:15)라고 말씀하신 바 있다. 이 말씀은 하나님이 친히 바울을 택해서 복음 증거자가 되게 하셨기 때문에 바울은 선택의 여지가 없었다는 의미다. 특히 '택하여' 라는 말은 '예정하다', '미리 손으로 잡다' 라는 뜻으로 바울의 소명이 전적인 하나님의 붙드심에 의한 것임을 보여주는 말이다.

② 바울로 하여금 하나님의 뜻이 무엇인지를 알게 했다(14절).

아나니아는 바울에게 "우리 조상들의 하나님이 너를 택하여 너로 하여금 자기 뜻을 알게 하시며…"라고 말했다. 여기서 '우리 조상들의 하나님' 이라는 표현 자체가 유대적인 색채가 아주 농후한 말이다. 그런데 새로운 차원의 신앙을 갖게 될 바울이 '하나님의 뜻' 을 분명히 안다는 것은 매우 중요한 일이었다. 왜냐하면 지금까지 바울은 자기 주관대로 생각하고 행동했었으나 이제는 자기 생각을 버리고 하나님의 뜻을 따라 자기 행동을 수정할 필요가 있었기 때문이다.

③ 바울로 하여금 '그 의인' 을 보게 하신다고 말했다(14절).

여기서 말하는 '그 의인' 이란 예수 그리스도를 가리키는 말이다(행 3:14, 7:52). 이 말은 메시아에 대한 별명으로 유대인들이 예수님을 '죄인' 으로 알아 십자가에 못 박아 죽였는데 사실은 예수가 '의인이고 메시아' 였다는 얘기다. 바울이 부활하신 예수님을 직접 만나고 본 것은 그리스도인으로서 확실한 신앙을 갖게 만든 체험인 동시에 사도직의 근거가 된다는 점에서(고전 9:1, 15:8) 매우 중요한 의미를 갖는다. 바울이 갈라디아 교인들에게 편지한 바와 같이 자신이 사도가 된 것은 사람들에게서 난 것도 아니요 사람으로 말미암은 것도 아니요 오직 예수 그리스도와 그를 죽은 자 가운데서 살리신 하나님 아버지로 말미암아 된 것이라고 말했기 때문이다(갈 1:1).

우리도 주님을 개인적으로 만나는 영적 체험이 있어야 한다. 그리고 영의 눈이 열려져서 부활하신 그리스도를 볼 수 있어야 한다.

④ 바울이 그 입에서 나오는 음성을 듣게 하셨다고 말했다(14절).

아나니아는 바울에게 "하나님이 너를 택하여 하나님의 뜻을 '알게' 하시며, 부활하신 주님을 '보게' 하시며, 주님의 음성을 '듣게' 하셨다" 라고 말했다. 여기서 '알고', '보고', '듣게' 하셨다는 말씀은 전도자 바울에게 얼마나 중요한 말씀인지 모른다. 바울뿐만 아니라 우리에게도 하나님의 뜻을 알고, 주님을 보고, 주님의 음성을 들을 수 있는 것은 매우 중요한 일이다. 복음을 전하는 일은 내 생각, 내 사상, 내 이론을 전하는 것이 아니라 하나님의 뜻을 알고, 주님의 음성을 듣고, 그 말씀을 그대로 전해야 하기 때문이다.

⑤ 바울이 보고 들은 것에 증인이 되리라고 말했다(15절).

아나니아는 바울이 주님을 위하여 모든 사람 앞에서 보고 들은 것에 '증인' 이 되리라고 말했다. 여기서 우리는 복음의 증인은 자신을 위하여 일하는 것이 아니라 '주님을 위하여' 일하며 '보고 들은 것' 을 가감없이 그대로 전해야 한다는 사실을 깨닫게 된다. 또한 본문에서 '네가' 라는 말을 주의해서 보아야 한다. 이는 증인이 다른 사람이 본 얘기, 다른 사람에게서 들은 얘기를 전하는 것이 아님을 깨닫게 하는 말씀이다. 증인은 자신이 '직접 보고 들은 것' 을 전하는 것이 사명이기 때문이다.

⑥ 아나니아는 바울에게 "왜 주저하느냐?" 라고 말했다(16절).

아나니아가 바울에게 "왜 주저하느냐?" 라고 말한 것은 결단을 촉구하는 말씀이다. 이는 아직도 확신을 갖지 못해 망설이는 바울을 책망하는 것이라기보다는 '어서 속히 은혜에 참여하라' 는 초대의 말씀으로 이해해야 한다. 즉, 하나님이 직접 택하셔서 하나님의 뜻을 알게 하셨고, 부활하신 주님을 보게 하셨고, 주님의 음성을 듣게 하셨기 때문에 이제는 더 이상 주저하지 말고 행동하라는 메시지임에 분명하다.

오늘도 주님은 사명자들에게 "왜 주저하느냐?" 라고 말씀하신다. 주님과 세상 사이에서 더 이상 머뭇거리지 말고(왕상 18:21) 강하고 담대하게 복음의 증인으로서 사명을 다해야 한다.

⑦ 바울에게 일어나 주의 이름으로 세례를 받고 너의 죄를 씻으라고 말했다(16절).

"주의 이름으로 세례를 받고 죄를 씻으라"는 말씀은 사도행전 2장 38절에서와 마찬가지로 '주의 이름'과 '세례'와 '죄 씻음'이 연결되어 언급하신 것으로 매우 주의 깊게 봐야 한다. 이 말씀은 세례 자체가 죄 씻음이라는 효과를 발생시키는 것이 아니라 '주의 이름으로 행할 때' 비로소 죄 씻음의 효과가 나타난다는 말이다. 즉, 세례는 예수님에 대한 믿음의 표현인 동시에 죄 사함의 상징이다. 한편, '받다' 와 '씻다'로 번역 된 두 동사의 시제가 모두 '부정과거형'으로 사용되었다는 점을 주목할 필요가 있다. 이 시제는 '세례를 받는 것'이나 '죄 씻음'은 계속이나 반복의 개념이 없이 '단 한 번만' 이루어지는 '단회적인 것' 임을 나타내기 때문이다.

■ **오늘의 말씀을 요약해 보자.**

- 기도하면서 환상과 주의 계시를 볼 수 있는 영성 있는 성도가 되어야 한다.
- 죄악 세상 가운데서도 주 안에서 경건한 삶을 살아야 한다.
- 그리스도인은 모든 사람들에게 칭찬 들어야 한다.
- 주의 일꾼들을 세워주는 사람이 필요하다.
- 나를 택하여 주의 자녀 삼으신 분이 하나님이라는 사실을 깨닫자.
- 내 생각과 뜻대로 살지 말고 오직 주의 뜻이 무엇인지 이해하고 그 뜻을 이루는 삶을 살아야 한다.
- 주님을 개인적으로 만나는 구체적인 영적 체험이 있어야 한다.
- 하나님의 뜻을 알고, 부활의 주님을 보고, 주의 음성을 듣는 것이 중요하다.

- 증인 된 삶은 나를 위해 살지 않고 주님을 위해 사는 삶이다.
- 증인은 본인이 직접 체험한 사실을 증거 해야 한다.
- 머뭇거리거나 주저하지 말고 강하고 담대하게 주의 복음을 전해야 한다.
- 세례와 죄 씻음은 단회적인 것이다.

너를 이방인에게 보내리라

● 사도행전 22장 17-21절 ●

후에 내가 예루살렘으로 돌아와서 성전에서 기도할 때에 황홀한 중에 보매 주께서 내게 말씀하시되 속히 예루살렘에서 나가라 그들은 네가 내게 대하여 증언하는 말을 듣지 아니하리라 하시거늘 내가 말하기를 주님 내가 주를 믿는 사람들을 가두고 또 각 회당에서 때리고 또 주의 증인 스데반이 피를 흘릴 때에 내가 곁에 서서 찬성하고 그 죽이는 사람들의 옷을 지킨 줄 그들도 아나이다 나더러 또 이르시되 떠나가라 내가 너를 멀리 이방인에게로 보내리라 하셨느니라

바울은 다메섹 도상에서 극적으로 부활하신 주님을 만났다. 바울이 다메섹 도상에서 주님을 만난 사건은 기독교 역사에 매우 중요한 의미를 지닌다. 왜냐하면 하나님이 기독교를 세계화하는데 바울을 중추적으로 사용하셨고 그의 다메섹 체험은 그의 삶에 전환점(turning-point)이 되었기 때문이다. 바울은 다메섹 도상에서 주님을 만난 후 3년 만에 예루살렘으로 돌아왔다. 예루살렘으로 돌아 온 바울은 성전에서 기도하다가 황홀한 가운데 주님을 보고 주님의 음성을 들었다고 고백했다.

여기서는 바울이 성전에서 기도하다가 황홀한 중에 주님을 만난 사실을 중심으로 은혜를 나누려고 한다.

1. 바울은 다메섹 도상에서 부활의 주님을 만난 후 예루살렘으로 돌아왔다(17절).

바울이 다메섹에 있는 그리스도인들을 박해하기 위해서 대제사장으

로부터 공문을 받아서 가는 도중에 부활하신 주님이 그에게 나타나셨다. 그때 바울은 햇빛보다 더 밝은 빛으로 나타나신 부활의 주님을 개인적으로 만났다. 그는 그 빛의 광채로 인해 잠시 동안 눈을 볼 수 없었다. 바울은 다른 사람들의 손에 끌려 다메섹으로 들어가서 아나니아로부터 안수를 받고 다시 볼 수 있었다. 그리고 아나니아를 통해서 주의 말씀을 듣고 사명을 받게 되었다.

이후에 바울은 예루살렘으로 돌아왔다. 여기서 '이후에' 라는 말은 바울이 회심한 후 처음으로 예루살렘으로 돌아온 때를 가리키는 말이다. 바울은 다메섹 도상에서 부활하신 주님을 만난 후 아라비아에서 3년간 체류하면서 영적훈련을 받았고(갈 1:17-19) 그 후에 예루살렘으로 돌아왔다. 바울이 회심한 후 3년간 아라비아에서 영적훈련을 받았다는 것은 그의 '사도권' 과 관련해서 매우 중요한 일이다. 만약 바울이 회심한 후 사도들에 의해서 주의 진리를 배웠다면 그의 사도적 권위는 다른 사도에 비해 약화되었을 것이다. 그러나 바울이 회심한 후에 아무도 그에게 복음의 진리를 가르친 사람이 없었다. 오로지 바울은 다메섹 도상에서 주님을 직접 만났고 주님의 음성을 들었으며 아라비아에서 주님으로부터 가르침과 계시를 받아 복음의 진리를 깨닫게 되었다. 따라서 바울이 다른 사도들과 동등하다고 주장할 수 있는 근거가 된다.

하나님은 각 시대마다 그의 일꾼들을 철저하게 훈련하고 준비시킨 후에 주의 일을 감당하게 하신다. 가령, 모세는 40년 동안 바로의 궁전에서 당대 최고의 애굽 학문과 재주를 배운 후 광야에서 40년 동안 철저하게 영적훈련을 받았다. 그 후에 하나님은 모세를 40년간 이스라엘의 영도자로 세워 이스라엘 백성들을 광야에서 인도하게 하셨다. 마찬가지로 하나님은 아라비아에서 3년간 바울을 영적으로 철저히 훈련시킨 후에 이방인의 사도로 사용하셨다. 오늘 이 시대에도 하나님은 주의 일을 위해 준비되고 훈련 된 일꾼을 찾으신다.

2. 바울은 성전에서 기도할 때 환상을 보았다(17절).

① 바울은 '성전' 에서 기도할 때 환상을 보고 계시의 말씀을 들었다(17절).

회심 후 3년 만에 예루살렘을 찾은 바울은 성전에서 기도하다가 황홀한 중에 주님을 보았고 주님이 말씀하시는 것을 들었다. 바울이 기도하다가 환상을 보았다는 장소가 다름 아닌 '성전' 이라는 사실은 매우 중요하다. 왜냐하면 유대인들은 성전을 그 어느 곳보다 거룩한 장소로 여겼기 때문이다. 따라서 바울이 성전에서 주의 계시를 받았다면 누구도 계시의 진정성(眞正性)에 대해 함부로 시비할 수 없는 것이다.

② 바울은 성전에서 '기도' 하다가 환상을 보고 주님의 음성을 들었다(17절).

바울은 성전에서 '기도' 하다가 황홀한 가운데 주님의 음성을 들었다. 성전은 기도하기에 가장 좋은 장소다. 왜냐하면 성전은 만민이 기도하는 집이기 때문이다(막 11:17). 바울은 어디를 가서 무엇을 하든지 기도를 최우선적인 과제로 삼았다. 우리들도 자신에게 주어진 사명 감당을 위해 기도하는 것이 무엇보다 중요하다. 기도는 하나님의 무한하신 능력을 공급받을 수 있는 파이프라인(Pipeline)과 같기 때문이다.

③ 바울은 성전에서 기도하다가 '황홀한 중에' 주의 계시의 말씀을 받았다(17절).

'황홀한 중에' 라는 말을 직역하면 '내가 무아지경에 빠져있어' (KJV, I was in a trance)이다. 무아지경 곧 황홀경이란 '신(神)적인 것에 완전히 고정되어 육안과 귀로 하나님이 보여주시는 실체들을 분명히 자각하는 정신 상태에 도달해 이로 인해 무한한 기쁨을 느끼는 것' 을 의미한다. 따라서 이는 다른 종교에서 체험한다는 무의식적인 신비로운 체험과는 다르다. 바울은 성전에서 기도하다가 황홀경에 들어가 하나님에 대해 더욱 분명한 자각은 물론 자신의 사명에 대한 확신을 구체적으로 확립하게 되는 계기를 얻었다.

3. 바울은 성전에서 기도하면서 주님의 음성을 들었다(18-21절).

바울은 다메섹 도상에서 부활하신 주님을 만난 후에 회심하고 3년 만에 예루살렘에 돌아왔다. 그는 성전에 들어가 기도하면서 황홀한 가운데 주님의 음성을 들었다.

그때 바울이 들은 주의 음성은 다음과 같다.

① 속히 예루살렘에서 나가라(18절).

주님은 바울에게 속히 예루살렘에서 나가라고 말씀하셨다. 그 이유는 예루살렘에 있는 유대인들은 바울이 예수님에 대해서 증언하는 말을 듣지 아니할 것이기 때문이다. 여기서 '듣지 아니할 것' 이란 말은 단순히 듣지 않는다는 의미가 아니라 '전적으로 용납하지 않을 것' 이라는 뜻이다. 사도행전 9장 29절의 말씀을 보면 헬라파 유대인들이 바울과의 견해 차이로 분노해서 그를 죽이려한 적도 있었다. 주님은 호전적인 유대인들로부터 바울을 보호하시기 위해 그에게 속히 예루살렘을 떠나라고 말씀하신 것으로 보인다.

② 내가 너를 멀리 이방인에게로 보내리라(21절).

주님은 바울에게 "떠나가라 내가 너를 멀리 이방인에게로 보내리라"고 말씀하셨다. 즉, 주님이 바울에게 예루살렘을 속히 떠나라고 말씀하신 직접적인 이유는 바울을 이방인의 사도로 더 크게 쓰시기 위한 섭리가 있다는 얘기다. 사도행전 9장 15절에는 "주께서 이르시되 가라 이 사람은 내 이름을 이방인과 임금들과 이스라엘 자손들에게 전하기 위하여 택한 나의 그릇이라"는 말씀이 있다. 따라서 21절은 사실상 1절부터 시작해서 지금까지 계속해서 바울이 변증한 최종적인 결론이라고 말할 수 있다. 다시 말하면 바울은 자신의 회심사건을 통해서 종국적으로 자신이 주님으로부터 이방인의 사도로 부르심을 받았다는 것을 입증하는 것이다.

4. 바울은 솔직하게 과거에 저지른 자신의 잘못을 고백했다(19-20절).

바울은 주님으로부터 속히 예루살렘에서 나가라는 말씀을 듣고 자신이 과거에 저지른 잘못을 고백했다. 바울은 "주님 내가 주를 믿는 사람들을 가두고 또 각 회당에서 때리고 또 주의 증인 스데반이 피를 흘릴 때에 내가 곁에 서서 찬성하고 그 죽이는 사람들의 옷을 지킨 줄 그들도 아나이다"라고 말했다. 이는 자신이 과거에 저지른 잘못을 생각한다면 복음의 증인이 되는 것이 과분하다는 사실을 고백하는 의미로 볼 수 있다.

한편, 여기서 바울이 스데반을 재평가하는 것이 매우 의미 깊은 일이다. 본문 20절에서 스데반을 가리켜 '주의 증인'이라고 부르고 있다. 바울은 과거에 스데반을 잘 몰라서 그를 죽이는데 찬성하고 그를 죽이는 사람들의 옷을 지켰지만 이제는 스데반을 주의 증인이라고 부르고 있는 것이다. '증인'이란 '순교자'라는 의미다. 실제로 A.D.313년 콘스

탄틴 대제에 의해 기독교가 공인되기 전까지 로마 치하에서 복음의 증인이 된다는 것은 곧 순교를 각오하는 일이었다.

이와 같이 주님 앞에서 자신이 과거에 저지른 죄를 솔직히 고백하고 회개하는 일이야말로 매우 중요하다.

■ **오늘의 말씀을 요약해 보자.**

- 하나님은 준비되고 훈련된 일꾼들을 통해서 오늘도 일하신다.
- 성전은 만민이 기도하는 집이므로 기도하기에 가장 좋은 장소다.
- 어디서 무엇을 하든지 기도는 가장 우선되어야 한다.
- 떠나야 할 자리에서는 과감하게 떠나는 것이 신앙생활에 유익하다.
- 바울이 이방인의 사도로 택함 받은 그릇이라면, 나는 무엇을 위해 택함을 받았는가를 점검하는 것이 중요하다.
- 주의 말씀이 임할 때 자신의 잘못을 솔직하게 고백할 수 있는 믿음의 사람이 되어야 한다.

위기 가운데 역사하시는 하나님

● 사도행전 22장 22-30절 ●

이 말하는 것까지 그들이 듣다가 소리 질러 이르되 이러한 자는 세상에서 없애 버리자 살려 둘 자가 아니라 하여 떠들며 옷을 벗어 던지고 티끌을 공중에 날리니 천부장이 바울을 영내로 데려가라 명하고 그들이 무슨 일로 그에 대하여 떠드는지 알고자 하여 채찍질하며 심문하라 한대 가죽 줄로 바울을 매니 바울이 곁에 서 있는 백부장더러 이르되 너희가 로마 시민 된 자를 죄도 정하지 아니하고 채찍질할 수 있느냐 하니 백부장이 듣고 가서 천부장에게 전하여 이르되 어찌하려 하느냐 이는 로마 시민이라 하니 천부장이 와서 바울에게 말하되 네가 로마 시민이냐 내게 말하라 이르되 그러하다 천부장이 대답하되 나는 돈을 많이 들여 이 시민권을 얻었노라 바울이 이르되 나는 나면서부터라 하니 심문하려던 사람들이 곧 그에게서 물러가고 천부장도 그가 로마 시민인 줄 알고 또 그 결박한 것 때문에 두려워하니라 이튿날 천부장은 유대인들이 무슨 일로 그를 고발하는지 진상을 알고자 하여 그 결박을 풀고 명하여 제사장들과 온 공회를 모으고 바울을 데리고 내려가서 그들 앞에 세우니라

바울이 성전에 있음을 보고 아시아에서부터 온 유대인들이 예루살렘 성의 거민들을 충동하여 바울을 죽이려했다. 온 성(城)이 소란하다는 소식을 들은 로마군의 천부장이 친히 군사들을 이끌고 현장으로 달려왔다. 천부장이 도착했을 때 성난 군중들은 바울을 치고 있었다. 천부장이 정확한 사건의 진상을 알고자하여 바울을 로마군의 영내로 데려갈 것을 명령했다. 그때 바울이 천부장에게 요청해서 그는 흥분한 군중들에게 변명할 기회를 얻었다.

바울이 히브리 방언으로 논리적이고 체계적으로 변증하자 흥분한 군중들은 더욱 소란을 피웠다.

여기서는 바울의 변론을 들었던 사람들의 태도와 바울이 로마 시민권자임을 밝히는 과정, 그리고 바울이 공회 앞에 서게 된 배경 등을 살펴보면서 은혜를 나누려고 한다.

1. 바울의 변증을 들은 사람들은 그를 죽이려고 아우성을 쳤다(22-23절).

지금까지 바울은 자신의 출생과 성장 배경, 다메섹에서 극적으로 부활하신 주님을 만난 사건, 아나니아를 통해서 안수 받고 사명을 받은 일, 그리고 3년 후에 아라비아로부터 예루살렘으로 돌아와 성전에서 기도할 때 황홀한 가운데 주께로부터 받은 말씀 등을 군중들에게 논리적이고 체계 있게 증거 했다.

그런데 이와 같은 바울의 변명을 듣고 있던 군중들이 "이러한 자는 세상에서 없애버리자 살려 둘 자가 아니라"며 더욱 소란을 피웠다.

누가는 그들이 그토록 흥분하여 바울을 죽이려고 한 이유를 다음과 같이 기록했다.

첫째, 바울이 예수를 전한다 할지라도 '그들이 듣지 않을 것이라' 고 주님이 말씀하셨다는 사실을 증거 했기 때문이다(18절).

둘째, 주께서 자신을 '이방인에게 보내리라' 고 말했다고 증거 했기 때문이다(21절).

유대인들은 자신들만 메시아 왕국을 독점할 수 있는 선민으로 생각했다. 그런데 바울이 자신들만 누릴 수 있는 하나님의 은총이 유대인에게서 이방인에게로 갔다고 말하면서 유대인이나 이방인이 모두 하나님 앞에서 동등하다는 사실을 말했기 때문에 바울을 죽이려고 했다. 한마디로 말하면 그들은 자존심이 손상되어 도저히 참을 수 없었다는 것이다. 그래서 그들은 '떠들며', '옷을 벗어 던지고', '티끌을 공중에 날리며' 더 큰 소란을 피웠다. 여기에 사용 된 세 동사 즉, '떠들며', '던지고', '날리며'는 모두 '현재분사형'으로 쓰였기 때문에 계속해서 울부짖고, 반복해서 공중에 옷을 벗어던져 휘두르며, 티끌을 계속 날렸음을 알 수 있다. 이는 유대인들이 걷잡을 수 없는 흥분의 도가니 속에 빠져들었음을 실감나게 묘사하고 있는 표현이다.

유대인들이 옷을 벗어 던지고 티끌을 날리는 것은 다음과 같은 감정을 표현할 때 행하는 행동이다.

① 심한 비애를 나타낼 때 그런 행동을 한다(욥 2:12).

② 울분을 표현할 때 그런 행동을 한다(삼하 16:13).

③ 울고 애통함을 나타낼 때 그런 행동을 한다(계 18:19).

그러므로 바울의 변론을 들은 유대인들이 얼마나 흥분했었는가 알 수 있다.

여기서 하나님의 말씀을 받는 태도가 여러 유형이 있음을 다시 한 번 상고할 필요가 있다고 본다.

① 하나님의 말씀을 받을 때 전혀 무관심한 사람들이 있다.

죄악이 관영했던 노아 시대에 하나님은 노아를 통해서 물로 세상을 심판하실 것을 경고하셨다. 그럼에도 불구하고 그때 당시 사람들은 먹고 마시며 시집가고 장가가면서 전혀 관심을 갖지 않았었다(마 24:38). 이와 같이 말세가 되면 노아의 때와 같이 사람들은 천국 복음을 경홀히 여긴다고 성경은 말씀하고 있다. 말세에는 사람들이 하나님의 심판의 경고에 무관심하여 피리를 불어도 춤을 추지 않고 애곡하여도 슬퍼하지 않는다고 주님이 말씀하셨다(눅 7:32).

② 하나님의 말씀을 받을 때 농담으로 여기는 사람들이 있다.

롯이 살던 시대에 하나님이 불로 소돔과 고모라 성을 심판하실 것을 경고하셨다. 이에 롯이 하나님의 불 심판이 임할 것을 외쳤으나 그의 사위들마저도 농담으로 여겼다고 성경은 말씀하고 있다(창 19:14). 오늘날 강단을 점령(?)해서 울리고 웃기는 사람들이 많아서인지는 몰라도 하나님의 말씀을 농담처럼 듣는 사람들이 많음을 볼 때 안타까움을 금할 수 없다.

③ 하나님의 말씀을 받을 때 이기적인 욕심 때문에 천국 복음을 포기하는 사람들이 있다.

성경을 보면 한 청년이 주님에게 나와 영생의 길에 대해 질문했다. 이에 예수님께서 친히 그에게 영생의 도리를 말씀하셨다. 그럼에도 불구하고 그는 재물이 많은 고로 근심하며 갔다(마 19:22). 그는 욕심 때문에 천국 복음을 포기한 사람이다. 오늘날에도 그와 같은 사람들이 많이 있음을 부인할 수 없다.

④ 하나님의 말씀을 받을 때 마음에 찔려 이를 갈며 거부하는 사람들이 있다.

스데반 집사가 하나님의 말씀을 전할 때도 이를 갈며 말씀을 거부하는 사람들이 많았다(행 7:54). 오늘 본문의 말씀을 보면 바울의 설교를 들은 유대인들도 바울을 '살려 둘 자가 아니라'며 죽이려하고 있다(22절). 오늘날에도 강단에서 증거되는 말씀을 듣고 '나 들으라고 하는 얘기죠?'라면서 설교자를 대적하기도 하며 하나님의 말씀을 듣고 오히려 시험에 빠지는 사람들이 의외로 많다는 사실은 그리 놀랄 일도 아니다.

⑤ 하나님의 말씀을 받을 때 회개하고 주께 돌아오는 사람들이 있다.

성령 충만한 베드로가 설교할 때 가슴을 치며 '형제들아 우리가 어찌하고?' 라며 회개했던 사람들이 있었다(행 2:37). 빌립보 감옥의 간수도 바울이 증거 하는 말씀을 듣고 자기와 온 가족들이 회개하고 주께로 돌아왔다(행 16:30-34). 이와 같은 사람들은 복 받은 사람들이라고 말할 수 있다.

⑥ 하나님의 말씀을 받을 때 사람의 말로 받지 않고 하나님의 말씀으로 받는 신사적인 사람들이 있다.

데살로니가 사람들은 바울의 말을 사람의 말로 받지 않고 하나님의 말씀으로 받았다(살전 2:13). 베뢰아 사람들은 데살로니가 사람들보다 더 너그러워서(신사적이어서; 개역한글) 간절한 마음으로 받고 이것이 그러한가 하여 날마다 성경을 상고했다고 성경은 말씀한다(행 17:11). 어떻게 이런 일이 있을 수 있을까? 그것은 하나님의 말씀을 받을 때 '옥토와 같은 마음의 토양' 을 가질 때 가능하며, 백배, 육십 배, 삼십 배의 열매를 맺을 수 있는 것이다.

2. 바울은 자신이 로마의 시민권자임을 밝혔다(24-29절).

천부장은 소요사태가 원만히 해결되기를 기대하면서 바울로 하여금 성난 군중들을 향해 변명하도록 허락한 것으로 여겨진다. 그런데 히브리말을 모르는 천부장은 바울의 변명 내용을 전혀 알아들을 수가 없었다. 다만 성난 군중들이 바울의 변명을 듣고 더욱 분노해서 난동부리는 반응을 보면서 바울이 소요사태의 주범으로 단정해 바울을 영내로 데려가도록 명령했던 것으로 보인다. 또한 천부장은 분노한 군중들에게서는 사태의 진상을 알아낸다는 것이 불가능함을 깨닫고 바울을 '채찍질하여 심문함'으로 사태의 정확한 진상을 알고자 했다.

당시의 채찍은 가죽 끈에다 쇠 조각이나 뼈를 매달았다. 따라서 태형 판정을 받은 사람은 옷을 벗긴 채 등에 채찍질하기 편하도록 두 손을 가죽 끈으로 기둥에 묶고, 두 발도 묶었기 때문에 심하게 맞을 경우에는 불구자가 되거나 죽을 수도 있었다. 그런데 당시 로마법에는 노예들이나 로마인이 아닌 사람들은 채찍으로 때려 심문을 할 수 있도록 허용했으나, 로마 시민권자는 정당한 사유 없이 채찍질하거나 고문할 수 없었다. 이는 아우구스투스 칙령(Edicts of Augustus)에 의해 확정된 것으로 만일 이 법을 어기고 함부로 로마인에게 채찍질을 가할 때에는 엄격한 처벌을 받았다. 바울은 평소에 이 법을 알고 있었던 것으로 보인다. 그래서 그는 병사들이 자신을 채찍질하려고 가죽 끈으로 묶었을 때 '로마 시민인 자신을 정당한 재판도 없이 이렇게 대우 받는 것이 합법적인가'를 백부장에게 물었다. 바울은 이런 상황이 오기 전까지는 침묵하고 있다가 결정적인 순간에 자신이 로마 시민임을 밝혔다. 이는 사건의 극적인 면을 더하는 것으로 한편의 역전 드라마를 보는 듯하다. 우리 인생길에서도 하나님께서 이와 같이 역전의 드라마를 연출하시는 경우가 종종 있다.

주지하는 바와 같이 바울은 빌립보에서 복음을 전할 때 억울하게 매를 맞고 옥에 갇혔지만 자신이 로마 시민임을 밝히지 않았었다(행 16:22-24). 그러나 그때 그 사건으로 말미암아 빌립보 간수가 회개하고 돌아오는 놀라운 일이 벌어졌다. 그런데 지금 바울은 매를 맞기 전에 미리 자신이 로마 시민임을 밝힘으로 채찍질을 면했다. 이로써 바울이 로마 황제에게 호소함으로 로마로 가고자 마음을 굳힌 것으로 보인다(행 19:21,

23:11). 이것이 계기가 되어 바울은 훗날 로마 법정에 서서 그리스도를 증거 하게 되었다. 자신의 유익이 아닌 복음증거를 위해 상황에 따라 지혜롭게 대처한 바울을 본받는 것이 필요하다.

바울이 로마 시민권을 가졌다는 말에 놀라움을 금치 못한 백부장은 곧바로 천부장에게 "어찌하려 하느냐 이는 로마 시민이라."고 보고했다. 이는 그가 얼마나 놀라고 당황했는가를 읽을 수 있는 대목이다. 이에 천부장이 친히 바울에게 달려와서 "네가 로마 시민이냐 내게 말하라."고 묻자 바울은 간단명료하게 "그러하다."고만 대답했다. 천부장의 위치에서 피의자에게 무엇을 물어볼 일이 있으면 사람을 보내어 피의자를 부르는 것이 보통이지만 백부장의 보고는 그렇게 하기에 너무 중대한 사안이었기에 천부장이 친히 바울에게 달려가 사실 여부를 물은 것이다. 이때 천부장이 "나는 돈을 많이 들여 로마 시민권을 얻었다."고 말하자 바울은 "나는 나면서부터"라고 당당하게 말했다. 왜냐하면 돈으로 산 시민권보다는 나면서부터 시민권자로 태어났다는 것이 월등하게 나은 것이 자명하기 때문이다.

당시에 로마 사람이 아닌 사람이 로마 시민권을 얻는다는 것은 특권이었다. 로마 사람이 아닌 사람이 로마 시민권을 얻는 데는 다음의 세 가지 방법이 있었다고 한다.

첫째, 로마 원로원에서 국가 유공자에게 주는 경우.

둘째, 시민권을 가진 가정에서 태어나 세습으로 받는 경우.

셋째, 자유시에서 출생한 자 중에서 거액의 기부금을 내고 사는 경우 등이다.

그런데 시간이 흐르면서 시민권은 뇌물에 의해서 사고파는 경우가 많았다. 특히 글라우디오(Claudius) 황제가 통치하던 때에 이런 일들이 더욱 확산 되었다고 한다. 본문에 등장하는 천부장의 이름이 글라우디오 루시아(Claudius Lysias)인데(행 23:26) 그의 이름에 글라우디오가 들어간 것을 보면 글라우디오 황제(A.D.41-54) 때 돈을 많이 들여 로마 시민권을 얻은 것으로 여겨진다.

우리가 여기서 깨달아야 하는 중요한 포인트가 있다. 당시 사람들은 세계의 패권을 쥐고 있던 로마제국의 시민권을 갖는 것을 막강한 혜택을 누림과 동시에 큰 영광으로 여겼다. 그러나 믿음으로 사는 우리가 가진 시민권은 로마 시민권과는 비교될 수 없다. 우리의 시민권은 하늘나라에 있기 때문이다(빌 3:20).

3. 바울이 공회 앞에 서게 되었다(30절).

바울이 위기 가운데서 자신이 로마 시민권자임을 밝힌 이유는 자기 신분을 올바로 인식시켜서 정당하게 로마법에 호소함으로써 군중들의 극악무도(極惡無道)한 폭행을 방지하기 위함으로 보인다. 이것은 바울 자신의 신변 안전을 위함이라기보다 자신에게 주어진 선교의 사명을 다하기까지 하나님의 보호를 받기 바라는 조치로 보아야 할 것이다.

바울이 로마 시민권자임을 안 천부장은 바울의 결박을 풀어주었다. 이는 바울을 죄인이 아닌 자유인으로 인정했다는 얘기다. 그리고 산헤드린 공회를 모으고 바울을 그들 앞에 세웠다. 산헤드린 공회의 구성원은 대제사장, 서기관, 장로들이었다. 따라서 산헤드린 공회는 반기독교적인 기관이었고, 그곳에서의 심리가 바울에게는 불리할 것은 자명한 사실이었다. 그러나 로마의 행정관으로서 예루살렘 성내의 치안문제를 책임지고 있는 천부장은 이 사건을 종교 문제로 생각하여 사건 진상을 유대교 최고 사법기관에서 밝혀야 할 것으로 결론내린 것으로 보인다.

한편, 예수께서도 이 산헤드린 공회에서 심문을 받으셨고(마 27:1), 베드로(행 4:5), 스데반(행 6:12)도 공의회에서 심문을 받은바 있다. 이제 천부장이 바울을 산헤드린 공회에 세움으로 그는 산헤드린 공회에서 변론할 기회를 얻게 된 것이다.

여기서 깨닫게 되는 것이 있다. 그것은 무언가 내 생각과 내 뜻대로 되지 않는다 할지라도 하나님은 다른 길을 열어주셔서 그의 일꾼들을 통해서 일하신다는 사실이다.

■ **오늘의 말씀을 요약해 보자.**

- 하나님의 말씀을 들을 때 무관심하거나 농담으로 들어서는 안 된다.
- 하나님의 은혜를 인간의 욕심과 바꾸어 포기해서는 안 된다.
- 하나님의 말씀을 대적하지 말아야 한다.
- 하나님의 말씀을 받을 때 가슴을 치며 회개하는 일이 있어야 한다.
- 하나님의 말씀을 신사적인 믿음으로 받을 때 더욱 은혜가 넘친다.
- 우리 인생길에서 때때로 역전의 드라마를 연출하시는 하나님을 찬양하자.
- 자신의 유익이 아닌 복음을 위해서 상황을 대처해 나가는 것은 지혜에 속한다.
- 우리의 시민권이 하늘에 있음을 깨달아 그 나라 시민답게 사는 것이 요구된다.
- 내 생각과 뜻대로 되지 않아도 하나님께서는 우리의 앞서 가면서 길을 예비하심을 깨닫자.

범사에 양심을 따라

사도행전 23장 1-11절

바울이 공회를 주목하여 이르되 여러분 형제들아 오늘까지 나는 범사에 양심을 따라 하나님을 섬겼노라 하거늘 대제사장 아나니아가 바울 곁에 서 있는 사람들에게 그 입을 치라 명하니 바울이 이르되 회칠한 담이여 하나님이 너를 치시리로다 네가 나를 율법대로 심판한다고 앉아서 율법을 어기고 나를 치라 하느냐 하니 곁에 선 사람들이 말하되 하나님의 대제사장을 네가 욕하느냐 바울이 이르되 형제들아 나는 그가 대제사장인 줄 알지 못하였노라 기록하였으되 너의 백성의 관리를 비방하지 말라 하였느니라 하더라 바울이 그 중 일부는 사두개인이요 다른 일부는 바리새인인 줄 알고 공회에서 외쳐 이르되 여러분 형제들아 나는 바리새인이요 또 바리새인의 아들이라 죽은 자의 소망 곧 부활로 말미암아 내가 심문을 받노라 그 말을 한즉 바리새인과 사두개인 사이에 다툼이 생겨 무리가 나누어지니 이는 사두개인은 부활도 없고 천사도 없고 영도 없다 하고 바리새인은 다 있다 함이라 크게 떠들새 바리새인 편에서 몇 서기관이 일어나 다투어 이르되 우리가 이 사람을 보니 악한 것이 없도다 혹 영이나 혹 천사가 그에게 말하였으면 어찌 하겠느냐 하여 큰 분쟁이 생기니 천부장은 바울이 그들에게 찢겨질까 하여 군인을 명하여 내려가 무리 가운데서 빼앗아 가지고 영내로 들어가라 하니라 그 날 밤에 주께서 바울 곁에 서서 이르시되 담대하라 네가 예루살렘에서 나의 일을 증언한 것 같이 로마에서도 증언하여야 하리라 하시니라

천부장은 유대인들이 왜 바울을 죽이려고 소란을 피웠는지 그 진상을 알기 위해 산헤드린 공회 앞에 바울을 세웠다. 바울이 공회를 주목하며 자신을 변호하기 시작할 때 대제사장 아나니아와의 충돌로 공정한 재판을 기대하기 어렵게 되었다. 이에 바울은 자신이 바리새인이었고 죽은 자의 소망 곧 부활로 말미암아 심문을 받는다고 말했다. 공회원들은 사두개인과 바리새인들로 구성되어 있었기 때문에 바울의 발언으로 그들 사이에 다툼이 생겼다. 원래부터 사두개인과 바리새인 사이

는 교리적 입장 차이가 너무나 크기 때문에 분쟁이 일어난 것이다. 예상치 않게 산헤드린 공회에서 교리적으로 큰 분쟁이 생기자 천부장은 바울이 그들에게 찢길까 염려해서 그를 다시 로마군의 영내로 데려가도록 조치했다. 그날 밤 주님은 바울 곁에 서서 그를 격려하시면서 다시 한 번 이방선교에 대한 사명을 확인시켜 주셨다.

여기서는 공회 앞에 선 바울을 상고하면서 함께 은혜를 나누려고 한다.

1. 바울은 공회를 주목해서 보았다(1절).

여기서 말하는 '공회'는 로마제국의 통치하에서 상당한 자치권을 인정받은 유대의 최고 의결기관인 산헤드린 공회를 가리킨다. 산헤드린 공회 의장은 대제사장이었고 의장을 제외한 70명의 공회원으로 구성되어있었다. 산헤드린 공회의 주요한 임무는 율법과 장로들의 유전을 해석하고, 그것을 국정에 적용하며, 율법을 어긴 사람들을 재판하는 일이었다. 따라서 산헤드린 공회는 유대인의 최고법정이었다. 그럼에도 불구하고 산헤드린 공회는 죄인에게 사형을 구형할 수는 있으나(행 6:12) 사형을 집행할 권한은 없었다(요 18:31).

재판소로는 대체로 성전 앞마당 남쪽 광장이 이용되었는데 그곳은 '돌이 깔려 있는 곳' 곧, '박석'이었으며(요 19:13) 때를 따라 장소를 옮기기도 했다(막 14:54). 재판 자리는 반원형으로 되어있어 사람들이 둘러앉아 서로 얼굴을 바라볼 수 있었다. 공회의 재판은 보통 경범죄나 개인의 죄를 치리할 때는 전문담당자 23명만 배석했으나, 중범죄나 지파에 관련 되는 문제, 거짓 예언자나 거짓 제사장으로 지목된 자의 죄를 처리할 때는 공회원 전원이 동원되었다. 천부장이 무슨 일로 유대인들이 바울을 고발하는지 사건의 진상을 알고자하여 공회를 소집하고 바울을 그들 앞에 세웠기 때문에(행 22:30) 공회원 전체가 그 재판에 참석했을 것으로 보인다.

이때 바울은 공회를 주목해보았다. 여기서 '주목하다'는 말은 사도행전에서 여러 번 쓰인 말로(행 3:4, 3:12, 6:15, 7:55) '힘 있게 쳐다보는 것'을 의미한다. 이는 바울이 재판 자리에서 조금도 위축되지 않은 태도를 보였다는 것을 웅변적으로 표현하는 말씀이다. 다른 죄수들 같으면 유대인의 풍습에 따라 베옷을 몸에 둘러(마 11:21, 눅 10:13) 공회원들에게 자신의 죄를 뉘우치고 있음을 보여줌으로 동정을 사서 관대한 처분을 받으려하는 것이 보통이었다. 만약 바울이 사회적으로 비난받을만한 죄를 지어 재판 자리에 서 있다면 그도 역시 공회원들을 똑바로 보지 못했을지도 모른다. 그러나 바울은 재판이 시작되자 날카로운 눈초리로 공회원들을 쳐다보면서 자신을 변호해 나갔다. 이는 바울이 로마법에 어긋나는 어떤 죄를 지었거나 양심에 조금도 거리낌이 없었다는 사실을 보여주는 말씀이다.

바울처럼 우리들도 하늘을 우러러 한 점 부끄럼 없는 삶을 사는 것이 세상을 직시(直視)할 수 있는 능력과 힘이 된다는 사실을 깨닫게 된다.

2. 바울은 자신이 지금까지 범사에 양심에 따라 하나님을 섬겼다고 주장했다(1절).

산헤드린 공회의 재판 자리에 선 바울은 '여러분 형제들아'라고 그들을 불렀다. 이와 같은 표현은 유대인 회중들 사이에 시용되었던 통상적인 호칭으로(행 1:16, 2:37, 6:3) 공식 석상에서는 어울리지 않는 말이다.

그럼에도 불구하고 바울이 굳이 이런 표현을 쓴 것은 옛날의 동지들을 향한 존경과 친근감을 나타내기 위함인 동시에 어설픈 권위나 무력에 굴복하지 않겠다는 의지적 표현으로 보인다.

바울은 공회 앞에서 지금까지 범사에 양심에 따라 하나님을 섬겼다고 말했다.

'양심' 이란 단어는 바울이 즐겨 사용했던 말로(행 24:16, 바울서신에서 21회 사용) 이를 직역하면 '함께 안다' 는 의미다. 이 말은 '도덕률의 보편성' 을 의미하는 말로 옳은 일을 할 때는 찬성하고 그릇 된 것을 행할 때는 반대하는 마음속의 '재판관' 또는 '증인' 의 역할을 하는 것을 뜻한다(롬 2:15). 그러나 양심은 인간의 범죄 후 전적으로 타락함으로 말미암아 '화인 맞은 양심' (딤전 4:2), '악한 양심' (히 10:22), '더러운 양심' (고전 8:7)이 되었기 때문에 이 기준을 충족하지 못하게 되었다(롬 3:9-20).

여기서 바울이 '범사에 양심을 따라 하나님을 섬겼다.' 고 말한 것을 좀 더 자세히 살펴보기로 하자. 이 말은 바울이 '모든 면에서 완벽하게 깨끗한 양심', '온전히 선한 양심' (NASB; with perfectly good conscience)을 가지고 하나님을 섬겼다는 말이다. 즉, 바울은 매사에 양심에 어긋나지 않는 방법으로 완벽하고도 깨끗한 양심을 가지고 하나님을 섬겼다고 주장한 것이다.

한편, '섬겼노라' 라는 말은 '시민이 되다.', '생활하다.', '자신의 생활을 영위하다.' 는 의미다. 이는 곧 시민으로서 권리나 의무를 수행하며 살아가는 것이나 종교적인 의미에서 모든 계명을 지키며 살아가는 것을 나타낸다. 이 낱말은 주로 '에게, 한테, 께' 등 '여격' (與格)을 동반하여 그 사람이 살아가는 기준을 제시한다. 즉, '하나님의 율법을 따라'

혹은 '하나님의 시각에서' 라는 의미를 암시한다. 따라서 바울은 '율법이나 하나님의 시각에서 의무나 권리를 모두 이행하면서 하나님의 백성으로 살았다.' 고 주장하는 것이다.

여기서 우리들이 깨달아야 할 것이 있다. 하나님의 사람들은 모든 일에 있어서 하나님의 말씀대로 살아야 한다. 또한 하나님의 시각에서 천국 백성의 의무와 권리를 행사하면서 살아야 한다. 그리고 완벽하고 깨끗한 양심을 가지고 하늘나라의 시민답게 사는 것이 중요하다는 사실이다.

3. 바울은 하나님이 주신 권위에 순종했다(2-5절).

전술한 바와 같이 바울이 공회 앞에서 "자신은 지금까지 양심을 따라 하나님을 섬겼다"고 담대히 증거 했다. 이에 대제사장 아나니아가 바울 곁에 서 있는 사람에게 그 입을 치라 명했다. 여기서 말하는 아나니아(Ananias)는 네베데우스(Nebedeus)의 아들로서 사두개인이었고, 헤롯 아그립바 2세(A.D.48-70)에 의해 A.D.48년에 대제사장에 임명되어 58년까지 직임했던 사람이다. 그는 성격이 난폭하고 거만하며 약탈적인 사람이었다고 역사학자 요세푸스는 기록했다. 또한 그는 친 로마성책을 폈는데, 이로 인해서 유대 국수주의자들로부터 배척을 받았다. 그 결과 유대전쟁(A.D.66-70) 초기인 A.D.66년에 유대 군중들에게 붙잡혀 비참하게 살해당했다고 한다. 이렇게 포악한 성격의 소유자였던 대제사장 아나니아는 바울의 담대한 증언에 대해 분노하여 바울의 입을 치라고 명령했다. 뺨이나 입술 등은 사람의 인격을 대표하는 곳이다. 따라서 아나니아가 사리를 따지지 않고 감정에 치우쳐 입을 치라고 명령한 것은 불법인 동시에 비인도적인 조치라고 말할 수 있다.

이에 바울이 “회칠한 담이여 하나님이 너를 치시리로다 네가 나를 율법대로 심판한다고 앉아서 율법을 어기고 나를 치라 하느냐”라고 말했다. ‘회칠한 담’이라는 말은 예수님께서 바리새인들이나 서기관들의 위선을 책망할 때 쓰시던 말씀이기도하다(마 23:27). 이는 그다지 튼튼하지 못한 기초 위에 세운 흙벽돌 담을 단지 아름답게 보이기 위해서 겉에 회를 바른 것을 가리킨다. 그런 담은 일시적으로 눈에 보기 좋을지는 몰라도 곧 무너져버리고 만다. 따라서 바울은 이 말로 아나니아의 표리부동(表裏不同)한 면을 지적하고 있는 것이다. 그러자 곁에 선 사람들이 “하나님의 대제사장을 네가 욕하느냐”고 말했다. 바울은 “나는 그가 대제사장인 줄 알지 못하였노라”면서 “너희 백성의 관리를 비방하지 말라”(출 22:28)고 말씀하신 것을 인용하며 자신의 말과 행동을 즉시 수정했다.

바울은 오랫동안 예루살렘을 떠나 있었기 때문에 그동안의 변화에 대해서 실제로 잘 알지 못했을 것이다. 게다가 대제사장 아나니아가 대제사장의 자리에 앉지도 않고 대제사장이 흔히 입는 옷도 입지 않았을 가능성이 있었기 때문에 바울이 그를 알아보지 못했을 것이 당연했을 것이다.

또 한 가지 중요한 포인트가 있다. 그것은 바울이 아나니아가 대제사장인 줄 알고 자신의 발언을 즉시 취소하고 수정했다는 점이다. 예수님은 바리새인과 서기관들에게 “화 있을진저…”라고 책망하신일이 있다(마 23:29). 또한 바리새인과 사두개인들을 향해서는 “이 독사의 자식들아”라고 무섭게 책망하신 적도 있다(마 3:7). 그러나 한 번도 제사장들을 향해서는 책망하지 않으셨다. 왜냐하면 제사장은 하나님의 성전에서 섬기는 일로 인해 기름부음을 받았기 때문이다. 따라서 바울은 아나니아가 대제사장인줄 모르고 아나니아를 책망했으나 그가 대제사장인 줄 알고 나서 말을 즉시 수정한 것이다.

여기서 깨닫게 되는 몇 가지 교훈이 있다.

① 자신의 감정을 조절하지 못해서 다른 사람을 비인도적인 방법으로 취급해서는 안 된다.

② 속과 겉이 다른 표리부동(表裏不同)한 행동을 해서는 안 된다.

③ 자신의 잘못을 깨달을 때는 즉시 수정하는 것이 참된 신앙이요 용기라고 말할 수 있다.

④ 어떤 일이 있어도 하나님의 기름부음 받은 종들을 비방해서는 안 된다.

4. 바울은 지혜롭게 위기를 탈출했다(6-10절)

바울은 공회원 중에 일부는 사두개인이요 다른 일부는 바리새인인 줄 알고 자신은 바리새인이요 바리새인의 아들이라고 밝혔다. 그리고 자기는 '죽은 자의 소망 곧 부활'로 말미암나 심문을 받는다는 사실을 언급했다(6절). 그 말에 바리새인과 사두개인 사이에 다툼이 생겨 무리가 나뉘게 되었다. 그들이 두 패로 나뉘게 된 이유는 그들 사이에는 교리적 입장차이가 너무나 크기 때문이다.

여기서 사두개인과 바리새인의 교리적 차이가 어떤 것인가를 살펴보도록 하자.

① 사두개인은 어떤 사람들인가?

그 당시 사두개파는 유대인 당파 중 하나로 소수당이었으나 대부분 지성인이며 부유하고 지위가 높은 계층의 사람들이었다. 사두개파는

다윗 시대의 대제사장이었던 사독(Zadox)의 뒤를 이어온 사람들이다. 그들은 모세오경 이외의 구약성경을 인정하지 않으며 각자 자유롭게 성경을 해석할 수 있다고 주장했다. 또한 그들은 부활과 내세와 영생을 부인했다(마 22:23-33, 막 12:18-27, 눅 20:27-40). 그들은 철저히 현세 지향적이었고 친(親)로마 적이었으며 귀족집단이었기 때문에 민중들의 생활과는 거리가 멀었다.

② 바리새인들은 어떤 사람들인가?

바리새파는 마카비 전쟁(Maccabean War) 때에 헬라화 운동을 막기 위해 일어난 종교인들로 구성되었다. 그들은 모세오경 외에 유대인의 구전과 전승을 권위 있는 정경으로 보았고, 죽은 자의 부활과 내세 천사와 마귀 같은 영적 세계를 인정했다. 그들은 하나님의 통치권만 인정했기 때문에 로마를 적대시했고, 율법과 선조들의 전통을 충실히 지킴으로 이스라엘을 개혁하고 로마의 지배로부터 벗어나야 한다고 믿었다. 또한 그들은 정기적으로 금식을 하고 십일조를 철저히 드리고 안식일도 매우 엄격하게 준수했지만 형식과 껍데기만 있는 율법주의로 전락되었기 때문에 예수님으로부터 혹독한 질책을 받기도 했다.

이와 같이 바리새인과 사두개인 사이에는 분명한 입장 차이가 있기 때문에 바울의 입에서 바리새인이라는 말과 죽은 자의 소망 곧 부활이라는 말이 나오자 그들 사이에 큰 분쟁이 생겼다. 먼저 바리새인 편에서 몇 서기관이 일어나 '바울에게 악한 것이 없다' 고 바울을 적극적으로 옹호했다. 이는 바울이 바리새인 출신이었기 때문으로 보인다. 이로 인해 바리새인과 사두개인 사이에 큰 다툼이 일어난 것이다. 천부장은 바리새인과 사두개인들 사이에 큰 분쟁이 생기자 바울이 그들 틈바구니 사이에서 찢겨질까 하여 군인들에게 바울을 영내로 데려가도록 명령했다.

오늘도 하나님은 우리들이 악한 사탄의 세력 다툼 속에서 찢겨지지 않도록 보호하고 계심을 믿고 감사해야 한다.

여기서 우리는 바울의 말과 행동이 상대방의 분열과 반목을 조장하는 비윤리적인 방법을 통해서 단순히 자신의 위기를 모면하려했다는 부정적인 평가를 내릴 것이 아니다. 다만, 바울이 대제사장 아나니아와의 충돌을 통해서 산헤드린 공회 앞에서는 공정한 재판을 받을 수 없다고 판단했기 때문에 하나님이 주신 지혜를 통해서 이런 타개책을 강구했다고 보아야 할 것이다.

5. 바울은 주님으로부터 다시 한 번 격려의 말씀을 들었다(11절).

산헤드린 공회에서 결론이 나지 않자 바울은 로마군의 영내에서 그 날 밤을 지내게 되었다. 그 밤에 주님이 바울 곁에 서서 말씀하셨다. 주님은 "너희를 고아와 같이 버리지 않고 세상 끝 날까지 항상 함께 하시겠다"고 약속하셨는데(마 28:20) 지금 바울 '곁에 서서' 말씀하고 계신 것이다. 우리가 잊지 말아야 할 것은 주님이 항상 '내 곁에 서 계신다.'는 사실이다.

그 날 밤에 주님이 바울 곁에 서서 하신 말씀이 무엇인가?

① 담대하라.

주님은 고린도에서도 의기소침(意氣銷沈)한 바울에게 밤에 환상 가운데 "두려워하지 말며 침묵하지 말고 말하라"라고 격려한바 있다(행 18:9). 그런데 여기서도 주님은 바울에게 '담대하라'고 말씀하신다. '담대하라'는 말씀은 '용기를 가지라.'는 의미다. 특히 이 말이 '현재 능동태 명령법’으로 사용되고 있다는 것에 유의할 필요가 있다. 이는 비록 지금 구금되거나 죽이려하는 음모가 계속된다 할지라도 조금도 위축되거나 낙심하지 말고 ‘지속적으로 용기를 잃지 말고 담대 하라.’는 뜻을 담고 있기 때문이다.

② 로마에서도 증언해야 하리라.

주님이 바울에게 낙심하지 말고 계속해서 담대하라고 말씀하신 이유가 무엇인가? 그것은 예루살렘에서 주의 일을 증언한 것 같이 로마에서도 증언해야 하기 때문이라고 말씀하셨다. 이는 바울이 로마로 가는 것이 단순한 자신의 바람(행 19:21, 롬 15:22-29)이 아니라 주님께서 주신 ‘사명’이라는 것을 명백하게 밝히는 것으로 매우 중요한 말씀이다. 따라서 바울은 로마로 가는 일이 멀고 험했어도 조금도 굴하지 않고 담대히 그리스도를 증거 하는 사명을 다했음을 알 수 있다.

오늘도 우리는 주님이 나와 함께 하심을 믿고 담대히 땅 끝까지 가서 주님의 복음을 증거 해야 할 것이다.

■ **오늘의 말씀을 요약해 보자.**

- 우리들도 하늘을 우러러 한 점 부끄럼 없이 살아 세상을 똑바로 바라볼 수 있어야 한다.
- 신앙인에게는 범사에 양심에 따라 하나님을 섬기는 신앙이 필요하다.
- 신앙인에게는 어설픈 권위와 무력에 굴하지 않는 용기가 있어야 한다.
- 하나님의 사람은 모든 면에서 완벽하고 깨끗한 양심을 가지고 하나님과 이웃을 섬기며 살아야 한다.
- 하나님의 말씀과 하나님의 시각에서 하늘나라의 시민답게 이 땅에서

사는 것이 성도의 삶이다.

- 하나님의 사람은 자기감정을 통제하지 못해 다른 사람을 비인도적으로 대우해서는 안 된다.
- 표리부동한 삶을 사는 것은 성도의 자세가 아니다.
- 하나님의 말씀에 비추어 자신이 잘못 된 것이 드러날 때 즉시 수정하는 것이 신앙인의 태도요 진정한 용기라고 말할 수 있다.
- 우리는 기름부음 받은 일꾼들을 비방하지 말아야 한다.
- 하나님은 사탄의 세력 다툼 속에서 성도들이 찢겨지지 않도록 오늘도 지키고 보호 하신다.
- 하나님이 주신 지혜를 통해서 위기를 극복하는 것이 필요하다.
- 주님은 항상 내 곁에 계셔서 나와 동행하신다는 사실을 잊지 말자.
- 험한 세상에 살지만 위축되거나 낙심하지 말고 계속해서 담대하게 살자.
- 땅 끝까지 이르러 주의 증인 된 삶을 살아야 한다.

비겁한 음모

사도행전 23장 12-24절

날이 새매 유대인들이 당을 지어 맹세하되 바울을 죽이기 전에는 먹지도 아니하고 마시지도 아니하겠다 하고 이같이 동맹한 자가 사십여 명이더라 대제사장들과 장로들에게 가서 말하되 우리가 바울을 죽이기 전에는 아무 것도 먹지 않기로 굳게 맹세하였으니 이제 너희는 그의 사실을 더 자세히 물어보려는 척하면서 공회와 함께 천부장에게 청하여 바울을 너희에게로 데리고 내려오게 하라 우리는 그가 가까이 오기 전에 죽이기로 준비하였노라 하더니 바울의 생질이 그들이 매복하여 있다 함을 듣고 와서 영내에 들어가 바울에게 알린지라 바울이 한 백부장을 청하여 이르되 이 청년을 천부장에게로 인도하라 그에게 무슨 할 말이 있다 하니 천부장에게로 데리고 가서 이르되 죄수 바울이 나를 불러 이 청년이 당신께 할 말이 있다 하여 데리고 가기를 청하더이다 하매 천부장이 그의 손을 잡고 물러가서 조용히 묻되 내게 할 말이 무엇이냐 대답하되 유대인들이 공모하기를 그들이 바울에 대하여 더 자세한 것을 묻기 위함이라 하고 내일 그를 데리고 공회로 내려오기를 당신께 청하자 하였으니 당신은 그들의 청함을 따르지 마옵소서 그들 중에서 바울을 죽이기 전에는 먹지도 않고 마시지도 않기로 맹세한 자 사십여 명이 그를 죽이려고 숨어서 지금 다 준비하고 당신의 허락만 기다리나이다 하니 이에 천부장이 청년을 보내며 경계하되 이 일을 내게 알렸다고 아무에게도 이르지 말라 하고 백부장 둘을 불러 이르되 밤 제 삼 시에 가이사랴까지 갈 보병 이백 명과 기병 칠십 명과 창병 이백 명을 준비하라 하고 또 바울을 태워 총독 벨릭스에게로 무사히 보내기 위하여 짐승을 준비하라 명하며

바울을 심문하기 위해서 모인 공회는 교리적인 문제로 인해 양분되어 큰 분쟁이 일어났다. 이런 상황 가운데서 천부장은 바울이 성난 군중들에게 찢길까 염려해서 일단 그를 영내로 데리고 갔다. 그날 밤에 하나님은 바울에게 담대할 것을 주문하시면서 예루살렘에서 하나님의 일을 증언한 것 같이 로마에서도 증언해야 할 것이라고 사명을 확인시켜 주셨다.

날이 새자 유대인들이 당을 지어 바울을 죽이기 전에는 먹지도 않고 마시지도 않겠다고 맹세하고 이같이 동맹한 자가 40여 명이나 되었다. 이런 사실을 바울의 생질이 알고 바울에게 그 정보를 전해 주었다. 이에 바울은 백부장에게 부탁해서 자기 조카를 천부장에게로 보냈다. 바울의 생질로부터 암살단이 있다는 정보를 입수한 천부장은 즉시 바울을 총독인 벨릭스에게로 호송하기로 작정했다.

여기서는 바울을 죽이려는 암살단의 계획과 그 계획이 사전에 노출되어 실패한 사건을 살펴보면서 함께 은혜를 나누려고 한다.

1. 유대인들은 바울을 암살하려는 계획을 세웠다(12-15절).

유대인들은 바울을 합법적으로 죽이려고 했던 계획이 무산되자 그를 암살하려는 음모를 꾸렸다. 그들은 당을 지어 맹세하되 "바울을 죽이기 전에는 먹지도 아니하고 마시지도 아니하겠다."고 말했다. '당을 지어'라는 말은 '공모하다' 혹은 '작당하다'라는 뜻이다. 이같이 맹세하며 모인 사람만 해도 사십여 명이나 되었다.

바울을 암살하려는 무리의 주축은 아시아로부터 온 유대인들이었을 것이다. 왜냐하면 바울이 예루살렘이나 유대지역에서 활동을 거의 하지 않았고 소아시아 지방과 아가야와 마게도냐 지방에서 주로 선교활동을 했기 때문이다. 그리고 예루살렘에서 무리를 충동해서 소요사태를 일으킨 사람들이 아시아에서부터 온 유대인들이었기 때문이다(행 21:27).

바울을 죽이기로 동맹한 사람들은 대제사장과 장로들을 찾아갔다. 대제사장들과 장로들은 공회의 구성원들이었고 주로 사두개파 사람들이었다. 그들이 바리새인들을 찾아가지 않고 대제사장들과 장로들을 찾은 것은 바리새파 사람들이 공회에서 바울을 옹호하는 발언을 해서 큰 분쟁이 일어났기 때문으로 보인다. 바울을 암살하려는 사람들은 천부장이 공회를 재소집하여 바울을 재판할 수 있도록 대제사장과 장로들을 종용했다. 이는 공회가 재소집 되면 바울이 로마군의 영내로부터 공회 장소로 나올 것이므로 그때 매복했다가 도중에 암살하려고 계획했기 때문이다.

바울을 암살하려는 사람들은 그를 죽이기 전에는 먹지도 않고 마시지도 않겠다고 맹세했다. 먹지도 않고 마시지도 않겠다는 단식서원은 구약에도 나타난다(삼상 14:24). 이런 맹세는 바울을 반드시 죽이고야 말겠다는 의지의 표명으로 보인다.

그런데 바울을 죽이기 전에는 먹지도 않고 마시지도 않겠다고 맹세한 사람들이 실제로 바울을 죽이지 못했을 때 굶어서 죽었는가? 사실은 그렇지 않은 것으로 보인다.

당시 랍비들은 맹세를 지키지 않아도 되는 네 가지 경우를 허용했다.

첫째, 선동에 의한 맹세.

둘째, 과장된 맹세.

셋째, 잘못된 맹세.

넷째, 억압 때문에 이루어진 맹세가 그것이다.

아마 이런 사실을 잘 알고 있던 사두개인들이 만일의 경우를 대비해서 자신들이 빠져나갈 구멍을 만들어 놓았을 것이기 때문이다. 따라서 바울을 암살하려는 사람들은 주님이 말씀하신대로 '헛된 맹세'를 한 사람들이라고 말할 수 있다 예수님은 다음과 같이 맹세하지 말 것을 교훈하신 바 있다.

"또 옛 사람에게 말한 바 헛 맹세를 하지 말고 네 맹세한 것을 주께 지키라 하였다는 것을 너희가 들었으나 나는 너희에게 이르노니 도무지 맹세하지 말지니 하늘로도 하지 말라 이는 하나님의 보좌임이요 땅으로도 하지 말라 이는 하나님의 발등상임이요 예루살렘으로도 하지 말라 이는 큰 임금의 성임이요 네 머리로도 하지 말라 이는 네가 한 터럭도 희고 검게 할 수 없음이라 오직 너희 말은 옳다 옳다, 아니라 아니라 하라 이에서 지나는 것은 악으로부터 나느니라"(마 5:33-37)

따라서 바울의 암살단은 적어도 다음과 같은 죄를 범하고 있음을 깨닫게 된다.

① 죽을 사람도 살려야 할 종교인들이 자신들의 야욕을 채우기 위해서 사람을 죽일 계획했으니 위선이요 극악한 살인죄를 범하고 있는 것이다.

② 금식이나 단식은 인간의 기본적인 욕구를 억제하는 신성한 신앙적 극기 훈련인데 이를 악용해서 사람을 죽이려 했으니 신성모독 죄를 범하고 있는 것이다.

③ 공정한 재판이 이루어지기도 전에 매복했다가 죄를 정하지도 않고 바울을 임실하려는 음모를 꾸몄으니 재판의 공정성을 훼손하는 죄를 범하고 있는 것이다.

④ 주님이 맹세하지 말라(마 5:34)고 말씀하셨음에도 불구하고 헛된

맹세를 했으니 주의 말씀을 범한 죄를 범한 것이다.

2. 바울을 암살하려는 계획은 여지없이 외부에 알려지게 되었다(16-22절).

바울을 암살하려는 유대인들의 계획은 바울의 생질에 의해서 바울에게 전달되었다. 이에 바울이 한 백부장을 불러 자신의 생질을 천부장에게 인도해 줄 것을 요청했다. 바울은 사태의 중요성을 인식해서 백부장에게 그 사실을 말하지 않고 자기 조카가 직접 천부장을 접견할 수 있도록 부탁했다. 천부장은 백부장의 보고를 듣고 그 젊은이를 통해서 무언가 바울에 대한 중요한 정보를 얻을 것을 기대한 것으로 보인다. 이에 천부장이 그의 손을 잡고 조용히 물었다. 여기서 '그 손을 잡고' 라는 말을 볼 때 청년에게 안도감을 주어서 비밀을 완전하게 자기에게 알려 줄 수 있도록 배려했다고 볼 수 있다. 그때 바울의 생질은 유대인들이 바울을 암살하려는 계획을 가지고 있음을 천부장에게 자세하게 말했다. 바울을 암살하려는 정보를 입수한 천부장은 오히려 바울의 생질에게 아무에게도 이 일을 자기에게 말했다는 사실을 알리지 말고 비밀로 할 것을 당부했다.

성경에는 바울의 친척이 있었다는 사실을 기록하고 있으나(롬 16:7-11) 그에 대한 직접적인 언급은 본문에만 나온다. 바울의 생질이 누구냐 하는 것은 성경에 자세한 설명이 없어서 알 길이 없다. 또한 바울의 생질이 어떻게 그 암살 음모를 사전에 알게 되었는지도 자세히 알 수 없다.

그러니 우리는 이 사건 속에서 몇 가지 확실한 사실들을 깨닫게 된다.

① 세상의 비밀이라는 것은 언젠가는 반드시 알려지게 되어있다.

② 유대인들은 바울을 암살하려는 음모를 꾸미고 있었지만 하나님은 이미 바울을 살리기 위해서 일하고 계셨다.

③ 바울의 생질은 성경에 이름이나 신분조차 기록되어있지 않았고 그 후에도 그에 대한 언급이 전혀 없지만, 그 이름 없는 청년을 통해서 위대한 사도가 목숨을 건졌다. 그러므로 때로는 우리 주변에 이름 없이 스쳐가는 사람들을 통해서도 삶에 엄청난 변화를 주기도하고 생의 전환점이 될 만큼 결정적인 역할을 하기도 한다는 사실을 기억해야 한다.

④ 하나님은 홍해바다를 육지와 같이 가르심 같이 우리가 상상할 수 없는 엄청난 기적을 통해서 일하실 때가 있다. 그러나 바울의 생질을 통해서 보는 바와 같이 간단하면서도 자연스럽게 보이는 일들을 통해서도 얼마든지 큰 일하신다는 사실이다.

⑤ 천부장이 청년을 보내며 경계하여 '이 일을 내게 알렸다고 아무에게도 이르지 말라' 고 한 것처럼 때로는 철저하게 보안조치를 취해야 할 때가 있는 법이다.

⑥ 하나님이 허락하지 않으시면 참새 한 마리도 땅에 떨어지지 않는다(마 10:29). 하물며 하나님이 이방인의 사도로 택하신 바울이 죽는데 하나님의 허락 없이 가능하겠는가?

■ **오늘의 말씀을 요약해 보자.**

- 이기적인 욕심을 채우기 위해서 헛된 맹세를 해서는 안 된다.
- 세상의 비밀은 언젠가 드러나게 되어있다.
- 사람들이 깨닫지 못한다 할지라도 하나님은 언제나 하나님의 일을 진행하신다.
- 하나님은 유명한 사람들을 통해서 일하기도하시지만 때로는 이름 없는 자들을 통해서도 위대한 일을 하게 하신다.
- 하나님은 엄청난 기적을 통해서도 살아계심을 증거 하시지만 간단하면서도 자연스런 일들을 통해서도 큰일을 하신다는 사실을 잊지 말자.
- 때로는 큰일을 위해서 철저한 보안이 필요할 때가 있다.
- 참새 한 마리도 하나님의 허락 없이는 땅에 떨어지지 않음을 깨닫자

총독 앞에 선 바울

● 사도행전 23장 25-35절 ●

또 이 아래와 같이 편지하니 일렀으되 글라우디오 루시아는 총독 벨릭스 각하께 문안하나이다 이 사람이 유대인들에게 잡혀 죽게 된 것을 내가 로마 사람인 줄 들어 알고 군대를 거느리고 가서 구원하여다가 유대인들이 무슨 일로 그를 고발하는지 알고자 하여 그들의 공회로 데리고 내려갔더니 고발하는 것이 그들의 율법 문제에 관한 것뿐이요 한 가지도 죽이거나 결박할 사유가 없음을 발견하였나이다 그러나 이 사람을 해하려는 간계가 있다고 누가 내게 알려 주기로 곧 당신께로 보내며 또 고발하는 사람들도 당신 앞에서 그에 대하여 말하라 하였나이다 하였더라 보병이 명을 받은 대로 밤에 바울을 데리고 안디바드리에 이르러 이튿날 기병으로 바울을 호송하게 하고 영내로 돌아가니라 그들이 가이사랴에 들어가서 편지를 총독에게 드리고 바울을 그 앞에 세우니 총독이 읽고 바울더러 어느 영지 사람이냐 물어 길리기아 사람인 줄 알고 이르되 너를 고발하는 사람들이 오거든 네 말을 들으리라 하고 헤롯 궁에 그를 지키라 명하니라

바울을 죽이기 전에는 먹지도 않고 마시지도 않겠다는 사람들이 무려 40여 명이나 된다는 정보를 입수한 천부장은 그날 밤에 곧바로 바울을 총독인 벨릭스에게 호송하기로 결정했다. 천부장은 무려 470명의 보병, 기병, 창병을 동원해서 바울을 안전하게 가이사랴로 호송했다. 그때 천부장이 총독에게 편지를 써서 그 사건의 개요를 설명했다.

여기서는 바울이 예루살렘에서 가이사랴로 이송되는 과정과 바울이 총독 앞에 선 일을 통해서 하나님의 오묘한 섭리를 상고하면서 함께 은혜를 나누려고 한다.

1. 천부장이 바울을 총독에게 호송하기 위한 조치를 취했다(23-24절).

바울의 생질로부터 유대인 결사대가 바울을 암살하고자 한다는 정보를 입수한 천부장 루시아는 매우 신속하고도 즉각적인 조치를 취했다. 천부장은 '밤 제 삼시' 즉, 그날 밤 9시에 백부장 두 사람을 불러 은밀하게 바울을 총독 벨릭스에게 보낼 수 있도록 준비시켰다. 그는 보병 200명과 기병 70명 그리고 창병 200명을 동원하도록 지시했다. 이는 그의 지휘 아래 있는 안토니아 요새 수비대병력의 절반에 가까운 숫자였다. 여기서 '준비하라' 는 말은 '매우 화급하게 어떤 특별한 행위를 하도록 요구하는 것' 을 의미한다. 따라서 천부장은 유대인들의 음모에 경계심을 늦추지 않고 신속하게 조치했음을 깨닫게 된다.

천부장이 이렇게 신속하고 민첩하게 조치를 취한 이유가 무엇일까?

① 유대인들 가운데 바울의 암살단이 조직되는 등 예상하지 못한 사태가 발생되어 자신이 처리할 수 없을 만큼 문제가 비약되고 있음을 깨달았기 때문이다.

② 천부장은 만일 그의 관할지역에서 발생 된 문제를 제대로 수습하지 못하면 상부로부터 엄중하게 문책 당한다는 사실을 누구보다 잘 알고 있었다. 따라서 천부장이 총독으로 하여금 바울을 직접 심문하도록 바울을 이송한 것은 일종의 책임전가 행위로 볼 수 있다.

③ 바울이 로마 시민권자이기 때문에 바울의 신변을 보호하는 것은 천부장의 책임이요 의무이기 때문이다. 따라서 천부장이 바울의 신변을 보호하는 것은 바울을 위한 것이라기보다 자기 자신의 직위를 위한

이기적인 조치로 보아야 한다.

그러나 중요한 것은 천부장은 하나님이 그 일을 통해서 바울을 로마로 보내시려는 일들을 구체적으로 시작하셨다는 사실은 알지 못했을 것이다. 우리가 볼 때는 우연같이 보이는 일들도 반드시 거기에는 하나님의 섭리가 작용하고 있다는 사실을 깨달아야 한다.

여기서 받을 수 있는 교훈들이 있다.

첫째, 생명을 살리고 구원하는 일은 지체하지 말고 신속하고 민첩하게 해야 한다.

둘째, 우리가 알지 못하고 깨닫지 못하는 가운데서도 하나님은 우리를 위해서 일하시며 하나님이 계획하신 섭리는 반드시 이루어 가신다는 사실이다.

셋째, 로마 시민권자는 로마가 보호했다면 하늘의 시민권자는 하나님이 지키시고 보호하신다.

2. 천부장은 총독 벨릭스에게 편지로 사건의 개요를 소개했다(25-30).

당시에는 두 종류의 '총독'이 있었다. 하나는 원로원 관할지역을 다스리는 총독이 있었는데, 본서(本書)에 언급 된 서기오 바울(행 13:7-8)과 갈리오(행 18:12)가 그런 사람들이다. 다른 하나는 로마 황제의 의해서 직접 임명되고 황제의 권한을 그대로 위임받아 행사하는 총독이 있었다. 따라서 이들의 더 정확한 직분명칭은 '행정장관' 혹은 '재무관' 이었다. 우리에게 잘 알려진 '빌라도'와 본문에 나오는 '벨릭스'가 바로 로마 황제가 직접 임명한 총독이었다.

벨릭스(Felix)는 유대 지방을 다스리던 제 11대 로마 총독으로 A.D.52-60년 사이에 유대를 통치하던 인물이다. 그는 노예 출신으로 클라우디우스(Claudius) 황제의 모친 안토니아(Antonia)에 의해 자유인이 되었기 때문에 안토니아 벨릭스로 호칭되었다. 그의 형(兄)인 팔라스도 노예였으나 로마 황제 클라우디우스의 은총으로 자유인이 되었다. 뿐만 아니라 그는 황제의 총애를 받아 관직에 오르게 되었으며 벨릭스는 그의 형 팔라스의 도움으로 로마 총독에 오르게 되었다.

벨릭스는 바울을 만나기 전부터 '부패한 정치가' 라는 나쁜 평판을 듣고 있었고 유대인들과도 불편한 관계에 있었다. 그는 세 번이나 결혼했는데 노예 출신이라는 열등감 때문에 매번 왕족 여인들을 아내로 삼았다고 한다. 첫째 부인의 이름은 알려지지 않았고, 둘째 부인은 안토니우스와 클레오파트라의 손녀였으며, 셋째 부인은 헤롯 아그립바 1세의 딸 드루실라였다. 성경에서 그의 아내로 소개 된 드루실라(행 24:24)는 그와 결혼하기 위해 전 남편과 이혼한 상태에 있었다.

따라서 역사학자 타키투스(Tacitus)는 그를 '포악하고 음흉하며 노예 같은 성격을 가지고 국왕의 권한을 행사한 자' 라고 기록했다. 즉, 그는 총독이기는 했으나 여전히 노예의 성분, 노예의 언어, 노예의 행위를 그대로 가지고 자기의 신분 유지를 위해서 수단과 방법을 가리지 않은 아주 무자비한 사람이었다. 또한 그는 간교한 수법으로 출세한 사악하고 탐욕스런 자로 대제사장 요나단을 자객을 보내 암살했고 죄수들에게서조차 뇌물을 바라는 파렴치한 자였다(행 24:26). 이와 같은 폭정으로 유대인들이 곳곳에서 반란과 폭동을 일으켰기 때문에 그는 마침내 면직을 당하고 말았다.

글라우디오 루시아는 예루살렘의 치안을 관할하는 로마의 장교였다.

'글라우디오' (Claudius)는 로마식 이름이며, '루시아' (Lysias)는 헬라식 이름인 것을 보아 그가 헬라인으로서 로마의 글라우디오 황제 때 많은 돈을 주고(행 22:28) 로마 시민권을 얻은 것으로 보인다. 천부장 글라우디오 루시아가 총독 벨릭스에게 바울과 함께 편지를 보내 사건 개요를 설명했다.

천부장이 총독에게 보낸 편지는 당시의 전형적인 형식을 취하고 있다. 즉, 발신인의 이름을 먼저 밝히고, 다음으로 수신자의 이름을 적고, 이어서 문안인사를 했다.

천부장이 총독에게 보낸 편지의 내용은 다음과 같다.

① 천부장은 바울이 로마 시민인 줄 알고 자신이 군대를 거느리고 가서 구원해 주었다고 말했다(27절).

그러나 사실은 이것은 거짓말이다. 천부장은 소요가 일어나자 군사를 이끌고 사건 현장에 출동해서 유대인들이 바울을 때리는 것을 제재하고 바울을 구한 것은 사실이지만 처음부터 바울이 로마 시민임을 알고 구해준 것은 아니다. 오히려 천부장은 바울을 결박하고 채찍질하라고 명령한 장본인이었으므로 자신의 실수는 감추고 공적만을 포장해서 보고하고 있음을 알 수 있다.

② 천부장은 이 사건이 유대인들의 율법문제에 관한 것뿐이요 한 가지도 죽이거나 결박할 사유가 없다는 것을 발견했다고 적고 있다(29절).

실제로 바울에게는 누구에게 심문당하고 재판받을 아무런 죄가 없었다. 그럼에도 불구하고 유대인들은 그를 죽이려고 했다. 이와 같은 일은 이미 갈리오 총독 때에도 있었다. 그때 총독 갈리오는 바울에 대한 유대인들의 소송이 로마 법정에서 해결할 문제가 아니라 유대인들의 종교에 관한 것이라는 점을 들어 재판을 거부하기도 했다(행 18:15).

이런 일은 예수님도 당했다. 총독 빌라도는 예수님의 무죄를 거듭 선포했으나(요 19:4) 유대인들의 간계로 정당한 재판도 없이 빌라도는 예수님을 십자가에 못 박게 내주었다. 유대인들은 하나님의 선민임을 자처했지만 타락하여 불신자보다 더욱 간악한 짓을 서슴지 않았음을 알 수 있다.

③ 천부장은 바울에 대한 암살 음모가 있다는 정보를 입수했기 때문에 그를 총독에게 보낸다고 말했다(30절).

사실 이런 음모가 없다고 하더라도 천부장은 바울을 총독에게로 이송하지 않을 수 없었다. 왜냐하면 천부장은 그 사건을 재판하거나, 바울을 놓아주거나, 로마 시민인 바울을 산헤드린 공회에 넘겨 줄 권한이 없었기 때문이다.

④ 천부장은 고발하는 사람들도 총독 앞에서 직접 고소를 제기하게 함으로 두 당사자를 법정에 세우기 위함이라고 편지했다(30절).

3. 바울은 총독 벨릭스 앞에 서게 되었다(31-35절).

천부장의 명령에 따라 로마 군병들이 밤중에 바울을 호송해서 안디바드리에 도착했다. 안디바드리는 예루살렘 서북쪽 약 56킬로미터에 위치하고 있으며 가이사랴까지는 약 40킬로미터 떨어진 지점이다. 따라서 바울을 호송한 병사들은 밤새 이곳까지 오기 위해서 매우 서둘렀음을 알 수 있다. 이곳은 원래 카판사바(Kaphar Saba)라 불리던 곳이었으나 B.C.9년 경 헤롯 대왕이 이곳을 재건설한 후에 아버지 안티파터

(Antipater)의 이름을 명예롭게 하기 위해서 '안디바드리' 라고 불렀다.

그 이튿날 기병 70명이 가이사랴로 바울을 호송했고 보병과 창군 400명은 안디바드리에서 안토니아 요새로 돌아갔다.

바울은 가이사랴에 도착한 후 곧 총독 앞에 서게 되었고, 총독은 천부장 글라우디오 루시아가 보낸 편지를 읽고 바울에게 어느 영지 사람인가를 물었다. 총독 벨릭스가 바울에게 출신지를 제일 먼저 물은 것은 관할권에 대한 법적 문제가 있기 때문으로 보인다. 왜냐하면 출신지에 따라 법적인 관할권이 달라져서 벨릭스 자신이 심리하거나 재판을 주관해야 할지 아닌지를 결정해야 했기 때문이다. 이에 바울이 길리기아 사람이라고 말하자 결국 벨릭스 총독이 재판을 맡아야 했다. 길리기아는 황제의 영지이고 또 수리아의 관할에 속했기 때문에 벨릭스 총독은 그 사건이 자기의 소관임을 깨닫고 바울을 고소한 사람들이 올 때가지 바울을 헤롯 궁에 감금하도록 조치했다.

바울이 비록 죄인 아닌 죄인으로 가이사랴에 오게 되었지만 이로써 그에게 총독 앞에 서서 복음을 전할 수 있는 기회가 주어지게 되었다. 한 걸음 더 나아가 이 일은 바울이 그토록 가기 원했던 로마, 또한 하나님께서 바울을 로마로 보내시기로 계획하신 일(행 23:11)의 첫걸음이 된 사실은 바울 자신도 알 수 없었을 것이다.

■ **오늘의 말씀을 요약해 보자.**

- 자기의 신변 안전을 위해서 책임을 전가하는 일들은 비겁한 행동이다.
- 생명을 살리고 구원하는 일은 신속하고 민첩하게 해야 한다.
- 매사에 소극적인 자세를 버리고 적극적으로 일해야 한다.

- 우리가 미처 깨닫지 못할 때에도 하나님은 하나님의 일을 이루어 가신다.
- 로마 시민권자를 로마가 보호했듯이 하늘의 시민권자는 하나님이 보호하신다.
- 자신의 실수는 감추고 공적만 포장하는 일은 소인배의 소행이다.
- 하나님은 우리들이 생각지 않은 방법으로도 하나님의 계획을 이루어 가시는 분이시다.

더둘로의 고발

● 사도행전 24장 1-9절 ●

닷새 후에 대제사장 아나니아가 어떤 장로들과 한 변호사 더둘로와 함께 내려와서 총독 앞에서 바울을 고발하니라 바울을 부르매 더둘로가 고발하여 이르되 벨릭스 각하여 우리가 당신을 힘입어 태평을 누리고 또 이 민족이 당신의 선견으로 말미암아 여러 가지로 개선된 것을 우리가 어느 모양으로나 어느 곳에서나 크게 감사하나이다 당신을 더 괴롭게 아니하려 하여 우리가 대강 여짜옵나니 관용하여 들으시기를 원하나이다 우리가 보니 이 사람은 전염병 같은 자라 천하에 흩어진 유대인을 다 소요하게 하는 자요 나사렛 이단의 우두머리라 그가 또 성전을 더럽게 하려 하므로 우리가 잡았사오니 (6하반-8상반 없음) 당신이 친히 그를 심문하시면 우리가 고발하는 이 모든 일을 아실 수 있나이다 하니 유대인들도 이에 참가하여 이 말이 옳다 주장하니라

바울은 가이사랴에 도착한 후 닷새 만에 총독 벨릭스의 법정에 서게 되었다. 그동안 바울은 몇 차례 법정에 선 일이 있었다. 고린도에서 전도하다가 유대인들의 고소로 아가야 총독인 갈리오의 재판 자리에 선 것이 처음이었다(행 18:12-17). 그 후 예루살렘 공회와(행 23:1-11) 유대 총독 벨릭스 앞에서 재판을 받았다. 그리고 벨릭스의 후임자로 온 총독 베스도 앞에서(행 25:6-12) 재판을 받았으며 후에 아그립바 왕 앞에서도 자신을 변론한바 있다(행 26:1-29). 그러나 그가 로마에서 어떻게 재판을 받았는지는 알려지지 않았다.

바울이 총독 벨릭스 앞에서 재판 받을 때 대제사장 아나니아는 변호사 더둘로를 앞세워 바울을 총독에게 고발했다.

여기서는 더둘로의 고발내용을 살펴보면서 영직교훈을 받으려고 한다.

1. 대제사장 아나니아는 자신의 본분을 잊어버렸다(1절).

대제사장 아나니아는 바울을 고발하기 위해서 예루살렘으로부터 가이사랴로 내려왔다. 대제사장은 본래 예루살렘 성전에 있으면서 제사를 집례 하는 사람으로 하나님과 사람 사이에 화해를 도모하는 중보 기능이 주요한 임무였다. 이런 대제사장이 자기의 본분과 직무를 망각하고 자기 동족 중 한 사람인 바울을 로마 총독에게 고발하기 위해서 가이사랴로 내려온 것이다. 특히, 유대인은 이방인들과의 접촉을 꺼려했고 이방인의 집에 들어가는 것을 마땅치 않게 여겼다. 그럼에도 불구하고 이방인의 정치적 근거지인 총독부 재판정으로 스스로 찾아왔다. 그가 로마 총독부에 불가항력적인 힘에 의해서 끌려온 것이 아니라 자기 발로 걸어 왔다는 것 자체가 본분을 잊어버린 행동이다. 게다가 화해의 중보자가 고소자로 법정에 서 있다는 것은 도무지 이해 할 수 없는 아이러니(Irony)한 처사다.

누구든지 '자기의 본분을 지키는 것' 은 매우 중요한 일이다. 그가 혹 천사라 할지라도 자기 지위를 떠난 자는 하나님의 심판을 받게 된다(유 1:6). 우리는 인간의 본분이 하나님을 경외하고 그 명령을 지키는 것임을 잊지 말아야 한다(전 12:13).

2. 대제사장 아나니아는 변호사 더둘로를 내세워 바울을 고발했다(3절).

누가는 "대제사장 아나니아가 어떤 장로들과 한 변호사 더둘로를 데리고 와서 바울을 총독에게 고발했다"고 기록했다.

여기서 '어떤 장로들' 은 바리새인들이 아닌 사두개인으로 바울에 대한 특별한 증오심을 가진 사람들인 동시에 대제사장과 친분이 돈독한 사람들로 보인다. 왜냐하면 바울이 자신은 바리새인이며 죽은 자의 부활로 말미암아 심문을 받는다고 밝힘으로 공회에서 큰 분쟁이 일어났기 때문이다(행 23:6).

한편, 변호사 더둘로는 유대법과 로마법에 능통하고 언변이 뛰어난 사람으로 보인다. 더둘로(Tertullus)라는 이름은 당시 로마세계에서 흔한 이름이기 때문에 아마도 그는 헬라파 유대인이었을 가능성이 크다. 그는 대제사장 아나니아의 변호사로 법정에서 발언했기 때문에 그의 발언은 곧 아나니아의 말과 동일한 것이다.

대제사장 아나니아의 대리인인 더둘로는 총독이며 재판장이었던 벨릭스에게 "당신을 더 괴롭게 아니하려 하여 우리가 대강 여짜옵나니 관용하여 들으시기를 원하나이다"(4절)라며 본격적인 변론을 시작했다. 실제로 간결하고 짧게 진술하는 것은 고대수사학에서 중요하고도 일반적인 용법이었다.

여기서 '괴롭게' 라는 말은 두 가지 의미로 해석된다.

첫째, '지치게 하다' '지루하게 하다' 라는 의미다. 따라서 영어성경 중 일부는 '내가 당신을 더 지치게 하지 않도록' (NASB, that I may not weary you any further. NIV, in order not to weary you further)으로 번역했다.

둘째, 시간과 연계해 사용해서 '지체하다', '기다리게 하다' 라는 의미로 사용된다. 그래서 영어 성경 가운데는 '당신을 더 기다리게 하지 않기 위하여' (NASV, to detain you no further)라고 번역하기도 했다. 따라서 더눌로는 이 두 가지 의미를 모두 포함해서 사용한 것으로 보인다. 즉, 자신이 이 사건에 대해서 간결하게 변론함으로 총독을 지루하게 만들지 않고 재판이 지연되거나 연장되지도 않도록 하겠다는 의미로 사용한 것으로 이해할 수 있다.

3. 더둘로의 고소 내용은 다음과 같다(3절).

더둘로가 대제사장 아나니아를 대신하여 바울을 고소한 내용을 요약하면 다음과 같다.

① 먼저 그는 아첨하는 말로 변론을 시작했다(3절).

더둘로는 다음과 같이 변론을 시작했다.

> "벨릭스 각하여 우리가 당신을 힘입어 태평을 누리고 또 이 민족이 당신의 선견으로 말미암아 여러 가지로 개선된 것을 우리가 어느 모양으로나 어느 곳에서나 크게 감사하나이다"(행 24:3)

이와 같은 더둘로의 변론은 아첨과 거짓말로 일관되었음을 발견할 수 있다.

첫째, 당신을 힘입어 태평을 누린다고 아첨했다.

한글 개역개정에는 번역하지 않았지만 헬라어 원문에는 '태평' 이라는 말 뒤에 '많은' '큰' '광범위한' 이라는 뜻을 가진 형용사가 포함되어 있어서 '큰 평화 혹은 광범위한 범위에서 평화를 얻고' 라는 의미로 기록되었다. 따라서 더둘로는 벨릭스가 총독으로 부임해서 유대인들이 광범위한 영역에서 평화를 누린다고 아첨한 것이다. 이것은 아첨을 넘어서 새빨간 거짓말이다. 왜냐하면 전술한 바와 같이 총독 벨릭스는 노예근성과 매우 잔혹한 성격을 가지고 있었다. 또한 그는 자신의 출세와 성공을 위해서는 수단과 방법을 가리지 않고 폭정을 일삼은 자였다. 그러므로 폭정에 못이긴 유대인들이 곳곳에서 반란과 폭동을 일으켰기 때문에 면직당한 바 있는 사람이다. 따라서 벨릭스를 힘입어 태평을 누린다는 더둘로의 변론은 아첨을 넘어선 거짓임에 틀림없다.

둘째, 총독이 선견을 가지고 통치하고 있다는 말로 아첨했다.

'선견'이란 본래 '신(神)의 예지(豫知)'를 가리키는 말인데 여기서는 '사전에 고려한다'는 뜻으로 사용되었다. 이는 곧 사리판단이 밝거나 앞일을 예견하는 통찰력이 뛰어나다는 뜻으로 사용되는 말이다. 벨릭스가 선견을 가지고 통치했다는 더둘로의 변론은 노예근성을 가지고 철권통치를 일삼았던 벨릭스에 대한 아첨이 극에 달했음을 여실히 보여주는 것이다.

셋째, 벨릭스의 통치로 말미암아 여러 가지로 개선되었다고 아첨했다.

여기서 '개선'이라는 말은 '올바르게 놓다'는 의미를 지닌 말로 '성공적인 행위'나 '바른 행위'를 가리키는 말이다. 즉, 더둘로는 벨릭스가 유대 민족을 위하여 계속하여 시행한 개혁정책으로 자신들이 장기간의 평화를 누리고 안전할 수 있었다고 말했다. 이 또한 아첨을 넘어선 거짓임이 분명하다.

넷째로, 더둘로는 어느 모양으로나 어느 곳에서나 크게 감사한다고 밀함으로 벨릭스에 대해 끝까지 아첨을 아끼지 않았다.

시편 기자는 아첨하는 입술과 혀는 하나님이 끊으신다고 고백하면서 그것은 두 마음에서 비롯된다고 말했다(시 12:2-3). 솔로몬은 아첨하는 말은 결국 그물을 치는 것과 같아서 그 앞에 올무를 놓은 것이라고 말한다(잠 29:5). 따라서 있지도 않은 것을 가지고 자기 유익을 위하여 아첨하는 것(유 1:16)은 큰 죄악이다. 간신배들이나 쓰는 아첨을 하나님이 싫어하신다는 사실을 알아야 한다.

② 더둘로는 바울이 전염병 같은 자라고 고발했다(5절).

여기서 말하는 '전염병'은 '흑사병'을 가리키며 비유적으로는 '유해한 사람' 혹은 '말썽꾸러기'라는 의미를 지닌다. 따라서 이것은 단순히 흑사병과 같은 질병을 뜻하기 보다는 비유적인 의미로 사용되어 공공질서를 파괴하거나 위협을 주는 인물이나 공공의 적을 가리킨다.

그런데 바울이 전염병과 같다는 것은 다음과 같이 역(易)으로 생각할 수 있다.

첫째, 전염병은 퍼지는 것이 특징이다.

복음도 마찬가지로 퍼져가는 것을 볼 수 있다. 예수님도 "또 비유로 말씀하시되 천국은 마치 여자가 가루 서 말 속에 갖다 넣어 전부 부풀게 한 누룩과 같으니라"(마 13:33)라고 말씀하신바 있다. 가루 속에 누룩이 조금만 들어가도 금방 전체가 다 부풀게 되는 것처럼 복음은 아무리 막으려 해도 전 세계로 퍼져나간다.

1950년, 중국이 교회 문을 닫았을 때 그들의 통계로 기독교 인구가 약 300만이었다고 한다. 그런데 40년 동안 공산주의 치하에서 이제는 마르크스 레닌 사상이 꽉 찼을 것이기 때문에 문을 열어도 상관없을 것이라고 판단하고 1982년에 개방했을 때 기독교 신자가 무려 6,000만 명이었다고 한다.

바울이 가는 곳마다 복음이 전염병 같이 퍼져갔던 것을 볼 때 역(易)으로 생각하면 더둘로의 말이 일리 있다고 볼 수 있다.

둘째로, 전염병은 반드시 변화가 일어난다.

전염병은 열이 나게 하거나 아픈 통증을 유발시키는 등 반드시 신체의 변화를 가져오는데 복음도 마찬가지다. 복음이 들어가는 곳에는 반드시 변화가 일어나게 되어있다. 복음이 완악한 심령 속에 들어가면 성격도 변화되고, 가치관, 인생관, 세계관 등이 달라진다. 오히려 예수 믿으면서도 변화 안 되는 것이 문제다.

바울이 가는 곳마다 복음을 전했고 그 복음을 들은 사람들은 루디아나(행 16:14) 빌립보 감옥의 간수(행 16:30-31) 등과 같이 엄청나게 변화되었음을 성경은 말씀하고 있다.

③ 더둘로는 바울을 정치적인 죄목으로 고소하고 있다.

더둘로는 바울이 천하에 흩어진 유대인을 다 소요하게 하는 자라고 고소했다. 이는 유대 총독을 자극하기에 충분한 죄목이었다. 여기서 말하는 '소요하게 하는 자' 라는 말의 원문의 뜻은 '계속해서 반복적으로 선동해서 반란과 폭동을 일으키는 자' 라는 뜻이다. 이는 바울이 선교여행을 다니면서 여러 곳에서 유대인들과 갈등을 빚은 사건에 기초한 얘기일 것이다(행 13:45-50, 14:1-7, 17:5-9, 18:12-17, 21:27-36, 22:22-23). 사실 로마인들은 피정복자들에게 매우 관대했으나 반란 등 로마의 평화(Pax Romana)를 깨뜨리는 소요사태에 대해서는 무거운 형벌을 내렸고 주모자는 가차 없이 처단했다.

빌라도가 예수님을 십자가에 처형하라고 내 준 것도 민란이 일어날까 염려한 까닭이라고 성경은 말씀한다(마 27:24). 소요사태만 일어나지 않으면 그 사람이 의인이건 죄인이건 상관없다는 사상이 로마인들뿐만 아니라 유대인들에게도 있었던 것이 사실이다. 이는 대제사장 가야바가 "한 사람이 백성을 위하여 죽어서 온 민족이 망하지 않게 되는 것이 너희에게 유익한 줄을 생각하지 아니하는도다"(요 11:50)라고 말한 것에서도 알 수 있다. 그러나 바울이 여러 곳에서 소요케 한 것이 아니라 오히려 흩어진 유대인들이 소요를 일으켜 온 성(城)이 소란했었다. 따라서 더둘로의 이러한 변론도 거짓이라는 것이 판명되었다.

④ 더둘로는 바울을 내란 음모자로 고소하고 있다.

더둘로는 바울이 '나사렛 이단의 우두머리' 라고 고소했다.

'나사렛' 이란 동네는 그리 주목받았던 도시가 아니다. 나다나엘이 '나사렛에서 무슨 선한 것이 날 수 있겠느냐?' (요 1:46)고 빌립에게 반문함으로 나사렛이란 지명이 성경에서 사용되었을 만큼 나사렛은 그 존재감이 없었던 것이 사실이다. 그러나 예수께서 자라나신 곳이 나사렛이므로 예수님을 '나사렛 사람' 으로 불렀다(마 2:23). 유대인들은 예수님을 비하할 목적으로 '나사렛 예수' 라고 부르기도 했고 예수 믿는 사람들을 '나사렛 당' 이라고 부르기도 했다.

또한 '이단' 이란 '정통 교리에서 어긋나는 것을 택한 자' 혹은 '파당' 을 의미하는 말이다(갈 5:20, 벧후 2:1).

그리고 '우두머리' 란 '무리 중에 첫 번째로 서 있는 사람', '맨 앞장 서는 자', '행렬 오른쪽 줄 선두에 선 자' 이라는 뜻으로 '지도자', '주모자', '장본인' 등을 뜻한다.

따라서 더둘로의 고소 내용은 언뜻 보기에는 종교적인 문제인 것 같아 보이나 실제로는 바울을 내란음모죄로 고소하는 것이다. 당시 유대에는 스스로 메시아라는 사람들이 나타나 반외세 반로마를 외치며 민족혼을 일깨워 로마에 대적하는 일이 많았다. 더둘로가 바울이 '나사렛 이단의 우두머리' 라고 말한 것은 그가 로마에 대적하는 집단의 괴수라는 의미가 내포되어 있다. 그런데 바울은 유대인들을 선동한 일도 없고 로마를 대적한 일도 없다. 그는 순수한 복음인 십자가와 부활만을 전했을 뿐이다. 그러므로 더둘로의 고발은 전혀 근거 없는 거짓말이다.

⑤ 더둘로는 바울을 종교적인 범죄자로 고소하고 있다.

더둘로는 종교적인 문제를 로마 법정에서 다룰 수 없음을 알고 맨 끝에 간략하게 언급했다. 그는 바울이 성전을 더럽게 하려 해서 자기들이 잡았다고 고발했다. '더럽게 한다' 는 말은 '모독하다', '더럽히다' 는 뜻으로 거룩하게 여기는 것을 불경스럽게 대하거나 더럽히는 것을 의미한다. 유대교에서는 '안식일' (느 13:17, 겔 20:13)과 '성전' (겔 28:18)을 더럽히는 것은 가증스럽고 극악한 범죄행위로 간주했다. 그래서 그들이 바울을 붙잡을 때 "헬라인을 데리고 성전에 들어가서 이 거룩한 곳을 더럽혔다"고 단죄했었다(행 21:28). 그러나 총독 앞에서는 소송이 기각될 것을 염려하여 "성전을 더럽게 하려 하므로"라고 말을 바꾼 것이다. 또한 어떤 사본에는 "그래서 우리의 율법대로 재판하려고 했으나 천부장 루시아가 와서 그를 우리 손에서 강제로 빼앗아 갔나이다 그리고는 그를 고발하는 사람들에게 각하께 가라고 명하였나이다"라는 말씀 첨가되어 있다. 그러나 이는 바울이 전에 에베소 사람 드로비모가 함께 시내에 있음을 보고 바울이 그를 데리고 성전에 들어간 것으로 오해했음에 불과했다.

사실 바울이 성전을 더럽게 한 것이 아니라 유대인들이 성전을 더럽혔다. 오죽했으면 예수께서 끈으로 채찍을 만들어 성전 안에서 소와 양과 비둘기파는 사람들과 돈 바꾸는 사람들을 내쫓으시고 상을 둘러 엎으셨을까(요 2:14-15)? 따라서 성전을 더럽힌 것은 바울이 아니라 유대인들 자신이었다.

이와 같이 대제사장의 변호인인 더둘로가 바울을 고소한 내용은 모두 거짓이었다. 그런데 더둘로가 변론을 마쳤을 때 대제사장과 장로들은 더둘로의 말이 맞는다고 주장했다(9절). 하나님이 십계명에서도 분명히 거짓증거 하지 말 것을(출 20:16, 신 5:20) 말씀하셨음에도 불구하고 대제사장은 변호사를 통해서 모두 거짓증거를 하고 있음을 본다. 거짓증거는 아무런 힘이 없을 뿐만 아니라 하나님께서 멸시하는 것이므로 심판을 초래한다는 사실을 기억해야 할 것이다(잠 21:28).

■ **오늘의 말씀을 요약해 보자.**

- 자기의 직무와 본분을 망각하는 자가 되지 말자.
- 두 마음을 품어 아첨하는 입술은 하나님이 미워한다는 사실을 기억하자.
- 복음은 전염병같이 확산될 수밖에 없다.
- 복음이 들어가는 곳에는 반드시 변화가 있게 마련이다.
- 모든 거짓말은 힘이 없고 하나님 앞에 범죄인 것을 깨달아야 한다.

바울의 변론

사도행전 24장 10-21절

총독이 바울에게 머리로 표시하여 말하라 하니 그가 대답하되 당신이 여러 해 전부터 이 민족의 재판장 된 것을 내가 알고 내 사건에 대하여 기꺼이 변명하나이다 당신이 아실 수 있는 바와 같이 내가 예루살렘에 예배하러 올라간 지 열이틀밖에 안 되었고 그들은 내가 성전에서 누구와 변론하는 것이나 회당 또는 시중에서 무리를 소동하게 하는 것을 보지 못하였으니 이제 나를 고발하는 모든 일에 대하여 그들이 능히 당신 앞에 내세울 것이 없나이다 그러나 이것을 당신께 고백하리이다 나는 그들이 이단이라 하는 도를 따라 조상의 하나님을 섬기고 율법과 선지자들의 글에 기록된 것을 다 믿으며 그들이 기다리는 바 하나님께 향한 소망을 나도 가졌으니 곧 의인과 악인의 부활이 있으리라 함이니이다 이것으로 말미암아 나도 하나님과 사람에 대하여 항상 양심에 거리낌이 없기를 힘쓰나이다 여러 해 만에 내가 내 민족을 구제할 것과 제물을 가지고 와서 드리는 중에 내가 결례를 행하였고 모임도 없고 소동도 없이 성전에 있는 것을 그들이 보았나이다 그러나 아시아로부터 온 어떤 유대인들이 있었으니 그들이 만일 나를 반대할 사건이 있으면 마땅히 당신 앞에 와서 고발하였을 것이요 그렇지 않으면 이 사람들이 내가 공회 앞에 섰을 때에 무슨 옳지 않은 것을 보았는가 말하라 하소서 오직 내가 그들 가운데 서서 외치기를 내가 죽은 자의 부활에 대하여 오늘 너희 앞에 심문을 받는다고 한 이 한 소리만 있을 따름이니이다 하니

바울은 예루살렘에서 체포 된 후 이번까지 세 번 자신을 변호했다. 성난 군들에게 매를 맞다가 천부장에 의해서 구출되어 묶인 채 로마의 병영으로 끌려가기에 앞서 층계에서 변명했고(행 22:1-21), 산헤드린 공회 앞에서 변론했으며(행 23:1-11) 그리고 이번이 세 번째로 로미 총독 벨릭스 앞에서 변명하고 있다(행 24:10-21).

여기서는 바울이 벨릭스 총독 앞에서 대제사장 아나니아의 변호사

더둘로의 고소에 대해 반론(反論)한 내용을 중심으로 주님이 주시는 은혜를 나누려고 한다.

1. 바울은 거만한 총독 앞에서 담대하게 자신을 변론했다(10절).

대제사장의 변호사 더둘로가 허구와 조작된 변론을 끝내자 재판장인 총독 벨릭스는 바울에게 변명할 기회를 주었다. 총독이 바울에게 머리로 표시하여 말하라고 했는데 여기서 '머리로 표시하여 말하라' 고 한 것은 '머리를 끄덕이다' 혹은 '고갯짓으로 지시하다' 는 의미다. 아마도 벨릭스는 총독의 권위를 세우기 위해서 말 대신 고갯짓으로 지시하는 오만한 행동을 한 것으로 보인다.

벨릭스는 52년 경부터 59년까지 유대 총독으로 재임했고, 전(前)에 군대의 장교로 유대 지방 경비를 담당했었기 때문에 유대교는 물론 이 지방의 사정과 풍습을 잘 알고 있었다. 그래서 바울은 "당신이 여러 해 전부터 이 민족의 재판장이 된 것을 내가 알고 내 사건에 대하여 기꺼이 변명하나이다"라고 변론을 시작했다(10절).

바울은 총독의 허락을 받고 분명하고도 간결하게 담대히 자신을 변론했다. 바울의 변론은 아첨과 거짓으로 일관했던 더둘로의 변론과는 완전히 대조를 이루었다. 특히 주목할 것은 더둘로는 벨릭스를 '각하' 라고 호칭하면서 아부했지만(행 24:3), 바울은 총독을 '재판장' 으로 부르며 변론을 시작함으로 극명한 대조를 보였다. 왜냐하면 현 상황은 법정이며 벨릭스는 총독이라기보다는 재판장의 자격으로 이 자리에 있기 때문에 바울의 인사말이 더욱 적절하다고 말할 수 있다. 바울에게는 이번 변론과 재판이 매우 중요했다. 바울이 총독 벨릭스 앞에 섰다는 것은 예수께서 빌라도의 법정에 섰던 것처럼 그의 생사의 문제가 달려있는 중요한 의미가 있는 상황이기 때문이다. 성난 군중들이나 산헤드린 공회는 바울을 합법적으로 처벌하거나 죽일 수 없지만 총독인 벨릭스는 바울의 생사권을 쥐고 있는 상황이다.

그럼에도 불구하고 바울은 용기와 담대함을 잃지 않고 변론을 시작했다. 바울이 이렇게 담대하게 변론할 수 있었던 것은 그 바탕에 진실과 정직이 깔려 있었기 때문이다. '충신은 죽고 간신은 산다' 는 말이 있지만 담대함은 진실과 정직에서 나오는 법이다.

2. 바울은 자신이 소요사태의 주범이 아니라고 반박했다(11-13절).

바울은 자신이 더둘로의 첫째 고발 조문인 '소요사태를 일으킨 자'가 아님을 분명히 했다. 대제사장 아나니아의 변호인 더둘로는 바울이 전염병 같은 자로 천하에 흩어진 유대인을 다 소요하게 하는 자라고 고소한바 있다(5절). 그러나 이에 대해 바울은 다음과 같이 조목조목 반론(反論)함으로 자신은 소요사태를 일으킨 장본인이 아니라고 주장했다.

① 자신이 예루살렘에 온 것이 불과 열이틀 밖에 되지 않았다(11절).

바울은 본인이 예루살렘에 온 것이 불과 열이틀 밖에 되지 않았음을 밝힘으로 소요를 일으킬만한 시간적인 여유가 없었음을 주장했다. 즉, 바울은 예루살렘에 도착한 후 이튿날 야고보와 장로들을 찾아 만났다(행 21:18). 그리고 서원자들과 함께 성전에서 칠일간의 서원기간을 지켰다(행 21:23-27). 그 후 체포되어 산헤드린 공회에서 증언했고(행 21:27-23:11), 그 다음날에 바울을 살해하려는 유대인들의 음모가 있었다(행 23:12-22). 그리고 가이사랴로 이송되어 벨릭스 앞에 서게 되었으니 곧 열이틀이 된 것이다(행 23:32-35). 이와 같이 열이틀간의 바울의 활동은 명백했다. 따라서 바울은 더둘로의 고소가 명백한 거짓이었다고 반론을 제기했다.

② 자신이 누구와 변론하는 것이나 소동하게 하는 것을 본 사람이 없다(12절).

바울은 "그들은 내가 성전에서 누구와 변론하는 것이나 회당 또는 시중에서 무리를 소동하게 하는 것을 보지 못했다"고 주장했다. 바울은 예루살렘 성전에서 야고보의 권면에 따라 다른 네 사람들과 함께 결례를 위한 서원기도를 한 것 외에 누구와 만나 변론했거나 다툰 일이 없음을 밝힘으로(행 21:23,26) 더둘로의 주장이 거짓이었음을 객관적으로 입증하고 있다. 물론 예루살렘에서 소동이 있었던 것은 사실이나 소요사태의 주인공은 바울이 아니라 아시아로부터 온 유대인들이 군중들을 충동해서 일어난 일이었다(행 21:27). 이처럼 세상은 때로 '진실'과 '거짓'이 서로 뒤바뀔 때가 있음을 깨닫는다.

③ 자신을 고발하는 물적 증거를 원고가 내세우지 못했다(13절).

바울은 자신이 선동의 주역이었다는 사실을 입증할만한 물적 증거를 원고가 하나도 제시하지 못했다고 반론을 제기했다.

이로 볼 때 대제사장의 변호사였던 더둘로가 관념적이고 조작된 죄목을 가지고 바울을 고소했으나 바울은 이를 논리적이고 사실적으로 반증(反證)했다.

바울의 논리적 변론을 종합하면 다음과 같다. 자신이 예루살렘에 도착한 것이 불과 열이틀밖에 되지 않았다. 그것도 칠일 동안은 성전에서 결례를 행하며 기도를 드렸기 때문에 소요를 일으킬만한 시간적인 여유가 없었다. 또한 누구를 선동하는 것을 본 사람도 없다. 게다가 원고가 자신을 고발하는 물적 증거를 하나도 제시하지 못했다.

세상에서는 거짓이 승리하는 것처럼 보일 때가 있지만 하나님 앞에서는 거짓은 언젠가 드러나게 됨을 깨닫는다.

3. 바울은 자신의 신앙관을 가지고 반박했다(14-16절).

바울은 더둘로의 둘째 고발 조문인 '나사렛 이단의 우두머리'(5절)라는 것을 반박하는 변론을 했다. 바울은 솔직하게 더둘로가 '나사렛 이단'이라고 고소한 기독교를 자신이 믿고 있음을 시인하며 다음과 같이 진술했다.

① 자신도 조상의 하나님을 섬긴다(14절).

더둘로는 '나사렛 이단'이라고 표현 한 반면 바울은 이를 고쳐서 '이단이라 하는 도'를 따라 자신이 조상의 하나님을 섬긴다고 말했다. 여기서 '도'(道)란 '사람이 마땅히 따라야 할 참 된 가르침'을 가리킨다. 즉, 기독교는 유대인들이 말하는 것처럼 하나님을 섬기는 길에서 벗어난 이단이 아니라 길이요 진리요 생명 되신 예수 그리스도를 믿는 진정한 종교라는 사실을 말하고 있는 것이다. 따라서 바울이 조상의 하나님을 섬긴다는 것은 아브라함과 야곱과 이삭의 하나님을 믿는 유대교의 신관과 자신의 신관이 다름없음을 주장하는 것이다.

② 자신은 율법과 선지자의 글에 기록된 것을 다 믿는다(14절).

율법과 선지자의 글이란 구약성경의 대명사이다. 따라서 바울이 율법과 선지자의 글에 기록된 것을 다 믿는다고 총독 앞에서 말한 것은 자기는 '구약성경을 다 믿는다'는 얘기로 자신과 유대교는 별 다름이 없음을 주장한 것이다. 구약성경은 '오실 예수', '오실 메시아'가 주제이다. 그런데 예수님이 구약의 예언대로 메시아로 이 땅에 오셔서 율법과 선지자의 마침이 되셨다(마 5:17). 따라서 율법과 선지자의 글을 믿는다면 '메시아이신 예수'를 믿어야 한다. 그러나 유대교인들은 율법의 조문 일부는 준행하려고 애를 썼지만 예수님을 메시아로 믿지는 않았다.

③ 자신은 의인과 악인의 부활이 있음을 믿는다(14절).

요세푸스에 의하면 바리새인들은 의인의 부활만을 기대했다고 한다. 그래서인지는 몰라도 바울 서신에는 의인의 부활에 대해서만 언급하고 있는 것이 사실이다(고전 15:12-58, 살전 4:13-5:11, 살후 2:1-12).

그러나 성경은 분명히 의인과 악인의 부활을 말씀하고 있다. 다니엘서 12장 2절의 말씀을 보면 다음과 같이 말씀한다.

"땅의 티끌 가운데에서 자는 자 중에서 많은 사람이 깨어나 영생을 받는 자도 있겠고 수치를 당하여서 영원히 부끄러움을 당할 자도 있을 것이며"(단 12:2)

예수님도 의인과 악인의 부활을 말씀하셨다.

"이를 놀랍게 여기지 말라 무덤 속에 있는 자가 다 그의 음성을 들을 때가 오나니 선한 일을 행한 자는 생명의 부활로, 악한 일을 행한 자는 심판의 부활로 나오리라"(요 5:28-29)

사람은 결코 죽음으로 모든 것이 끝나지 않는다. 세상 마지막 날에는 모든 사람들이 부활할 것이다. 그때 생명의 부활에 속한 사람은 영원한 생명을 누리게 되지만 심판의 부활에 속한 사람은 영원한 형벌을 받을 것이다.

바울은 "그들이 기다리는 바 하나님께 향한 소망을 나도 가졌으니 곧 의인과 악인의 부활이 있으리라 함이니이다"라고 말했다. 바울은 자신이 부활에 대한 믿음 때문에 지금 재판정에 서 있다고 말하는 것이다. 사람이 죽음으로 끝나는 것이 아니라 의인과 악인의 부활이 있음을 분명히 알아야 한다.

④ 자신은 하나님과 사람들에 대하여 항상 양심에 거리낌이 없기를 힘쓴다(16절).

바울은 '이것으로 말미암아'(16절) 자신은 하나님과 사람에 대하여 항상 양심에 거리낌이 없기를 힘쓴다고 말했다. '이것으로'란 '이것 때문에', '이것을 이유로', '이것을 고려해서'라는 의미다.

따라서 바울은 자기가 하나님과 사람에 대하여 항상 양심에 거리낌 없이 살려는 노력은 부활 신앙의 결과임을 강조했다(15절).

또한 '힘쓰노라'라는 말은 '늘 습관적으로 연습하고 훈련한다'는 뜻이다. 실제로 바울은 바리새인들이나 사두개인들처럼 위선적인 모습으로 하나님 앞에서 거짓된 의를 나타낸 일이 없다. 그는 하나님과 사람 앞에서 마땅히 가져야 할 의로운 삶을 위해서 거짓됨이 없이 살려고 부단히 노력한 사람이었다(고전 9:27, 15:31).

우리는 늘 하나님과 사람들에 대해 한 점 부끄럼 없는 삶을 살아야 한다. 이는 바울처럼 하나님께 대한 소망 곧 부활신앙이 확고할 때 양심에 따라 하나님을 섬길 수 있다는 사실을 깨달아야 한다.

4. 바울은 자신이 성전을 더럽게 한 일이 없다고 반박했다(17-21절).

17-21절의 말씀은 바울이 더둘로의 세 번째 고소 조항인 '성전을 더럽게 하려 했다' 는 것(6절)을 다음과 같이 논리적으로 반박했다.

① 자신은 여러 해 만에 자기민족을 구제할 것과 제물을 가지고 왔다(17절).

② 전례대로 제물을 드리는 중에 결례를 행했다(18절).

③ 성전에서 모임도 없었고 소동도 없었다(18절).

④ 이런 사실을 그들이 보아 알고 있다(18절).

⑤ 아시아로부터 온 어떤 유대인들이 있었으니 그들이 만일 자신을 반대할 일이 있으면 마땅히 당신 앞에 와서 고발했을 것이다. 왜냐하면 소요사태를 일으키도록 무리를 충동한 당사자들이 바로 그들이기 때문에(행 21:27) 당연히 그들이 고소자로 나와야 한다는 것이다(18-19절).

⑥ 바울은 자신이 전에 공회 앞에 섰을 때(행 22:30)에도 저들이 자신의 죄 될 만한 행동을 지적하지 못했음을 주장했다(20절).

⑦ 오직 자신은 그들 가운데 서서 외치기를 '내가 죽은 자의 부활에 대하여 오늘 너희 앞에 심문을 받는다.' 고 한 이 한 소리만 했을 뿐이다(21절).

그러므로 바울에 대한 더둘로의 고소(2-9절)는 모두가 거짓이었음이 분명히 드러나고 있다.

■ 오늘의 말씀을 요약해 보자.

- 교만은 패망의 선봉이요 거만한 마음은 넘어짐의 앞잡이다.
- 어떤 상황에서도 용기와 담대함을 잃지 말아야 한다.

- 진실과 정직이 바탕이 될 때 참된 용기와 담력이 생기게 된다.
- 허위와 거짓은 분명히 드러나게 되어있다.
- 세상에서는 때로 진실과 거짓이 뒤바뀔 때가 있다.
- 신앙인이 걸어야 할 참 길이 있음을 알아야 한다.
- 참된 신앙은 하나님의 말씀을 그대로 믿고 행하는 것이다.
- 사람은 죽음으로 끝나는 것이 아니라 의인과 악인의 부활이 있다.
- 부활의 신앙으로 하나님과 사람에 대해서 양심에 부끄럼 없이 살아야 한다.
- 거짓 없는 삶을 살기 위한 부단한 노력이 필요하다.

간교한 벨릭스(1)

● 사도행전 24장 22-27절 ●

벨릭스가 이 도에 관한 것을 더 자세히 아는 고로 연기하여 이르되 천부장 루시아가 내려오거든 너희 일을 처결하리라 하고 백부장에게 명하여 바울을 지키되 자유를 주고 그의 친구들이 그를 돌보아 주는 것을 금하지 말라 하니라 수일 후에 벨릭스가 그 아내 유대 여자 드루실라와 함께 와서 바울을 불러 그리스도 예수 믿는 도를 듣거늘 바울이 의와 절제와 장차 오는 심판을 강론하니 벨릭스가 두려워하여 대답하되 지금은 가라 내가 틈이 있으면 너를 부르리라 하고 동시에 또 바울에게서 돈을 받을까 바라는 고로 더 자주 불러 같이 이야기하더라 이태가 지난 후 보르기오 베스도가 벨릭스의 소임을 이어받으니 벨릭스가 유대인의 마음을 얻고자 하여 바울을 구류하여 두니라

바울이 예루살렘에 이르러 야고보와 장로들의 권유에 응해 성전에서 결례를 하고 있을 때 아시아로부터 온 유대인들이 모든 무리를 충동해서 바울을 체포하고 폭행을 가했다. 이에 예루살렘의 치안을 맡은 천부장이 성내가 소란하다는 보고를 받고 즉시 군사를 이끌고 달려와 폭도들의 손에서 바울을 구해냈다.

바울은 로마군의 영내로 끌려가기 전에 천부장에게 요구해 군중들 앞에서 히브리말로 간증적인 설교를 했다. 천부장은 바울의 설교를 듣고 성난 군중들이 잠잠할 줄 알았는데 오히려 더 큰 소요가 일어나자 바울을 결박하여 심문하도록 지시했다. 이때 바울이 자기가 로마 시민권자라는 사실을 밝힘으로 천부장이 놀라움을 금치 못했다. 결국 바울은 천부장이 소집한 산헤드린 공회에서 자신을 변론할 기회를 가졌다.

그러나 바울을 죽이기 전에는 먹지 않기로 작정한 결사대가 조직되는 등 사태가 악화되자 천부장은 그간의 상황을 적은 편지와 함께 가이사랴에 주둔하고 있던 총독 벨릭스에게 바울을 이송했다. 며칠 후 대제사장 아나니아와 장로 몇 명이 변호사 더둘로를 대동하고 총독을 찾아왔다. 재판이 시작되자 더둘로가 거짓과 허위로 바울을 고소했고 바울은 그에 대해 사실에 근거해서 논리적으로 자신을 변호했다. 이에 바울의 무죄를 확인 되었지만 총독은 유대인의 환심을 사기 위해서 바울을 계속해서 구류했다.

여기서는 총독 벨릭스가 간교하게 행동하는 것을 살펴보면서 주님 주시는 음성을 함께 듣기를 원한다.

1. 진리에 관해서 자세히 아는 것보다 더 중요한 것이 있다(22절).

누가는 벨릭스가 이 '도'㉤에 관한 것을 자세히 알고 있었다고 기술(記述)했다(22절). 이 '도'(道)란 '예수 그리스도의 십자가와 부활에 관한 것'을 의미하는 바 생명의 길, 영생의 길, 축복의 길 등을 뜻한다. 유대의 종교지도자들은 그 도(道) 전하는 것을 싫어했으나(행 4:1-2),(개역성경 참고: 사도들이 백성에게 말할 때에 제사장들과 성전 맡은 자와 사두개인들이 이르러 백성을 가르침과 예수를 들어 죽은 자 가운데서 부활하는 도(道) 전함을 싫어하여) 누가는 심지어 허다한 제사장들도 이 도(道)에 복종했다고 기록한바 있다(행 6:7).

그런데 벨릭스가 도대체 이 도(道)에 관해서 어떻게 자세히 알게 되었을까?

정확한 것은 알려진바 없으나 두 가지 가능성이 있다고 본다.

첫째, 벌써 오래 전에 가이사랴에 복음이 전해졌고(행 10:24), 벨릭스가 가이사랴 지방에 약 10여 년간 근무한바 있었다. 따라서 그는 백부장 고넬료(행 10:1)나 전도자 빌립(행 8:40, 21:8) 등에 관한 얘기들을 이미 들었을 가능성이 있기 때문에 이 도에 대해서도 이미 알고 있었을 것이라고 가정(假定)할 수 있다.

둘째, 그의 아내 드루실라가 유대 여자였기 때문에 그를 통해서 들었을 가능성이 크다고 가정하는 것이다.

우리가 여기서 깨달아야 하는 중요한 포인트가 있다. 그것은 십자가의 도나 영생의 길에 대해서 자세히 아는 것보다 그 도(道)를 그대로 믿고, 따르고, 순종하는 것이 더 중요하다는 점이다(잠 29:19, 눅 12:47).

2. 총독 벨릭스가 까닭 없이 재판을 연기(延期)했다(22절).

총독 벨릭스는 이미 이 도(道)에 관한 것을 자세히 알고 있었고(22절) 대제사장 아나니아의 변호인 더둘로의 고발내용을 이미 들은바 있다(1-8절). 그리고 사실에 입각한 바울의 논리적인 진술도 들었기 때문에(10-21절) 바울이 무죄하다는 것을 너무나 잘 알고 있었을 것이다. 따라서 이제 그는 재판장으로서 바울의 무죄를 선언하기만 하면 된다. 그러나 그는 "천부장 루시아가 내려오거든 너희 일을 처리하리라 하고 백부장에게 명하여 바울을 지키되 자유를 주고 그의 친구들이 그를 돌보아 주는 것을 금하지 말라"고 지시하는데 그쳤다.

전술한 바와 같이 이미 천부장 루시아가 편지로 바울의 무죄함을 보고한바 있고(행23:26-30), 만약 총독이 그 사건을 처리하는데 천부장이 필요해서 그를 부른다면 그는 하룻길에 달려 올 수도 있었다. 그러나 총독은 "천부장 루시아가 내려오면 너희 일을 처리하리라"면서 재판의 선고를 무려 2년씩이나 '연기(延期)' 하고 있다(27절)

우리가 여기서 깨달을 수 있는 것들이 있다.

사람이 옳고 바른 일을 하는데 까닭 없이 다음으로 미루는 것은 잘못이라는 것이다. 바른 일, 선한 일, 반드시 해야 할 일은 연기해서는 안 된다. 가령, 예수 믿는 것도 '다음에 믿지' 라고 말하지 말고 '즉시' 믿어야 한다. 들어야 할 하나님의 말씀은 '다음에 듣지' 라고 말하지 말고 '당장' 들어야 한다. 기도할 일이 있으면 '지금은 바쁘니까 다음에 하지' 라고 말하지 말고 '지금' 해야 한다. 봉사할 일도 뒤로 미루지 말고 '지금' 해야 한다.

이와 같이 성령께서 어떤 사안에 대해 감동을 주셨으면 '즉시' 하는 것이 중요하다.

"기도해라. 전도해라. 봉사해라. 선하고 착한 일을 해라. 그러나 '내일부터 해라.'" 이것이 사탄의 전략이다. 사탄은 '지금하지 말고 계속해서 내일부터 하라' 고 우리에게 속삭이고 유혹한다. 사탄의 그런 전략과 유혹에 넘어가서는 안 된다.

우리에게 잘 알려진 작가 미상의 아름다운 시(詩)가 있어 여기에 소개한다.

지금 하십시오

할 일이 생각나거든 지금 하십시오
오늘은 맑지만
내일은 구름이 보일지 모릅니다.

친절한 말 한마디가 생각나거든
지금 말하십시오

사랑하는 사람이
언제까지 곁에 있지는 않습니다.

사랑의 말이 있다면 지금 하십시오
사랑하는 사람이 당신 곁을
떠날 수 있습니다.

미소를 지으려면 지금 웃어주십시오
당신이 주저하는 사이에 친구들이
떠날 수 있습니다.

불러야 할 노래가 있다면
지금 부르십시오
노래 부르기엔 이미 늦을 수 있습니다.

3. 벨릭스는 바울처리에 대해 두 가지 사항을 지시했다(23절).

벨릭스는 백부장에게 바울의 고소사건 처리에 대해 두 가지를 지시했다.

첫째, 바울을 지키되 자유를 주라고 지시했다(23절).

'지키되 자유를 주라' 는 말에서 '지키다' 는 '관리하다', '관찰하다' 는 의미로 바울을 감시하는 것을 가리킨다. 또한 '자유' 라는 말은 '풀어줌', '늦추어 줌', '완화' 등을 의미한다. 따라서 벨릭스는 바울을 구금시켜 감시는 하되 강력하게 통제하지 말고 자유를 누리도록 배려했음을 보여준다. 이는 바울이 구금상태에 있었지만 상당한 활동의 자유를 누리며 자기를 찾아오는 사람들에게 복음을 전할 수 있었다는 얘기다. 이것은 하나님의 전폭적인 은혜였다. 바울은 이 기간 동안 감옥 갇히기는 했지만 그동안 긴 여정 속에서 쌓인 피로를 풀 수 있었고 앞으로 있을 로마 선교를 구상 할 수 있는 좋은 시간이 되었을 것이기 때문이다.

둘째, 그의 친구들이 돌보는 것을 금하지 말라고 지시했다(23절).

여기서 '돌보다' 는 말은 '섬기다', '봉사하다', '돕다' 는 의미로 총독이 바울을 아는 친인척이나 동료들이 와서 먹을 것이나 그 외에 필요한 것을 제공하며 만날 수 있도록 선처한 것이다. 이는 바울이 로마 시민권자이기 때문에 받을 수 있는 처우인 동시에 바울이 무죄하다는 것을 총독이 묵시적으로 인정하는 조치로 보인다. 후에 시돈에서도 백부장 율리오가 바울에게 이와 비슷한 자유를 허용한 바 있다(행 27:3).

여기서 우리가 깨닫게 되는 것은 총독 벨릭스가 바울 사건을 처리함에 있어 백부장에게 지시한 내용들을 볼 때 '하나님은 모든 것이 합력하여 선을 이루게 하신다.' 는 사실이다(롬 8:28).

4. 총독은 바울을 불러 그의 아내와 함께 그리스도 예수 믿는 도를 들었다(24절).

수일 후에 벨릭스가 그 아내 유대 여자 드루실라와 함께 와서 바울을 불러 '그리스도 예수 믿는 도' 를 들었다. 원래 벨릭스는 역대 유대 총독들 가운데 가장 음탕하고 간악했다고 한다. 그런데 여기서 누가가 로마 총독 벨릭스의 아내가 유대 여자임을 분명히 밝히고 있는 것은 특별한 의도가 있는 것으로 보인다. 이는 총독 벨릭스가 그의 아내 드루실라의 요구를 거절하지 못하고 바울에게서 '그리스도 예수 믿는 도' 를 들으려했다는 사실을 암시하려는 것으로 보인다.

역사학자 요세푸스에 의하면 드루실라는 야고보를 죽인 헤롯 아그립바 1세(행 12:1)의 딸이며, 아그립바 2세(행 25:13)의 누이로 A.D.38년에 태어났다. 그의 조부 헤롯 안디바는 세례 요한을 죽인 자며(마 14:1-12), 그의 증조부 대헤롯은 베들레헴의 유아들을 학살한 장본인이었다(마 2:16). 드루실라는 아버지의 요구에 따라 콤마게네(Commagene) 왕인 안티오쿠스 에피파네스(Antiochus Epiphanes) 4세의 아들 에피파네스와 약혼했으나 그가 유대교로 개종하는 것을 거부했으므로 파혼했고 14세 때 에메사(Emesa) 왕 아지즈스(Azizus)에게 출가했다. 그런데 절세미인인 그녀에게 반한 벨릭스가 마술사를 시켜 '이 여자와 살면 재수가 없을 것이다' 라고 말하는 등 갖은 마술적인 수단과 주술적인 방법을 다 동원해서 남편과 이혼하게 만들고 그녀와 결혼했다. 그때 벨릭스의 나이는 60세였고 드루실라의 나이는 불과 18세였다고 한다. 따라서 총독 벨릭스는 아내인 드루실라의 요구를 거절하지 못한 것으로 보인다.

여기서 중요한 것은 하나님의 사람들은 언제 어디서나 '그리스도 예수 믿는 도' 를 듣고 배우기를 쉬지 않아야 한다는 것이다.

■ **오늘의 말씀을 요약해 보자.**

- 진리에 대해서 아는 것보다 그 진리의 말씀을 믿고 따르는 것이 더 중요하다.
- 옳고 바른 일을 까닭 없이 미루는 어리석은 자가 되어서는 안 된다.
- 하나님은 모든 것을 합력하여 선을 이루게 하신다.
- 하나님의 사람들은 '그리스도 예수 믿는 도' 를 듣고, 배우고, 실천해야 한다.

간교한 벨릭스(2)

사도행전 24장 22-27절

벨릭스가 이 도에 관한 것을 더 자세히 아는 고로 연기하여 이르되 천부장 루시아가 내려오거든 너희 일을 처결하리라 하고 백부장에게 명하여 바울을 지키되 자유를 주고 그의 친구들이 그를 돌보아 주는 것을 금하지 말라 하니라 수일 후에 벨릭스가 그 아내 유대 여자 드루실라와 함께 와서 바울을 불러 그리스도 예수 믿는 도를 듣거늘 바울이 의와 절제와 장차 오는 심판을 강론하니 벨릭스가 두려워하여 대답하되 지금은 가라 내가 틈이 있으면 너를 부르리라 하고 동시에 또 바울에게서 돈을 받을까 바라는 고로 더 자주 불러 같이 이야기하더라 이태가 지난 후 보르기오 베스도가 벨릭스의 소임을 이어받으니 벨릭스가 유대인의 마음을 얻고자 하여 바울을 구류하여 두니라

바울이 총독 벨릭스 앞에서 재판을 받을 때 대제사장 아나니아의 변호인 더둘로가 거짓과 허위에 가득한 내용으로 고소했다. 그러나 바울이 이를 논리적으로 반박하는 변론을 전개했다. 더욱이 벨릭스 자신이 '이 도'(道)에 대해서 이미 자세히 알고 있었기 때문에 이 사건은 정치적인 문제가 아니라 종교적인 문제라는 사실도 누구보다 잘 알았을 것이다. 따라서 바울의 무죄가 분명하고 더 이상 바울을 구류할 수 없는 상황임에도 불구하고 벨릭스는 천부장 루시아가 내려올 때까지 판결을 유보했다. 그러나 벨릭스는 바울에게 어느 정도 자유를 주면서 친구들이 돌보는 것을 금하지 말라고 명령했다.

얼마 후, 벨릭스는 유대인 아내 드루실라와 함께 와서 바울을 불러 그리스도 예수 믿는 도를 들었다.

여기서는 바울이 총독 벨릭스 부부에게 증거 한 변증적 설교와 벨릭스의 반응 등을 살펴보면서 함께 은혜를 나누려고 한다.

1. 바울은 기회 주어졌을 때 주저치 않고 복음을 전했다(25절).

바울에게 어느 정도 자유는 주어졌지만 그는 여전히 구금되어 있는 상태에 있었다. 이때 총독 벨릭스가 그의 아내 유대 여자 드루실라와 함께 와서 바울을 불러 그리스도 예수 믿는 도를 들려줄 것을 요청했다(24절). 이에 바울은 '의와 절제와 장차 오는 심판'을 강론했다. 바울은 "너희 속에 있는 소망에 관한 이유를 묻는 자에게는 대답할 것을 항상 준비하라"(벧전 3:15)는 성경 말씀 그대로 행했다. 이로 볼 때 그는 자신에게 복음전할 기회가 주어졌을 때 주저하지 않고 복음을 전한 것으로 우리의 귀감이 된다(딤후 4:2).

'의'란 기본적인 의미로는 '자기 의무를 이행하는 것'이란 뜻이나 넓은 의미에서는 '공의나 정의'를 가리킨다(롬 3:21-26). 이것은 피조물인 인간이 마땅히 창조주 되신 하나님을 경외하는 것에서부터 인간이면 지켜야 할 당연한 덕목들을 뜻하기도 한다(딤전 6:11, 딤후 2:22, 3:16). 바울이 총독 부부에게 '의'를 강조한 것은 벨릭스가 노예 출신으로 자기 형의 후광을 입어 유대 총독이 되었을 뿐만 아니라 자신의 유익을 위해서라면 수단과 방법을 가리지 않고 악독한 정치를 하고 있는 그의 과거와 현재를 꿰뚫어보는 것으로 이해할 수 있다.

'절제'란 '강한', '억누르는', '자제하는'을 뜻하는 말로 '열광이나 정욕에 대한 자제'를 나타내는 말이다. 신약성경에서는 절제가 성령의 열매로 나오며(갈 5:23) 음행과 더러운 것과 호색 등의 욕망과 정반대의 개념으로 사용되었다(갈 5:19). 따라서 자기 스스로를 조절하지 못하는 포악하고 음흉한 성격을 가진 벨릭스나 요염한 드루실라의 삶을 매우 예리하게 파헤치는 말씀으로 보인다.

그리고 '장차 오는 심판'은 하나님의 심판이 오랜 후에 이루어지거나 일어날지 안 일어날지 잘 알지 못하는 일이 아니라 반드시 짧은 기간 안에 이루어질 일임을 강조하는 말이다. 역사의 기록을 보면 벨릭스와 드루실라 사이에 아그립바라는 아들이 태어났으나 A.D.79년, 베스비우스 화산의 폭발하여 죄악의 도성 폼페이를 묻어버릴 때 모자(母子)가 함께 화염 속에 묻혀버렸다고 한다.

따라서 바울은 벨릭스와 드루실라의 환심을 사서 석방 될 수 있는 길을 모색할 수도 있었으나 자신의 안위를 도모하지 않고 그들의 불법을 지적해서 회개 할 기회를 준 담대하고 용기 있는 설교자요 복음전도자였음을 보여준다.

2. 벨릭스 부부는 회개할 기회를 잃어버렸다(25절).

바울이 구금 되었을 때 총독 벨릭스 부부가 바울을 불러 그리스도 예수 믿는 도를 들려줄 것을 요청했다. 이에 바울은 '의와 절제와 장차오는 심판'을 주제로 강론했다. 이때 벨릭스가 두려워하여 "지금은 가라 내가 틈이 있으면 너를 부르리라"고 말했다. 총독이 바울을 통해서 하나님의 말씀을 들었을 때 '두려워했다'는 것은 그의 마음이 찔렸다는 것이다. 마음이 찔렸으면 즉시 돌이켜 회개했어야 마땅했다(행 2:37). 그러나 그들은 마음이 찔려 두려워해서 귀를 막고 더 이상 말씀을 들으려 하지 않았다는 것이 큰 아쉬움으로 남는다.

하나님은 바울을 통해서 "혹 네가 하나님의 인자하심이 너를 인도하여 회개하게 하심을 알지 못하여 그의 인자하심과 용납하심과 길이 참으심이 풍성함을 멸시하느냐"(롬 2:4)고 말씀하신 바 있다. 따라서 회개도 하나님이 허락하셔야 온전히 할 수 있음을 깨닫는다. 그러므로 우리는 하나님이 성령을 통해서 내게 감화와 감동을 주실 때 즉시 돌이켜 회개해야 한다. 지옥에 가면 여기저기서 '~걸, ~걸 한다.' 는 얘기를 종종 듣는다. 회개할 기회를 놓쳐버리면 나중에 후회해도 아무런 소용이 없다.

3. 벨릭스는 기회주의적인 사고방식을 가지고 있었다(25절).

총독 벨릭스 부부는 바울을 통해서 그들의 정곡을 찌르는 하나님의 말씀을 들었다. 그러나 그들이 그 말씀을 듣고 두려워하여 "지금은 가라 내가 틈이 있으면 너를 부르리라"라고 말했다. 여기서 주의 깊게 보고 싶은 말씀이 있는데 그것은 '틈이 있으면' 이라는 말씀이다. 이는 그가 기회주의자였음을 여실히 드러내는 것이다.

신앙생활은 틈이 있으면 하는 일이 아니다. 틈이 있으면 기도하고, 틈이 있으면 말씀보고, 틈이 있으면 예배에 참석하고, 틈이 있으면 전도하고, 틈이 있으면 봉사할 것이 아니라 '틈을 내서' 해야 하는 것이 신앙생활이다. 아무리 바쁘고 분주해도 기도할 시간은 기도해야 한다. 한 끼의 식사는 거르는 한이 있어도 영(靈)의 양식인 성경은 반드시 읽어야 한다. 다른 일은 다 못 봐도 주일은 꼭 지켜야 한다. 어떤 일이 있어도 예배는 반드시 신령과 진리로 드려야 한다.

이 말은 우리들이 신앙생활을 무엇보다도 우선순위에 두어야 한다는 뜻이다

4. 벨릭스의 마음은 불의한 재물에 대한 탐심으로 가득했다(26절).

26절의 말씀을 보면 벨릭스는 바울의 설교를 듣고 마음이 찔려 두려움을 가졌던 것도 잠시뿐 그의 마음속에는 여전히 돈에 대한 욕심을 버리지 못하고 바울에게서 돈을 받을까 바라고 있었다고 말씀한다. 여기서 '바라는 고로' 라는 말은 '기대하다', '바라다', '소망하다' 라는 의미다. 이 말이 '현재시제' 로 사용되어 벨릭스가 두려움을 느끼는 가운데서도 계속해서 바울에게서 뇌물 받기를 기대하고 있었음을 의미한다. 따라서 벨릭스가 바울을 자주 부른 것은 바울을 통해서 하나님의 말씀을 듣기 위함이 아니라 속셈이 따로 있었음을 깨닫게 된다. 그것은 바로 바울에게서 돈을 받을까하는 파렴치한 생각이었다.

벨릭스가 바울에게서 돈을 받을까 바랐음을 볼 때 바울에게는 얼마간의 돈이 있었던 것으로 추정할 수 있다.

첫째, 그가 예루살렘 교회에 보내는 이방 교회들의 구제금을 가지고 있을 수 있다(17절).

둘째, 그가 구금 되었을 때 그를 돌보러 온 사람들이(23절) 돈을 주고 갔기 때문에 돈이 있을 수도 있다.

셋째, 부모로부터 유산을 받은 것이 있을 수도 있다.

아무튼 바울이 구금당한 상태에서도 약간의 돈을 가지고 있었을 가능성이 크다.

벨릭스는 분명히 바울에게서 '의와 절제와 장차 오는 심판' 에 대한 말씀을 들었음에도 불구하고 재물에 대한 탐욕을 여전히 버리지 못하고 바울에게서 돈을 받을까 바랐다는 것은 그가 이미 재물에 대한 노예가 되어있었다는 얘기다.

이처럼 돈은 사람들의 마음을 사로잡는 탁월한 능력을 가지고 있다.

현대를 살아가는 성도들은 “돈 없이 되는 일이 없고 돈 가지고 안 되는 일도 없다.”라는 물질만능적(物質萬能的) 사고(思考)를 버려야 한다.

성경은 돈에 대해서 다음과 같이 말씀하셨다.

> “한 사람이 두 주인을 섬기지 못할 것이니 혹 이를 미워하고 저를 사랑하거나 혹 이를 중히 여기고 저를 경히 여김이라 너희가 하나님과 재물을 겸하여 섬기지 못하느니라”(마 6:24)

> “부하려 하는 자들은 시험과 올무와 여러 가지 어리석고 해로운 욕심에 떨어지나니 곧 사람으로 파멸과 멸망에 빠지게 하는 것이라 돈을 사랑함이 일만 악의 뿌리가 되나니 이것을 탐내는 자들은 미혹을 받아 믿음에서 떠나 많은 근심으로써 자기를 찔렀도다”(딤전 6:9-10)

> “돈을 사랑하지 말고 있는 바를 족한 줄로 알라 그가 친히 말씀하시기를 내가 결코 너희를 버리지 아니하고 너희를 떠나지 아니하리라”(히 13:5)

> “그러므로 땅에 있는 육체를 죽이라 곧 음란과 부정과 사욕과 악한 정욕과 탐심이니 탐심은 우상숭배니다”(골 3:5)

하나님의 사람들은 돈에 노예가 되지 않도록 늘 절제하며 근신하는 삶을 살아야 한다. 그러므로 예수님으로부터 직접 영생 얻는 길이 무엇인지를 확실히 듣고도 재물 때문에 근심하고 돌아가 버린 청년처럼(마 19:16-22) 행동하는 어리석음을 범해서는 안 된다.

5. 벨릭스는 인기와 여론에 따라 사는 사람이었다(27절).

바울이 구금되어 감옥에 투옥 된지 벌써 2년이 경과했다(27절). 벨릭스가 천부장이 오면 판결하겠다고 언질 했음에도(22절) 불구하고 2년이 지나도록 재판이 없었다는 것은 그가 바울을 의도적으로 구금했다는 증거로 볼 수 있다.

이때, 총독이 경질되어 벨릭스가 해임되고 보르기오 베스도(Porcius Festus, A.D.60-62)가 새로운 총독으로 부임되었다. 역사학자 요세푸스에 의하면 벨릭스가 해임 된 것은 가이사랴의 유대인과 헬라인 사이에 적대적 감정으로 난동이 벌어졌을 때 그가 유대 지도자들을 많이 죽였기 때문이라고 한다.

유대인과 헬라인들은 서로가 가이사랴 시민으로서 주도권을 주장함으로 늘 다툼과 싸움이 있었다. 당시 유대인들은 경제적인 주도권을 장악했을 뿐만 아니라 숫자적으로도 헬라인들보다 많았다. 특히 유대인들은 헤롯 대왕이 가이사랴를 재건할 때 자기들을 시켰다는 이유를 들어 주도권을 주장했다. 이에 반해 헬라인들은 로마 정부의 지지를 받았을 뿐만 아니라 가이사랴가 항상 이방인의 도시였다는 점을 내세워 주도권을 주장했다. 마침내 유대인들과 헬라인들 사이에 격한 싸움이 벌어졌다. 그 때 벨릭스가 군대를 보내어 헬라인들 편을 들어 다수의 유대 지도자들을 죽이고 부유한 유대인의 집을 약탈했다고 한다. 그러자 유대인들이 로마 정부에 탄원하여 벨릭스에 대한 불만을 토로했다. 이에 벨릭스는 네로 황제에 의해 소환됨으로 베스도가 대신해서 유대의 총독으로 부임했다.

그런데 문제는 벨릭스가 왜 2년씩이나 바울을 감옥에 구금시켰느냐 하는 것이다. 누가는 그 이유를 "벨릭스가 유대인의 마음을 얻고자 하여 바울을 구류해 되었다"고 기록했다. 즉, 벨릭스는 퇴임하면서까지 유대인들의 반감을 조금이라도 누그러뜨리려고 부당하게도 바울을 구금해 두었다는 것이다. 한마디로 말하면 벨릭스는 진실과 사실에는 관계없이 인기와 여론에 의해서 처신한 전형적인 인물이었음을 알 수 있다.

신앙인은 인기와 여론에 의해서 움직이는 삶을 살아서는 안 된다. 적어도 믿음으로 사는 사람이라면 진리의 말씀에 따라 좁은 문 좁은 길을 걸어야 한다.

■ **오늘의 말씀을 요약해 보자.**

- 소망에 대한 이유를 묻는 자들에게 답변할 것을 항상 준비하자.
- 때를 얻든지 못 얻든지 항상 복음을 전파해야 한다.
- 복음전도자는 담력과 용기가 있어야 한다.
- 하나님의 말씀을 듣고 마음이 찔렸으면 돌이켜 회개해야 한다.
- 회개도 하나님이 허락 하실 때 온전한 회개가 이루어진다.
- 신앙생활은 '틈 있으면' 하는 것이 아니라 모든 삶에 우선해야 한다.
- 재물의 노예가 되지 않도록 탐심을 버려야 한다.
- 인기와 여론에 의해서 삶이 좌우되어서는 안 된다.

가이사에게 호소하노라

사도행전 25장 1-12절

베스도가 부임한 지 삼 일 후에 가이사랴에서 예루살렘으로 올라가니 대제사장들과 유대인 중 높은 사람들이 바울을 고소할새 베스도의 호의로 바울을 예루살렘으로 옮기기를 청하니 이는 길에 매복하였다가 그를 죽이고자 함이더라 베스도가 대답하여 바울이 가이사랴에 구류된 것과 자기도 멀지 않아 떠나갈 것을 말하고 또 이르되 너희 중 유력한 자들은 나와 함께 내려가서 그 사람에게 만일 옳지 아니한 일이 있거든 고발하라 하니라 베스도가 그들 가운데서 팔 일 혹은 십 일을 지낸 후 가이사랴로 내려가서 이튿날 재판자리에 앉고 바울을 데려오라 명하니 그가 나오매 예루살렘에서 내려온 유대인들이 둘러서서 여러 가지 중대한 사건으로 고발하되 능히 증거를 대지 못한지라 바울이 변명하여 이르되 유대인의 율법이나 성전이나 가이사에게나 내가 도무지 죄를 범하지 아니하였노라 하니 베스도가 유대인의 마음을 얻고자 하여 바울더러 묻되 네가 예루살렘에 올라가서 이 사건에 대하여 내 앞에서 심문을 받으려느냐 바울이 이르되 내가 가이사의 재판자리 앞에 섰으니 마땅히 거기서 심문을 받을 것이라 당신도 잘 아시는 바와 같이 내가 유대인들에게 불의를 행한 일이 없나이다 만일 내가 불의를 행하여 무슨 죽을 죄를 지었으면 죽기를 사양하지 아니할 것이나 만일 이 사람들이 나를 고발하는 것이 다 사실이 아니면 아무도 나를 그들에게 내줄 수 없나이다 내가 가이사께 상소하노라 한대 베스도가 배석자들과 상의하고 이르되 네가 가이사에게 상소하였으니 가이사에게 갈 것이라 하니라

노예근성을 가지고 폭정을 일삼으면서 많은 유대인들을 죽이고 음욕과 물질의 탐욕에 눈이 어두웠던 총독 벨릭스는 유대인들의 탄원으로 말미암아 로마 황제의 의해서 소환되어 해임되었다. 그 후임으로 베스도(Porcius Festus)가 신임 유대 총독으로 부임했나. 성경에는 베스도의 행적과 성격 등에 관해서 특별히 말씀하고 있지 않으나 역사학자 요세푸스(Josephus)에 의하면 그는 벨릭스보다 다소 뛰어난 행정력을 가지고 있었다고 한다. 뿐만 아니라 그는 고상한 인격과 온순한 성품을 지닌 자

로 벨릭스 총독 때 어지럽게 된 유대의 치안을 회복하고 비교적 선정을 베풀려고 노력했던 사람으로 알려졌다. 베스도는 전임자인 벨릭스의 폭정으로 그 지방이 파당과 음모의 온상이 된 것을 바로잡으려고 노력했다고 한다. 그러나 그는 총독으로써 임무를 수행할 때 어려운 상황에 직면하여 좌절하고 절망하다가 약 2년 동안 밖에 유대를 통치하지 못하고 임기가 만료되기도 전에 죽었다고 한다.

여기서는 같은 사건으로 신임 총독 베스도 앞에서 세 번째 재판받는 바울을 살펴보면서 함께 은혜를 나누려고 한다.

1. 잘못된 인간의 계획과 술수는 하나님의 섭리를 능가하지 못한다(1-5절).

베스도가 유대 총독으로 부임한 지 삼일 만에 가이사랴를 떠나 예루살렘을 전격적으로 방문했다(1절). 예루살렘은 당시 이스라엘의 정치, 종교, 문화의 중심지였으나 로마 총독부는 지중해 변(邊) 가이사랴에 군대와 함께 위치해 있었다.

베스도가 유대 총독으로 부임한 후 사흘 만에 예루살렘을 서둘러 방문한 것은 다음과 같은 이유가 있었던 것으로 보인다.

첫째, 그는 전임이었던 벨릭스와는 달리 총독으로서 성실한 면이 있었다.

둘째, 전임 총독 벨릭스의 실정(失政)으로 유대인들과 관계가 악화되었기 때문에 하루빨리 유대의 지도급 인사들과 만나 이를 개선하고자 했다.

셋째, 자기 관할구역의 실태를 서둘러 파악하고자 노력한 것으로 보인다.

신임 총독 베스도가 부임하자마자 예루살렘을 전격적으로 방문했을 때 대제사장들과 유대의 높은 사람들이 바울을 고소했다(2절). 요세푸스에 의하면 당시의 유대 대제사장은 벨릭스의 통치가 끝날 무렵에 헤롯 아그립바 2세에 의해서 임명된 파비(Phabi)의 아들 이스마엘(Ishmael)이었다고 한다.

그런데 본문을 주의 깊게 살펴볼 것은 누가가 '대제사장들' 이라고 복수형을 사용했다는 점이다. 이는 당시에 현직 대제사장이 여러 명 있었다는 얘기가 아니라 전임자들까지 포함되었기 때문에 이렇게 표현한 것이다. 주지하는 바와 같이 원래 대제사장은 한 명으로 종신제였고 아론의 후손으로 계승되었다. 그런데 유대가 로마의 지배에 들어간 후(後)부터 로마가 종교를 정치적으로 이용하려고 로마 정부 마음대로 대제사장의 임면(任免)을 단행했기 때문에 대제사장이 여러 명 있게 되었다.

또한 누가는 대제사장들과 '유대인 중 높은 사람들' 이 바울을 고소했다고 기록했는데, 15절에서는 '그 높은 사람들' 을 '장로' 라고 달리 표현했다. 한편, 요세푸스는 이들을 '유대인 중 유력한 자들' 이라고 그의 책에 기록한 것을 볼 때 그들이 산헤드린 공회원들이었을 것으로 추정된다.

그리고 누가는 2절 하반절에서 '바울을 고소할 새' 라고 기록했다. 이는 바울에 대한 유대인들의 적개심이 2년이 지났음에도 불구하고 변함없었다는 것을 단적으로 보여주는 말씀이다. 아마 유대 종교지도자들은 총독이 새로 부임해서 예루살렘을 방문한 그때가 바울을 제거할 수 있는 절호의 기회로 여겼던 모양이다. 그래서 누가는 유대 종교지도자들이 '베스도의 호의로' 바울을 제거하려 했다고 기록했다. 이는 베스도가 신임 총독이라는 점을 이용해서 바울을 죽이려는 음모를 꾸몄음을 의미하는 것이다. 일반적으로 새로 부임한 지방의 행정관들은 지역주민들의 환심을 사려고 그 지방의 유지들이 요청하는 것을 대부분 거절하지 않고 들어준다는 관례를 유대 종교지도자들이 십분 활용하려 했던 것으로 보인다.

이와 같이 대제사장들과 유대인 중 높은 사람들이 신임 총독 베스도에게 바울을 고소하면서 바울의 재판을 가이사랴가 아닌 예루살렘에서 해 줄 것을 요청했다(3절). 그들이 이렇게 요청한 이유에 대해 누가는 "이는 길에 매복하였다가 그를 죽이고자 함이더라"라고 밝히고 있다(3절). 이는 '사람이 인간의 탈을 쓰고 이보다 더 악할 수 있을까?' 라는 생각을 들게 한다.

그러나 베스도는 그들의 요구에 대해 다음과 같은 이유로 일축해 버렸다.

첫째, 바울이 예루살렘이 아닌 가이사랴에서 구류 되었다(4절).

둘째, 베스도 자신이 머지않아 예루살렘에서 떠나 가이사랴로 돌아갈 것이다(4절).

셋째, 만약 바울에게 옳지 않은 일이 있으면 너희 중에 유력한 자들이 나와 함께 가이사랴로 내려가서 고발하도록 하라(5절).

여기서 우리가 확신할 수 있는 것은 베스도가 대제사장들과 유대인 중 높은 사람들의 요구를 이렇게 일축한 배후에는 '하나님의 섭리' 가 있었다는 사실이다. 만약 그들의 계략을 베스도가 받아들여 바울이 가이사랴에서 예루살렘으로 이송되다가 암살당했다면 기독교의 역사는 지금과 많이 달라졌을 것이다. 그러나 하나님의 섭리는 악독한 인간들의 계획과는 달랐다. 하나님은 바울이 로마에 가서도 복음을 증거 할 것을 계획하고 있었다(행 23:11).

그러므로 인간의 잘못 된 계획과 술수는 하나님의 섭리를 능가하지 못한다는 사실을 깨닫게 된다. 왜냐하면 사람이 자기의 길을 계획한다 할지라도 그의 걸음을 인도하시는 이는 하나님이시기 때문이다(잠 16:1, 9).

2. 바울은 공정하지 못한 재판 자리에 서 있었다(6-10절).

신임 총독 베스도는 예루살렘에서 대략 열흘 동안 머물다가 가이사랴로 내려갔다. 6절에서 '팔일 혹은 십일을 지낸 후' 라고 말씀하고 있는데 이는 각 사본에 따라 '팔일' 혹은 '십일' 로 기록되었기 때문이다. 어쩌면 베스도가 예루살렘에 머문 순수한 기간이 '팔일' 이고 가이사랴에서 예루살렘을 오가는 여행기간을 포함하면 '열흘' 이 되기 때문에 사본마다 좀 다르게 표현한 것으로 보인다. 아무튼 베스도가 그리 길지 않은 기간 동안 예루살렘에 머물었음은 틀림없는 사실이다.

베스도는 예루살렘에서 가이사랴로 돌아오자마자 그 이튿날 그가 약속한대로(4-5절) 유대의 유력한 지도자들이 참석한 가운데 공식적인 재판을 열고 바울을 불렀나. 이는 베스도가 자기의 직무와 태만했던 벨릭스와는 대조적인 자세를 가지고 업무를 추진했다는 것을 알 수 있는 대목이다. 이로써 바울은 이번 사건으로 인해서 공식적인 재판만 세 번째(행 22:30, 24:1-22) 받는 셈이 되었다. 누가는 바울의 세 번째 재판에서는 유대인들의 자세한 고소내용을 기술(記述)하지 않고 다만 중대한 사건이라고 간략하게 언급했다. 우리말 성경은 '중대한 사건' 으로만 번역했으나 원문에는 '많고 중대한 죄목들을' 이라고 기록되어 있다. 이는 유대교 지도자들이 바울에게 여러 가지 죄목을 붙일 뿐만 아니라 단순히 종교적인 차원을 넘어서 로마법에 걸릴만한 심각한 죄목들을 붙이려고 애를 쓰고 있었음을 시사(示唆)하는 대목이다.

재판이 시작되자 유대교 지도자들은 위압적인 자세로 '둘러서서' 바울에 대해 조목조목 고발했으나 능히 증거를 대지 못했다(7절). 이로써 그들이 바울을 고소한 죄목들이 모두 거짓이었음이 증명되는 것이다. 과거에 예수님도 이런 재판을 받으신바 있었는데(마 26:59-60), 지금 바울을 고발하는 사람들이 능히 증거를 대지 못함으로 그가 무죄임이 다시 한 번 여실히 드러나게 되었다.

하나님은 바울을 거짓 된 자의 입술과 속이는 혀에서 건져주셨다(시 120:2). 이는 하나님이 악인의 악을 끊고 의인을 세우시며 정직한 자를 구원하시는 분이기 때문이다(시 7:9-10).

바울은 스스로 자신의 변호인이 되어 변호했다. 왜냐하면 그는 당대 최고학자인 가말리엘의 문하생으로 자기 자신을 논리적으로 변호할 능력을 충분히 갖춘 대학자(大學者)였다. 게다가 그는 총독의 법정에서 처벌받을만한 죄를 짓지 않았고 유대교 지도자들도 바울의 죄목을 입증할만한 아무런 증거를 대지 못했다. 따라서 바울은 무죄임이 확실한 자신을 위해 전문적인 변호인을 따로 세울 필요가 없었다.

바울은 재판 자리에서 자신을 세 가지로 변호했다.

첫째, 자신은 유대인의 율법을 어기는 죄를 범치 않았다.

둘째, 자신은 성전을 더럽힌 일이 없다.

셋째, 자신은 가이사에게 도무지 죄를 범하지 않았다.

이는 유대교 지도자들이 고소한 '중대한 사건'(7절)이란 것이 어떤 것이었는가를 시사해 주는 말씀이다. 즉, 중대사건이란 바울이 율법과 성전과 가이사에 관련된 죄를 저질렀다는 것이다. 이러한 고소 내용은 2년 전 더둘로를 통해서 송사한 내용과 다른 것이 없는 것들로(행 24:5-7) 그때 이미 바울이 무죄로 판명됐었다.

재판이 여기까지 진행되었을 때 베스도가 공정한 재판관이었다면 바울의 무죄를 선고하고 즉시 그를 석방했어야 했다. 그러나 베스도 역시 벨릭스와 마찬가지로(행 24:27) '유대인의 마음을 얻고자하여' 바울에게 "네가 예루살렘에 올라가서 이 사건에 대하여 내 앞에서 심문을 받으려느냐"라고 물었다.

여기서 깨닫게 되는 것들이 있다.

첫째, 이 세상은 아무리 정의를 부르짖는다 할지라도 결코 공평하지 못하다.

둘째, 사람은 모두 '거기서 거기' 라는 사실이다.

물론 베스도는 포악한 통치자요 물질에 대한 탐욕으로 가득 찼던 벨릭스보다 비교적 행정력이 뛰어나고 유순한 성품을 지닌 것이 사실인 것 같다. 그러나 그도 역시 '거기서 거기' 라는 사실을 깨닫게 된다. 세상에는 완벽한 의인은 아무도 없다(롬 3:10). 따라서 누구나 자기 의(義)를 앞세워 다른 사람들을 함부로 비판하거나, 정죄하거나, 심판해서는 안 된다.

3. 바울이 가이사에게 호소했다(11-12절).

베스도는 바울이 무죄라는 사실을 알면서도 유대인의 마음을 얻고자 하여 바울에게 "예루살렘에 올라가서 이 사건에 대해 심문을 받겠느냐"고 물었다(9절). 이에 바울은 "내가 가이사의 재판 자리 앞에 섰으니 마땅히 거기서 심문을 받겠다"고 말함으로 사실상 베스도의 제안을 일축하며 거절했다. 왜냐하면 바울은 이미 유대교 지도자들이 예루살렘으로 호송될 때 자신을 죽이려 한다는 계획(3절)을 알고 있었을 것이다(행 23:16절 참고). 그러므로 바울은 자신이 의미 없는 죽음을 당해서 로마를 복음화 시킴으로써 세계 모든 민족들에게 복음을 전하고자 하시는 하나님의 선교계획을 무산시킬 필요가 없다고 판단했던 것으로 보인다. 바울은 이미 주를 위해 죽을 것도 개의치 않았던 사람이었다(행 21:13). 그러나 의미 없이 노중(路中)에서 암살되는 것은 원치 않았고, 지금은 그렇게 죽을 시기(時機)가 아니라는 사실을 잘 알고 있었던 것 같다. 바울은 자신이 최종적으로 가야 할 목적지가 로마라는 사실을 분명히 알고 있었다(행 23:11). 그래서 그는 자신이 로마 시민권자임을 내세워 가이사로부터 직접 재판을 받게 해 달라고 호소한 것으로 보인다.

예수님도 유대교 지도자들이 죽이려고 할 때 마다 그 자리를 피했었다. 어쩌면 예수님이 '왜 비겁하게 피했는가?' 라는 생각을 할 수도 있지만 아무도 모르게 암살당해서는 모든 인류의 구세주가 될 수 없었다. 예수님은 하나님이 계획하신 때에 묵묵히 십자가를 지고 골고다 언덕을 올라가 거기서 십자가에 못 박혀 돌아가심으로 온 인류의 구세주가 되셨다. 죽고 사는 것은 내 맘대로 할 수 없는 것은 분명하다. '순교다운 순교' 란 의미 없이 그냥 죽는 것이 아니라 스데반처럼 많은 사람 앞에서 그리스도를 공식적으로 증거 하다가 죽는 것을 의미하는 것이다.

바울이 가이사에게 호소하노라고 말했는데 여기서 가이사에 대해 잠깐 알아보려고 한다. '가이사' (Caesar)는 본래 로마의 원로공화정치를 제1차 삼두정치로 바꾼 율리우스 시저(Gaius Julius Caesar, B.C.101-44)의 이름이었다.(제1차 삼두정치란 로마 공화정 말기 율리우스 카이사르, 그나이우스 폼페이우스 마그누스, 마르쿠스 리키니우스 크라수스 사이에서 비밀리에 맺어진 정치적 협력관계를 말한다. 제1차 삼두정치는 대략 기원전 59년에 설립되었는데 당시 로마의 유력자였던 세 사람이 원로원의 눈을 피해 서로의 이익을 도모하는 관계로 창설되었고 주창자는 율리우스 카이사르였을 것으로 보인다. 기원전 60년 로마로 돌아온 카이사르는 자신을 반대하는 원로원에 맞서 폼페이우스와 손을 잡았다. 폼페이우스가 카이사르의 집정관 당선을 도와주면 카이사르는 폼페이우스 퇴역병을 위한 토지배분을 추진하기로 비밀리에 합의하고 크라수스도 협력관계에 끌어들였다. 출처;위키백과, 우리 모두의 백과사전.) 그러나 그의 양자 옥타비아누스(Gaius Julius Caesar Octavianus, B.C.27-A.D.14)가 로마의 초대 황제로 등극한 이래 '가이사'는 로마 황제를 가리키는 호칭으로 사용 되었다. 한편, 바울이 가이사 법정에 호소했을 때의 로마 황제는 폭군의 대명사로 불리던 로마의 제 5대 황제 네로(Nero Claudius Caesar Augustus Germanicus, A.D.37-68)였다.

바울의 의지는 대단했다. 바울은 베스도에게 "당신도 잘 아시는 바와 같이 내가 유대인들에게 불의를 행한 일이 없다. 내가 만일 불의를 행하여 무슨 죽을죄를 지었으면 죽기를 사양하지 아니할 것이나 만일 이 사람들이 나를 고발하는 것이 다 사실이 아니면 아무도 나를 그들에게 내줄 수 없다"고 잘라 말했다. 그러면서 바울은 "내가 가이사에게 상소하노라"라고 말했다. 이에 베스도가 배석자들과 상의한 후 "네가 가이사에게 상소하였으니 가이사에게 갈 것이다"라고 선고했다.

여기서 우리가 깨달아야 할 것들이 있다.

첫째, 바울이 로마 시민권자임을 내세워 가이사에게 호소했다면 성도는 하늘나라의 시민권자(빌 3:20)로서 로마 황제와 비교할 수 없는 만왕의 왕이신 하나님께 호소할 수 있는 권리가 있다는 사실이다.

둘째, 하나님의 섭리와 역사(役事) 그리고 성도들의 호소에 응답하는 방법이 여러 가지가 있을 수 있다는 것이다. 하나님이 성도들의 호소를 들으시고 즉각적으로 응답하실 때가 있는가하면 그렇지 않을 때도 있다. 성도들이 어려움에 처할 때 하나님이 즉시 응답하지 않으시는 것 같이 보일 때는 성도들을 더욱 연단하고 그 일로 인해서 하나님께 더욱 부르짖고 기도해서 하나님 나라에 대한 소망을 불태우기 위한 하나님의 섭리가 있다는 사실을 깨달아야 한다.

■ **오늘의 말씀을 요약해 보자.**

- 잘못된 인간의 계획과 술수는 하나님의 섭리를 능가하지 못한다.
- 사람이 자기 길을 계획해도 그 발걸음을 인도하시는 분은 하나님이시다.
- 하나님은 거짓된 자의 입술과 속이는 혀에서 성도들을 건져주신다.
- 사람들이 정의를 부르짖으나 온전한 공의는 하나님밖에 실현할 자가 없다.
- 세상에는 완벽한 사람도 온전한 의인도 없다.
- 순교다운 순교는 '하나님이 정하신 때에 공중 앞에서 그리스도를 증거 하다가 죽는 것' 이다.
- 우리는 하늘나라의 시민권자로서 만왕의 왕께 호소할 권리를 가지고 있다.
- 하나님의 섭리와 역사(役事), 성도들의 호소에 응답하는 방법은 여러 가지가 있다.

이 사람의 말을 듣고자 하노라

사도행전 25장 13-22절

수일 후에 아그립바 왕과 버니게가 베스도에게 문안하러 가이사랴에 와서 여러 날을 있더니 베스도가 바울의 일로 왕에게 고하여 이르되 벨릭스가 한 사람을 구류하여 두었는데 내가 예루살렘에 있을 때에 유대인의 대제사장들과 장로들이 그를 고소하여 정죄하기를 청하기에 내가 대답하되 무릇 피고가 원고들 앞에서 고소 사건에 대하여 변명할 기회가 있기 전에 내주는 것은 로마 사람의 법이 아니라 하였노라 그러므로 그들이 나와 함께 여기 오매 내가 지체하지 아니하고 이튿날 재판 자리에 앉아 명하여 그 사람을 데려왔으나 원고들이 서서 내가 짐작하던 것 같은 악행의 혐의는 하나도 제시하지 아니하고 오직 자기들의 종교와 또는 예수라 하는 이가 죽은 것을 살아 있다고 바울이 주장하는 그 일에 관한 문제로 고발하는 것뿐이라 내가 이 일에 대하여 어떻게 심리할는지 몰라서 바울에게 묻되 예루살렘에 올라가서 이 일에 심문을 받으려느냐 한즉 바울은 황제의 판결을 받도록 자기를 지켜 주기를 호소하므로 내가 그를 가이사에게 보내기까지 지켜 두라 명하였노라 하니 아그립바가 베스도에게 이르되 나도 이 사람의 말을 듣고자 하노라 베스도가 이르되 내일 들으시리이다 하더라

베스도가 벨릭스의 뒤를 이어 총독으로 부임했다. 그는 부임하자마자 곧바로 예루살렘을 방문해서 유대교 지도자들을 만나고 가이사랴로 돌아왔다. 베스도가 가이사랴로 돌아온 후 며칠만에 아그립바 왕과 버니게가 그의 총독취임을 축하하기 위해서 예루살렘으로부터 가이사랴에 내려왔다. 그들이 여러 날 가이사랴에 머무는 동안 총독 베스도는 아그립바 왕에게 바울의 재판에 관한 이야기를 꺼내면서 그 사건처리에 대한 조언을 구했다.

여기서는 베스도가 아그립바 왕에게 바울의 사건을 설명한 내용을

중심으로 은혜를 나누려고 한다.

1. 아그립바 왕과 버니게가 베스도에게 문안하러 왔다(13절).

아그립바 왕과 버니게가 베스도의 총독 취임을 축하하기 위해서 예루살렘으로부터 가이사랴에 내려왔다(13절). 그들이 총독 베스도가 취임하자마자 문안하러 온 배경은 그들의 생애(生涯)를 살펴보면 이해가 쉬울 것이다.

여기서 말하는 아그립바 왕은 헤롯 아그립바 2세(Herod Agrippa Ⅱ)를 가리킨다. 그는 A.D.27년에 태어나 로마에서 자랐으며 클라우디우스(Claudius) 황제의 궁정에서 양육 받았다. 그는 전임 총독 벨릭스의 아내 드루실라와는 남매지간이고(행 24:24) 그의 아버지는 사도 야고보를 목베어 죽인 헤롯 아그립바 1세였다(행 12:1). 또한 그의 할아버지는 세례 요한을 죽인 헤롯 안디바였으며(마 14:1-12) 그의 증조부(曾祖父)는 아기 예수를 죽이려했던 대헤롯이었다(마 2:16). 헤롯 아그립바 2세는 아버지가 가이사랴에서 벌레에 먹혀 죽을 때(행 12:23) 열일곱 살에 불과해 클라우디우스 황제가 그를 아그립바 1세의 후계자로 지목했으나 반대여론에 부딪쳐 왕위를 이어받지 못했다. 그러나 A.D.48년, 갈기스(Chalcis)를 다스리던 그의 삼촌 헤롯 빌립(헤롯 아그립바 1세의 동생)이 죽자 삼촌의 뒤를 이어 그 지역의 왕이 되었고 유대의 대제사장 임명권도 그에게 주어졌다. 원래 대제사장의 임명권은 A.D.6-37년 사이에 로마 총독들에게 주어졌던 것인데 로마 황제가 그 권한을 아그립바 1세에게 주었고, 그것을 아그립바 2세가 물려받은 것이다. A.D.53년, 아그립바 2세는 자신이 통치하던 왕국을 내어주고 그 대신 이전에 분봉왕 빌립과 루사니아가 다스리던 영토를 넘겨받아 넓은 지역의 왕이 되었다(눅 3:1). 그 뒤 3년 후에 네로가 황제가 되자 갈릴리 호수 주변 도시들까지 넘겨받아 그의 왕국은 더욱 확장 되었다. 이에 그는 네로에 대한 감사의 표시로 수도 가이사랴 빌립보의 이름을 네로니아스(Neronias)라고 바꾸기도 했다. 그는 유대전쟁(A.D.68-70년) 때에 적극적으로 로마를 지지한 철저한 친(親)로마주의자였으며, 유대인과 로마인 사이의 융합을 위해 심혈을 기울였기 때문에 황제의 총애를 받았다. 심지어 그는 자신의 칭호를 '바실류스 메가스 아그립파스 필로카이사르 유세베스 카이 필로로마이오스'라고 부르게 했는데, 그 의미는 '위대한 왕 아그립바 가이사의 친구 로마인의 헌신적인 친구' 라는 것이다. 이런 사실만 보아도 그가 얼마나 친(親)로마주의자였는지를 알 수 있다. 특별히 그는 자신의 궁전 확장공사를 감행하여 성전에서 행해지는 일들을 궁전에서 볼 수 있게 함으로 유대인들의 반감을 샀다. 그는 약 50년간 통치한 후(後) 후계자 없이 죽어 '헤롯 가(家)의 마지막 왕' 이 되었다.

아그립바 2세와 함께 신임총독 베스도를 방문한 또 다른 방문객은 '버니게' 였다. 그녀는 아그립바 1세의 맏딸이었고 아그립바 2세의 누이동생이며, 두르실라(행 24:24)의 언니로 A.D.28년에 태어났다. 그녀는 일찍이 철학자 필로(Philo)의 조카인 마르쿠스(Marcus)와 약혼했었고, 그 후

갈기스(Chalcis)의 왕이며 그녀의 삼촌인 헤롯 빌립과 결혼했다. 그러나 헤롯 빌립이 A.D.48년에 죽자 그녀는 헤롯 아그립바 2세의 궁전에서 기거했다. 그 후 그녀는 길리기아 왕이었던 폴레몬(Polemon)과 결혼했으나 얼마 있다가 아그립바 2세에게 돌아왔다. 이로 인해 아그립바 2세와 그녀 사이에 좋지 않은 소문이 돌았다. 유대인의 율법은 근친상간을 정죄했기 때문에(레 18:1-18, 20:11-21) 유대인들은 그들의 행각에 많은 의구심을 가졌던 것이다. 그녀는 또한 로마 황제 베스파시안(Vespasian)의 아들 티투스(Titus)의 정부(情婦)가 되어 팔레스타인에서 함께 살았고 티투스와 정식으로 결혼하려고 했으나 로마의 군중들의 반대에 부딪혀 단념할 수밖에 없었다.

따라서 친(親)로마적인 아그립바 2세와 버니게가 새로운 로마총독이 부임했다는 소식을 듣고 신임총독을 방문해서 축하한 것은 극히 당연한 일로 보인다.

2. 베스도는 아그립바에게 바울에 관련된 사건을 설명하면서 바울의 재판에 대해 조언을 구했다(14-21절).

아그립바와 버니게가 가이사랴에 와서 '여러 날' 있었다. 이때 베스도는 자신을 축하하러 온 아그립바와 버니게에게 '바울에 관련된 사건'을 설명하고 조언을 구했다. 베스도의 입장에서 볼 때 바울과 관련된 재판은 굳이 가이사에게 가지 않아도 될 것으로 판단했다(행 26:32). 그런데 바울이 이미 가이사에게 호소했기 때문에 그동안의 재판과정을 황제에게 보고해야 할 입장에 있었다. 그러나 베스도는 그 보고서 내용을 만들기조차 쉽지 않았던 것이 사실이었다(26절). 따라서 비록 아그립바가 로마에서 성장했다 할지라도 유대인의 문제를 자기보다 그가 훨씬 더 잘 알고 있다고 판단한 베스도는 아그립바에게 조언을 구한 것으로 보인다.

여기서 베스도가 '바울에 관련된 사건' 에 대해 아그립바에게 설명한 것을 요약하면 다음과 같다.

① 베스도는 자신이 부임하자마자 예루살렘을 전격적으로 방문했을 때 유대인의 대제사장들과 장로들이 바울을 '고소' 하고 '정죄' 하기를 요청했다고 말했다(15절).

여기서 깊이 생각할 것은 유대교 지도자들이 바울을 '고소' 하는 것으로 그치지 않고 '정죄' 하기를 요구했다는 사실이다. '정죄' 라는 말은 '유죄 선고' 를 의미하는바 재판이 시작하기도 전에 유대교 지도자들이 신임총독에게 압력 아닌 압력을 넣어 바울에게 죄를 뒤집어씌워 죽이려 했음을 엿볼 수 있다.

② 베스도는 '로마 사람의 법' 을 근거로 유대교 지도자들의 요구를 거절했다고 말했다(16절).

여기서 말하는 로마 사람의 '법' 이란 '관습' 이나 '규칙' 을 의미하는 말이다. 로마 사람들은 누구를 정죄하거나 심판할 때는 반드시 재판과정을 거치는 것이 그들의 '관례' 였다. 따라서 베스도가 유대교 지도자들의 고발을 들어주려면 피고와 원고가 서로 얼굴을 맞대고 고소하고 변호하는 재판이 열려야 했는데 정당한 재판도 없이 바울에게 유죄 선고를 해달라는 그들의 요구를 거절할 수밖에 없었다는 것이다.

③ 베스도는 바울이 연루된 재판을 지체하지 않고 신속히 처리했다고 말했다(17절).

아그립바는 친(親)로마적성향의 인물로 로마황실과 상당한 교분을 가지고 있는 사람이었다. 따라서 베스도는 신임총독으로서 모든 일을 잘 처리하고 있다는 인상을 아그립바에게 심어주는 것이 필요했던 것으로 보인다. 또한 전임자가 바울과 관련 된 재판에서 돈을 받을까 바라고 지체한 것(행 24:26-27)과는 달리 자신은 직무유기(職務遺棄)를 하지 않고 공명정대(公明正大)하고도 신속하게 이 사건을 처리하려 했음을 설명함으로 전임자와의 '차별화'를 간접적으로 시도한 것이다.

④ 베스도는 원고들이 자신이 짐작하던 것 같은 악행의 혐의를 하나도 제시하지 못했다고 말했다(18절).

베스도는 유대교 지도자들이 바울을 고소하는 내용을 들으면서 바울이 상당히 큰 죄를 범했을 것이라고 추측한 것으로 보인다. 그래서 그는 가이사랴로 내려와 지체하지 않고 신속하게 바울에 관한 사건을 재판에 붙였다. 그런데 막상 재판을 열고 보니 원고인 유대교 지도자들이 내세운 바울의 죄목은 자신이 짐작했던 것과는 너무 많이 달랐다. 베스도의 입장에서 볼 때 유대교 지도자들이 바울에 대해 늘어놓은 죄목들은 혐의만 무성하게 나열했을 뿐 그것을 입증할만한 구체적인 증거를 하나도 제시하지 못함으로 바울에게 유죄 판결을 내릴 수가 없었다. 따라서 베스도는 유대교 지도자들이 바울에 대해 거짓으로 참소하고 있다는 사실을 알고 있었음에도 불구하고 그 역시 기회주의적인 태도를 가지고 있어서 바울의 무죄를 선언하지 못했다.

⑤ 베스도가 볼 때 유대교 지도자들의 고발내용은 종교적인 문제뿐이었다는 것이다(19절).

베스도는 유대교 지도자들이 바울을 고발하는 내용이 '자기들의 종교'와 '예수라 하는 이가 죽은 것을 살았다고 바울이 주장하는 그 일에 관한 문제' 였음을 아그립바에게 말했다. 여기서 베스도는 '자기들의 종교' 라는 표현을 사용함으로 자신과는 전혀 상관없는 유대인들의 종교 문제임을 부각시켰다. 그리고 '종교' 라는 말은 '미신적인', '종교적인' 이라는 의미이다. 즉, 이 말은 저급한 차원의 종교성을 나타내는 말로 여러 번역본들 가운데는 '자기 자신의 미신에 관하여' 라고 번역했다 (KJV, RSV, Valgate; their own superstition). 당시 로마의 정치가들은 식민지 인들의 종교문제에 관해서는 대개 무관심하거나, 냉소적이거나, 멸시적이었다. 따라서 베스도 자신은 공정성을 가지고 바울에 관련된 재판에 임한다고 생각했을지 몰라도 그도 역시 유대교와 기독교에 대해 멸시적인 태도를 가졌다고 볼 수 있다.

또한 베스도는 '예수라 하는 이가 죽은 것을 살았다고 바울이 주장하는 그 일' 이라고 말함으로 종교적인 문제가 구체적으로 무엇인가를 밝히고 있다. 여기서 '주장하다' 라는 말은 '단언하다', '주장하다' 는 의미다. 이것이 '미완료 시제' 로 사용 된 것은 반복적인 공언이나 고백을 나타내는 것으로 바울이 지속적으로 반복해서 죽었던 예수가 살아났다고 증언했음을 시사(示唆)한다. 그리고 '살다' 라는 말은 '현재 시제' 를 사용함으로 '지속적으로 살아있음' 혹은 '생명' 을 나타내어, 십자가에 달려 죽은 예수가 현재도 계속해서 살아계심을 바울이 강조했다는 말이다.

사실 죽은 자가 살아났다는 것은 보통일이 아니다. 그럼에도 불구하고 베스도는 예수가 죽었다가 다시 살아났다는 것에 대해서 큰 관심 없었다. 오히려 베스도는 그런 일 가지고 이렇게 소란하냐는 태도를 보였다.

여기서 우리가 알 것은 기독교 복음을 나와 상관없는 것으로 여기지 말고 지금 내가 듣고, 믿고, 구원 받아야 할 진리라는 사실이다. 또한 부활하신 예수님은 지금도 살아계셔서 영으로 우리와 함께 계심을 깨달아야 한다.

⑥ 베스도는 바울에 관한 재판을 어떻게 심리해야 할지를 판단할 수 없었다고 말했다(20절).

여기서 '몰라서' 라는 말은 '내가 알지 못하여' 혹은 '내가 당황하여' 라는 의미다. 따라서 이 말은 베스도 자신이 유대교에 대해 무지했음을 시사(示唆)하는 말이다. 그런데 이것은 한낱 핑계요 거짓말이었다. 왜냐하면 베스도 자신은 유대교 지도자들의 고소내용과 바울의 변론을 듣고 바울이 무죄하다는 사실을 이미 알고 있었기 때문이다(25절). 그럼에도 불구하고 바울에게 예루살렘에 올라가서 재판을 받지 않겠느냐고 물은 것은 베스도 자신을 속이고 유대교 지도자들의 마음을 얻고자 하는 욕망이 강했기 때문이었다(9절).

⑦ 베스도는 바울이 황제의 판결을 받도록 자기를 지켜 주기를 호소하므로 자기가 바울을 가이사에게 보내기까지 지켜 두라 명했다고 말했다(21절).

베스도는 바울에게 예루살렘에 올라가 종교재판을 받겠냐고 제안했다(9, 20절). 그러나 바울이 이를 거절하고 자신이 로마 시민권자임을 내세워 황제의 재판을 받도록 상소했다. 베스도는 이를 받아들여 바울이 로마에 갈 때가지 바울을 구금해 두었다.

바울이 로마로 가는 것은 이미 하나님이 계획하신 일이었다. 그러나 바울조차도 자신이 이렇게 결박당한 채로 로마로 가리라고는 생각하지 못했을 것이다. 하나님은 인간의 생각과 계획을 뛰어 넘어 일하실 때가 있기 때문이다.

3. 아그립바는 베스도에게 '나도 이 사람의 말을 듣고자 한다'고 말했다(22절).

아그립바는 이미 바울에 대해서 들은 적이 있었던 것으로 여겨진다. 그리고 이번에 베스도로부터 바울에 관해 또 한 번 소상하게 들었다. 그런데 이제는 자신이 직접 바울의 얘기를 듣고 싶은 흥미와 호기심이 발동했던 것으로 보인다. 그래서 아그립바는 베스도에게 '나도 이 사람의 말을 듣고자한다' 고 요구했다. 따라서 바울은 자신이 계획한 것은 아니지만 아그립바를 자연스럽게 만나 복음을 전하게 되었다(26장). 이는 이미 예수님께서 제자들에게 말씀하신바 "또 너희가 나로 말미암아 총독들과 임금들 앞에 끌려가리니 이는 그들과 이방인들에게 증거가 되게 하려 하심이라"(마 10:18)는 말씀이 그대로 응한 것으로 볼 수 있다. 여기서 하나님의 말씀은 일점일획도 땅에 떨어지지 않음을 또 한 번 깨닫게 된다(마 5:18).

아그립바가 바울의 얘기를 듣기 원했던 이유는 전술한 바와 같이 그 기 조상적부터 예수님과 깊은 관계가 있었기 때문으로 보인다. 누가복음의 기록자이기도 한 누가는 사도행전을 쓰면서 아그립바 2세의 조부(祖父)인 헤롯 안티파스가 세례 요한과(눅 9:9) 예수님을 보고자 했던 것 같이(눅 23:8), 아그립바 2세가 새로운 종교에 대해 호기심을 가지고 바울을 보기 원했다고 기록하고 있는 점이 흥미롭다.

여기서 우리가 알아야 하는 것은 기독교는 단순한 흥미나 호기심을 가지고 접할 것이 아니라는 것이다. 이 세상 모든 사람들이 호기심을 넘어 진지하게 예수 그리스도의 십자가와 부활의 복음을 들어야하고 그 복음을 듣고 예수 그리스도를 개인적으로 만나 영생을 얻어야 한다는 것이다.

■ **오늘의 말씀을 요약해 보자.**

- 세상에 완벽한 사람은 아무도 없다. 따라서 지혜자의 조언을 구하는 것은 현명한 행동이라고 말할 수 있다.
- 자기 의가 기준이 되어 다른 사람을 함부로 판단하고, 정죄하고, 심판해서는 안 된다.
- 어떤 일을 처리할 때 압력의 의해 굴복하지 말고 원칙과 법대로 처리하는 것이 중요하다.
- 다른 사람보다 우월하다고 생각하고 행동하는 것은 교만의 결과다.
- 기회주의적인 자세를 버려야 한다.
- 기독교의 복음은 내가 듣고, 믿고, 구원 받아야 할 진리이다.
- 자신을 속이면서까지 욕망을 채우려 해서는 안 된다.
- 하나님은 인간의 생각을 뛰어넘어 일하고 계신다.
- 하나님의 말씀은 하나도 땅에 떨어지지 않고 그대로 이루어진다.
- 단순한 흥미와 호기심이 아닌 진지한 자세로 복음을 듣고 구원받아야 한다.

죄목 없는 죄인

사도행전 25장 23-27절

이튿날 아그립바와 버니게가 크게 위엄을 갖추고 와서 천부장들과 시중의 높은 사람들과 함께 접견 장소에 들어오고 베스도의 명으로 바울을 데려오니 베스도가 말하되 아그립바 왕과 여기 같이 있는 여러분이여 당신들이 보는 이 사람은 유대의 모든 무리가 크게 외치되 살려 두지 못할 사람이라고 하여 예루살렘에서와 여기서도 내게 청원하였으나 내가 살피건대 죽일 죄를 범한 일이 없더이다 그러나 그가 황제에게 상소한 고로 보내기로 결정하였나이다 그에 대하여 황제께 확실한 사실을 아뢸 것이 없으므로 심문한 후 상소할 자료가 있을까 하여 당신들 앞 특히 아그립바 왕 당신 앞에 그를 내세웠나이다 그 죄목도 밝히지 아니하고 죄수를 보내는 것이 무리한 일인 줄 아나이다 하였더라

벨릭스가 총독에서 해임되고 베스도가 신임총독으로 부임하자 아그립바 왕과 버니게가 그의 총독취임을 축하하고 교제하기 위해 예루살렘에서 가이사랴에 내려와 베스도를 만났다. 그들이 거기서 여러 날 머무는 동안 베스도는 아그립바에게 '바울의 고소 사건'에 대해 자세히 설명하고 그의 조언을 구했다 왜냐하면 바울이 이미 루마 황제에게 호소한 상태이므로 바울을 황제에게 이송하기 위해서는 그동안에 있었던 경위서를 써서 바울과 함께 보내야 했기 때문이다(26절). 베스도가 아그립바의 조언을 구하자 그는 바울의 말을 직접 듣기 원했고 베스도가 그렇게 하도록 쾌히 승낙했다.

여기서도 베스도가 아그립바와 유대교 지도자들 앞에서 '바울의 고소 사건'의 개요를 설명하는 과정을 통해서 계속해서 함께 은혜를 나누

려고 한다.

1. 아그립바와 버니게는 겉모습만 화려하게 꾸민 가증스런 모습으로 접견장소에 나타났다(23절).

아그립바가 바울을 만나 그에게서 직접 얘기를 듣기를 원하자 총독 베스도는 이튿날 바울을 다시 한 번 그들 앞에 세웠다. 아그립바와 버니게가 크게 위엄을 갖추고 와서 천부장들과 시(市)중의 높은 사람들과 함께 접견장소로 들어왔다. 누가가 그들이 들어온 장소를 '재판정'이라고 말하지 않고 '접견장소'로 기록한 이유는 바울이 가이사에게 호소했고 베스도가 이를 수락함으로 총독주관의 재판은 이미 끝났기 때문으로 보인다(21절).

또한 아그립바와 버니게가 크게 위엄을 갖추었다고 했는데 '위엄'이란 사람들에게 '과시'하고 '보이기' 위해서 온갖 보석으로 화려하고 호화스럽게 치장한 것을 말한다. 전술한 바와 같이 아그립바와 버니게는 크게 부도덕하고 불륜으로 가득 찬 삶을 살고 있었다. 그럼에도 불구하고 군중들에게 자신들의 권위와 위엄을 과시하기 위해서 겉모습만 화려하게 꾸몄다. 이는 가증스럽기 짝이 없는 '회칠한 무덤' 같은 모습이었다(마 23:27). 주님은 외식하는 바리새인들을 향해서 "화 있을진저 외식하는 서기관들과 바리새인들이여 잔과 대접의 겉은 깨끗이 하되 그 안에는 탐욕과 방탕으로 가득하게 하는도다"(마 23:25)라고 책망하시지 않았던가? '외식의 탈'을 벗어버리고 신실하고 진실한 삶을 살아야 한다.

주지하는 바와 같이 아그립바 2세의 아버지 아그립바 1세도 화려한 왕복을 입고 단상에 앉아 백성들에게 연설 한 일이 있었다. 그 때 백성들이 "이것은 신의 소리요 사람의 소리가 아니라"고 소리 지를 때 영광을 하나님께 돌리지 않다가 주의 사자가 곧 치매 벌레에게 먹혀 죽은 일이 있었다(행 12:21-23). 아그립바 2세가 그런 사실을 알고 있었음에도 불구하고 그도 하나님이 가장 싫어하시는 교만을 버리지 못하고 겉만 화려하게 치장하여 위세를 떨치고 있음을 본다.

하나님의 사람들은 하나님과 사람 앞에서 늘 겸손한 자세로 살아야 한다.

2. 유대인들은 바울을 죽이라고 크게 외쳤었다(24절).

베스도는 아그립바와 버니게 뿐만 아니라 접견장소에 모인 모든 사람들에게 '유대의 모든 무리가 바울을 죽이라고 크게 성토했다' 는 사실을 밝혔다. 여기서 '살려 두지 못할 사람' 이라는 말은 '그가 더 이상 살아서는 안 된다', '그를 반드시 죽여야 한다' 라는 의미다. 이는 바울에 대한 유대인들의 감정이 어느 정도였는지를 짐작할 수 있는 대목이다. 유대인들의 입장에서 볼 때 바울은 정통 유대교 신앙을 떠난 배교자요 민족을 저버린 배신자로 보였을 것이다. 특별히 유대교 지도자들은 바울이 자신들의 아성을 무너뜨리는 위협적인 존재로 인식하고 수단과 방법을 가리지 않고 반드시 바울을 죽여야 한다고 외쳤다. 예루살렘에서도 유대인들이 그렇게 크게 소리 지르며 바울을 죽이라고 베스도에게 요청한 바 있었는데 가이사랴에서도 마찬가지였다(24절). 이는 마치 예수님을 십자가에 못 박으라고 빌라도에게 외치던 유대인들을 상기하게 한다(눅 23:21-23). 예수님 당시 유대인들이 예수님을 그런 방법으로 죽인지 수년(數年)이 흘렀음에도 불구하고 유대교 지도자들은 자신들의 조상들과 같은 행태로 지금 바울을 죽이라고 총독에게 강력하게 요구하고 있는 것이다.

우리는 다른 사람을 해(害)할 목적을 가지고 죽이라고 앞장서거나 큰 소리 치지 말고 다른 사람을 도와주고 살리는 일에 앞장서고 정열을 쏟아야 한다.

3. 베스도는 바울에게서 죽일 죄를 도무지 찾지 못했다고 말했다(25절).

바울은 그들에게 정죄 받을만한 죄를 범한 일이 없었다. 이런 사실은 그가 첫 번째 재판에 회부되었던 산헤드린 종교재판 때에 천부장 루시아가 '바울에게서 죄를 찾지 못했노라' 고 고백한바 있고(행 23:29), 총독 벨릭스도 바울에게 죄가 없음을 확인했었다(행 24:22-23).

그런데 지금 총독 베스도가 자신이 살피건대 바울이 죽일 죄를 범한 일이 없더라고 분명히 말하고 있다(25절). 여기서 '살피건대' 라는 말은 '위로부터 아래까지 잡다' 라는 의미로 베스도가 바울에 대한 고소 사건의 본질을 완벽하게 이해하고 파악했다는 말이다. 사건의 진위를 완전히 파악한 베스도는 '바울이 죽을죄를 범한 일이 없다' 고 말했다. 따라서 이것은 로마 관리로부터 세 번째로 바울의 무죄를 선언한 셈이다(행 23:29, 25:19). 이 세 번의 무죄 선언은 빌라도가 예수님을 세 번 죄 없음을 선언한 사실(눅 23:4, 14, 22)과 흔히 비교되기도 한다.

우리가 여기서 중요하게 살펴보아야 할 포인트가 있다. 바울에게서 죽일 죄를 도무지 찾지 못했다고 해서 그가 죄가 없는 완벽한 사람이라는 뜻은 아니다. 성경은 '의인은 없나니 하나도 없다' 고 선언한 바(롬 3:10) 바울도 예외일 수는 없다. 다만, 바울에게서 죄를 찾지 못했다는 것은 그가 로마의 실정법에 저촉되는 일을 행한 일이 없다는 말로 이해해야 한다.

4. 오직 우리의 '주'(主)는 예수님뿐임을 알아야 한다(25절).

한글 개역개정에서는 본문 25절에 나오는 '황제'라는 말과 21절에 나오는 '황제'라는 말을 동일하게 번역하고 있지만 원문에서는 다르다. 21절에서 사용 된 황제라는 말은 '세바스토스'이고, 25절에서 사용된 황제라는 말은 '퀴리오스'라는 말이다.

'세바스토스'라는 말은 라틴어의 '아우구스투스'에 해당하는 말로 '존엄한', '존경스러운'이라는 뜻이다. 이 칭호는 B.C.27년, 로마 최초의 황제인 가이우스 옥타비아누스가 '아우구스투수'라는 칭호를 받은 이후로 '가이사'와 더불어 역대 로마 황제의 칭호로 사용되었다.

'퀴리오스'라는 말은 '주(主)'(Lord or His Majesty)라는 칭호인데 로마 황제 옥타비아누스나 티베리우스는 이 칭호가 주인과 노예의 관계를 연상시키는 권위주의적인 것이라고 해서 사용하는 것을 거부했다. 이 칭호가 공식적으로 용납된 것은 칼리굴라 때이고 도미티안 황제에 이르러서는 공인된 칭호가 되었다. 안토니우스피우스(Antobiuspius)는 자신의 동전에 이 칭호를 새겨 넣었기도 했다. 그런데 이 칭호가 점차 신성과 관련되면서 황제숭배까지 발전되어 문제가 생기기도 했다. 왜냐하면 '퀴리오스'를 그리스도에게 적용했던 기독교인들에게는 신앙의 문제가 되지 않을 수 없기 때문이다. 그리스도인들은 예수님 외에 그 누구에게도 '주(主)'라는 칭호를 부여할 수 없었다. 그들은 예수님 이외의 다른 사람에게 '주'라는 호칭을 사용하는 것을 우상숭배로 여겼다. 그래서 서머나 교회 감독이었던 폴리캅(Polycarp)은 황제를 '주'라고 부르지 않아 순교한 인물로 알려졌다.

따라서 우리는 예수님만이 유일한 '나의 주', '나의 하나님'이라고 고백하는 믿음의 소유자들이 되어야 한다.

5. 총독은 바울이 죄 없음을 알면서도 무죄를 선언하지 못했다(25-27절).

총독 베스도는 비교적 성품이 온화하고 지혜로운 사람이라고 하지만 그도 역시 잔혹하고 교활했던 벨릭스와 별로 다르지 않음을 발견할 수 있다. 그는 자신이 바울을 자세히 살펴보아도 죽일 죄를 범한 일이 없었다고 분명히 공식석상에서 말했다(25절). 그러나 바울이 로마 황제에게 호소했기 때문에 바울을 황제에게 보내기로 작정했다는 것이었다(25절). 또한 베스도는 바울이 로마 황제의 재판받기를 호소했기 때문에 바울을 황제에게 보내야 하는데 바울의 고소 사건을 황제에게 서면으로 보고 할 재료가 없음으로 아그립바 왕 앞에 바울을 세웠다는 것이다(26절). 왜냐하면 죄목도 밝히지 않고 죄수를 황제에게 보내는 것이 무리한 일이기 때문이라고 말했다(27절). 따라서 바울은 '죄목 없는 죄인' 으로 지금 총독과 아그립바 왕 그리고 천부장들과 그 시(市)의 유력한 사람들 앞에 서있는 것이다.

한마디로 베스도는 자신의 체면을 유지하며 자기의 정치적 입지를 유지하려고 양심과 법의 소리를 외면해 버린 사람이었다. 사람은 다른 사람보다 조금 더 바르고, 조금 더 선하고, 조금 더 착할 수는 있지만 완벽한 사람은 아무도 없다. 세상에 의인은 하나도 없다(롬 3:10)고 성경에서 선언했기 때문이다. 베스도는 음흉하고 교활했던 전임 총독 벨릭스보다 조금 나았을지 모르지만 그도 역시 완벽한 사람은 아니었음을 알 수 있다.

■ **오늘의 말씀을 요약해 보자.**

- 외식의 탈을 벗고 주 앞에서 진실한 삶을 살아야 한다.
- 하나님의 사람들은 늘 겸손한 자세로 살아야 한다.
- 다른 사람들을 해(害)하는 일에 앞장서는 어리석은 자들이 되어서는 안 된다.
- 이 세상에 의인은 없다는 사실을 깨달아야 한다.
- 오직 예수님만이 우리의 주(主)가 되신다는 믿음의 고백이 요구된다.

아그립바 앞에 선 바울

사도행전 26장 1-8절

아그립바가 바울에게 이르되 너를 위하여 말하기를 네게 허락하노라 하니 이에 바울이 손을 들어 변명하되 아그립바 왕이여 유대인이 고발하는 모든 일을 오늘 당신 앞에서 변명하게 된 것을 다행히 여기나이다 특히 당신이 유대인의 모든 풍속과 문제를 아심이니이다 그러므로 내 말을 너그러이 들으시기를 바라나이다 내가 처음부터 내 민족과 더불어 예루살렘에서 젊었을 때 생활한 상황을 유대인이 다 아는 바라 일찍부터 나를 알았으니 그들이 증언하려 하면 내가 우리 종교의 가장 엄한 파를 따라 바리새인의 생활을 하였다고 할 것이라 이제도 여기 서서 심문 받는 것은 하나님이 우리 조상에게 약속하신 것을 바라는 까닭이니 이 약속은 우리 열두 지파가 밤낮으로 간절히 하나님을 받들어 섬김으로 얻기를 바라는 바인데 아그립바 왕이여 이 소망으로 말미암아 내가 유대인들에게 고소를 당하는 것이니이다 당신들은 하나님이 죽은 사람을 살리심을 어찌하여 못 믿을 것으로 여기나이까

바울은 이미 유대인들의 흉계를 알고 있었기 때문에 더 이상 가이사라에서 공정한 재판을 받을 수 없다고 판단했다. 그래서 바울은 로마 황제의 재판을 받도록 요청했고 그것이 베스도에 의해서 받아들여졌다(행 25:12). 총독이 황제에게 바울을 보내려면 사건전말에 관한 보고서를 써야했다. 그러나 베스도는 바울의 죄목조차 제대로 밝힐 수 없는 처지에 있었다. 때마침 아그립바가 베스도의 취임을 축하하기 위해서 예루살렘에서 가이사랴로 내려왔다. 베스도는 유대인의 풍습과 문제를 잘 알고 있는 아그립바에게 바울사건에 대해서 이야기 하면서 그에게 조언을 구하려고 바울을 아그립바 앞에 세우게 되었다(26-27절).

여기서는 아그립바 왕 앞에서 바울이 자신을 변호하며 주의 복음을 전하는 내용을 살펴보면서 함께 은혜를 나누려고 한다.

1. 바울은 모든 상황을 복음 전할 기회로 선용하고 있다(1절).

더 이상의 공정한 재판을 기대할 수 없다고 판단한 바울은 황제에게 호소했고 총독에 의해서 그 항소가 받아들여졌다(행 25:12). 따라서 바울이 아그립바 앞에 선 것은 재판을 받기 위함이 아니라 일종의 청문회 형식의 자리였다. 아그립바가 바울에게 "너를 위하여 말하기를 네게 허락하노라."라고 말하자 바울은 기꺼이 자신을 위해서 변명하게 되었다.

이미 살펴본 바와 같이 바울은 이미 여러 번 자신을 변명했었다.

첫 번째는 안토니오 성으로 통하는 계단에게 유대인 군중들을 향해서 변명했다(행 22:1-21).

두 번째는 산헤드린 공회에서 변명했다(행 23:1-6).

세 번째는 벨릭스 총독 앞에서 변명했다(행 24:10-21).

네 번째는 베스도 총독 앞에서 변명했다(행 25:6-12).

따라서 이번이 다섯 번째가 되는 셈이며, 이 변명은 비시디아 안디옥에서 행한 연설(행 13:16-41) 다음으로 두 번째로 긴 변명이었다.

주지하는 바와 같이 한 사람이 똑같은 변명을 이렇게 여러 번 반복한다는 것이 그리 쉬운 일이 아니다. 요한복음 9장을 보면 나면서부터 맹인 된 사람이 눈을 뜨게 된 사건이 있다. 유대교 지도자들이 어떻게 해서 눈을 뜨게 되었느냐고 그에게 여러 번 묻자 그가 짜증을 내면서 '당신들도 그의 제자가 되려느냐?' 고 반문했다(요 9:1-27). 이와 같이 누구나 같은 말을 여러 번 반복한다는 것은 실로 짜증나는 일이다. 그럼에도 불구하고 바울은 화를 내거나 짜증내지 않고 침착하고도 겸손하게, 그리고 두려움 없이 차근차근 자신과 복음을 변명하고 있음을 본다.

여기서 중요한 것은, 바울의 변명은 단순히 자기의 억울함을 호소하거나 자기 보호를 위한 것이 아니라 자신의 이야기로 시작해서 결국 그리스도의 십자가와 부활을 증거 하고 있다는 점이다. 따라서 바울은 어떤 상황이라도 복음을 전할 기회로 선용하고 있음을 깨닫게 된다.

2. 바울은 자신에게 복음을 전할 기회가 주어진 것을 행복하게 여겼다(2절).

바울은 부활하신 주님으로부터 부르심을 받았을 때 자신이 임금들 앞에서 복음을 전하게 될 것을 이미 들어 알고 있었다(행 9:15). 그런데 지금 아그립바 왕 앞에서 복음을 전하게 된 것은 그 말씀이 실현되는 순간이었다. 그러므로 바울은 아그립바 왕 앞에서 변명하게 된 것을 다행으로 여긴다고 말했다. 여기서 '다행'이라는 말은 '복되게' 혹은 '행복하게'라는 의미다. 따라서 바울은 지금 아그립바 왕 앞에서 자신을 변호하고 예수 그리스도를 증거 할 수 있는 기회를 가진 것을 행복하게 여기고 있음을 강조하고 있다.

바울이 아그립바 왕 앞에서 자신을 변호하고 그리스도의 복음을 증거 할 수 있는 기회를 갖게 됨을 행복하게 여긴 이유는 아그립바 왕이 유대인의 모든 풍속과 문제를 알고 있기 때문이라는 것이다. 그래서 바울은 아그립바에게 자신의 말을 너그러이 들어달라고 부탁까지 하고 있다.

신임 총독 베스도는 비교적 전임자였던 벨릭스보다는 깨끗하고 현명한 자로 알려졌으나 유대인들의 풍속이나 문제에 대해서 자세히 알지는 못했다. 따라서 베스도는 바울의 변호를 제대로 이해하지 못하는 부분도 상당히 있었던 것으로 보인다. 그러나 아그립바는 비록 로마에서 교육을 받으며 성장했지만 유대인의 풍속과 문제를 잘 알고 있었다. 그러므로 바울은 아그립바가 자신이 전하는 복음을 비교적 잘 알아들을 수 있을 것이라고 판단한 것으로 보인다. 이는 마치 성경을 전혀 모르는 사람이 설교를 듣는 것과 성경내용을 잘 알고 있는 사람이 설교를 듣는 것이 엄청난 차이가 있는 것과 같다. 따라서 아그립바 왕이 유대인의 풍속과 문제를 잘 알고 있었기 때문에 바울이 아그립바에게 자신을 변호함과 그리스도의 복음을 증거 하면 이해력이 빠를 것이라고 판단하고 그 앞에서 변명함을 다행으로 여긴다고 말한 것으로 여겨진다.

또한 바울의 위대함을 발견할 수 있는 것은 자신이 유대인들로부터 비난받고 고소당하는 상황 속에서도 "억울하다. 분하다. 이건 모순이다. 말도 안 된다"라는 말로 자신을 변호하거나 옹호하려 들지 않았다는 점이다. 바울은 지금 자신의 무죄를 주장하기 보다는 주를 위해서 고난 받는 것을 오히려 기뻐하면서 행복해하고 있는 것이다(마 5:41). 이것이 바울의 위대한 점이고 그가 '행복한 복음 전도자' 라는 사실을 깨닫게 된다

우리들도 억지로나 부득이함으로 어쩔 수 없어서 복음을 증거 하기보다 즐거운 마음으로, 행복하고 기쁜 마음으로, 때를 얻든지 못 얻든지(딤후 4:2), 항상 주의 말씀을 힘써 증거 해야 한다.

3. 바울은 긍정적인 안목을 가지고 복음을 전했다(3절).

세례 요한이 아그립바 왕 앞에 섰다면 '이 독사의 자식아!' 라고 버럭 소리부터 질렀을지 모른다. 왜냐하면 아그립바 왕과 버니게 사이의 불

륜 문제가 불거진 것은 온 세상이 알고 있는 사실이기 때문이다. 그러나 지금 바울은 아그립바가 청문회 자리에 앉아있을 자격이 있느냐 없느냐를 따지지도 묻지도 않았다. 오히려 바울은 아그립바가 유대인의 모든 풍속과 문제를 잘 알고 있기 때문에 그 앞에서 변명하게 된 것을 다행으로 여긴다고 '긍정적'으로 접근하고 있다.

이것이 중요한 바울의 선교전략이다. 복음을 전하는 자가 복음을 듣는 자를 비난하거나 비방부터 한다면 누가 그 복음을 듣겠는가? 상대방을 칭찬하고 긍정적으로 접근해야 효과적으로 복음을 전할 수 있다.

따라서 복음을 전하는 자는 언제나 매사를 긍정적으로 보는 안목을 갖는 것이 무엇보다도 중요함을 깨닫게 된다.

4. 바울은 유대인의 동질성을 내세워 그들에게 접근하며 복음을 전했다(4-5절).

바울이 천부장의 허락을 받고 성전에서 로마 군영으로 통하는 층대 위에 서서 유대인들을 향해 변명할 때는 자신이 유대인으로서 길리기아 다소에서 출생했음을 밝힌바 있다(행 22:3). 그러나 지금 바울은 베스도와 아그립바와 버니게 그리고 가이사랴의 중요한 인물들 앞에서 변명하면서 자신의 출생지를 생략함으로 처음부터 자신이 유대민족의 일원이었음을 강하게 부각시키고 있다. 또한 그는 젊었을 때 자신이 예루살렘에서 바리새인으로 생활했음을 강조하고 있다.

여기서 한 가지 생각하고 넘어가려는 것은 누가복음과 사도행전의 기자(記者)인 누가는 예루살렘을 매우 중요시하고 있다는 사실이다. 누가는 누가복음을 기록하면서 예루살렘을 이스라엘의 거룩한 역사의 중심지로 보았다. 그는 예루살렘이 하나님의 거룩한 백성을 구원할 도시로 제시했고(눅 2:38), 하나님을 예배할 거룩한 장소로 예루살렘을 선택했다고 말했다(행 7:7). 또한 예수님이 처음으로 입을 열어 말씀하신 곳이 예루살렘 성전 안이었음을 언급함으로 예루살렘의 중요성을 피력하기도 했다(눅 2:49). 특히 누가복음의 중요한 부분은 예수님의 예루살렘 상경을 중심으로 구성되었으며 이를 반복적으로 언급하고 있음을 볼 수 있다(눅 9:51, 9:53, 13:22, 13:33-34, 17:11, 18:31, 19:11, 19:28). 또한 마태복음이나 마가복음과는 달리 예수님이 부활 하신 후에 나타나신 곳이 예루살렘이었고 복음서가 끝나는 곳도 예루살렘임이라는 사실을 밝힌 것이 특이한 점이다(눅 24:52-53). 한편, 사도행전에서는 예루살렘을 복음이 전 세계로 퍼져나간 중심지로 제시함으로(행 1:8) 예루살렘이 하나님의 계획이 이행되는 특별한 장소로 소개하고 있는 것이 특징이다.

바울은 자신이 젊었을 때부터 자기 민족과 더불어 예루살렘에서 생활했다는 것과(4절) 자신이 유대교 중에서 가장 엄한 파를 따라 바리새인의 생활을 했다는 사실을(5절) 강조하고 있다. 이는 자신이 '유대교의 한 복판' 에서 지내왔음을 강조함으로 유대인과 동질성을 내세워 복음을 전하려고 시도한 것으로 볼 수 있다. 이것 또한 선교전략에 있어서 매우 중요한 포인트이다. '나는 너희들과는 다르다' 는 자세를 버리고, '나도 여러분과 같다' 라는 '동질성' 을 내세워 접근 할 때 상대방의 마음 문이 쉽게 열려지지 때문이다.

5. 바울은 자신이 고소당한 이유를 밝히고 있다(6-7절).

바울은 긍정적인 안목을 가지고 변호하면서 자신의 성장배경을 설명함으로 유대인들과 공감대를 형성하게 했다. 그리고 이를 바탕으로 자신이 유대인의 관습이나 율법을 반대하지 않음을 내세워 유대인들의 고소가 근거 없음을 증명했다. 그런 다음 바울은 자신이 유대인들에게 고소당한 이유가 무엇인지를 설명하고 있다. 그것은 자신이 모든 유대인들과 같이 하나님이 자기 조상에게 약속하신 것을 바라기 때문이라는 것이다. 여기서 '우리 조상에게 약속하신 것'이란 아브라함과(창 17:2-4, 22:8) 다윗에게(삼하 7:12-16) 약속하신 것을 말한다. 그 약속은 오실 메시아에 대한 예언이며 이는 모든 유대인들이 공통적으로 바라고 믿었던 소망이었다.

여기서 우리가 주의를 기울일 필요가 있는 것은 바울이 자신을 변증하면서 이스라엘의 열 두 지파를 언급하고 있다는 사실이다. 성경에는 열 두 지파에 대한 언급이 여러 번 나온다. 예수님께서도 열 두 지파에 대해 언급하신바 있고(마 19:28) 열 두 지파를 대표하는 의미로 열 두 사도를 세우기도 했다(막 3:14). 또한 사도 야고보와(약 1:1), 베드로(벧전 1:1 흩어진 나그네), 사도 요한(계 7:4-8) 등이 열 두 지파에 대해서 성경에 기술(記述)하고 있다.

주지하는 바와 같이 솔로몬의 아들 르호보암 시대에 이스라엘이 남북으로 분열되어 남쪽은 유다지파와 베냐민 반지파로 유대왕국을 세웠다. 그리고 북쪽은 여르보암이 중심이 되어 열 지파 반이 뭉쳐 이스라엘이란 이름으로 나라를 새롭게 시작했다. 그런데 북쪽의 열 지파 반, 곧 이스라엘은 B.C.722년에 앗수르에 의해 멸망했다. 그때 백성 대부분이 이방 땅으로 끌려가 이방인들과 동화되었다(왕하 17:24-41). 그럼에도 불구하고 바울이 열 두 지파를 언급한 것은 그들이 아주 소멸되거나 실종되지 않았음을 상기시켜 주는 것으로 매우 의미가 깊다. 뿐만 아니라 이스라엘 백성 모두가 조상들을 통해서 주신 약속을 바라고 있고 자신도 동일하게 그 약속을 바라고 있으며 그 소망을 전파하다가 이렇게 고소를 당했다는 사실을 변호하는 것으로 주목할 가치가 있다(7절).

바울이 이스라엘 열 두 지파가 메시아를 대망하고 있음을 언급한 것은 매우 고무적인 일이다. 그러나 정작 메시아가 오셨을 때 대부분의 유대인들은 메시아를 영접하지도 않았고 오히려 그를 십자가에 못 박아 버렸다. 유대인들은 영적으로 눈이 멀어 그토록 자신들이 소망하고 열망하던 메시아를 자신들의 손으로 핍박하고 죽인 것이다. 이는 오늘날에도 영적인 안목을 갖지 못한 채 신앙이 단순한 지식적인 수준에 머물고 있는 자들의 위험성을 깨닫게 해 주는 경고의 메시지로 볼 수 있다.

6. 여기서도 바울의 전도주제는 그리스도의 부활이었다(8절).

바울은 모든 유대인들이 그토록 열망하고 고대하던 메시아가 이미 오셨고 그가 십자가에서 죽으심으로 만민을 대속하셨으며 부활하심으로 메시아가 되심을 확증하셨다고 증거 하고 있다. 그럼에도 불구하고 당시 이방인들은 물론 대부분의 유대인들 가운데서도 이 사실을 받아들이려고 하지 않았다. 그래서 바울은 "당신들은 하나님이 죽은 사람을 살리심을 어찌하여 못 믿을 것으로 여기느냐"고 반문한다(8절). 여기서 '당신들'이란 말이 누구를 가리키는지 확실하지는 않으나 아그립바와 모든 유대인들을 포함하여 청문회에 참석한 비유대인 청중들까지 포함한 것으로 보인다. 유대인들 중에서 특별히 사두개인들은 부활을 믿지 않았고(행 23:8) 헬라인들과 로마인들은 부활의 교리를 전혀 받아들이지 않았다(행 17:31-32). 그러나 바울에게 있어서 예수님의 십자가와 부활은 가장 중요한 복음의 핵심이었다. 그래서 그는 어디서든지 모든 청중들을 향해서 이렇게 십자가와 부활의 교리를 외쳤다.

우리가 여기서 깊이 깨달아야 할 것이 있다. 만약 부활이 없다면 그리스도께서도 다시 살아나지 못했을 것이며 우리가 전파하는 복음도 헛되다는 사실이다(고전 15:12-14). 많은 사람들이 입술로는 하나님을 믿는다고 하지만 안타깝게도 '하나님의 능력' 을 믿지 못한다(요 20:27). 하나님은 전지전능하신 분이기 때문에 죽은 사람을 능히 살릴 수 있는 분임을 확실히 믿어야 한다.

■ **오늘의 말씀을 요약해 보자.**

- 어떤 상황에 처한다 할지라도 그것을 복음 전할 기회로 선용하는 것이 필요하다.
- 복음 증거자는 복음 전하는 것 그 자체를 행복하게 여겨야 한다.
- 복음 증거자는 항상 상대방을 긍정적인 눈으로 보면서 복음을 전할 때 좋은 열매를 얻을 수 있다.
- 복음 증거자는 상대방과 동질성을 찾아 접근 하는 것이 효과적이다.
- 단순한 지식적인 신앙에서 벗어나 영적인 안목을 가지고 신앙생활을 해야 한다.
- 복음증거의 핵심은 예수 그리스도의 십자가와 부활이다.
- 하나님의 능력을 믿지 못하는 어리석은 자가 되어서는 안 된다.

바울의 회심

사도행전 26장 9-13절

나도 나사렛 예수의 이름을 대적하여 많은 일을 행하여야 될 줄 스스로 생각하고 예루살렘에서 이런 일을 행하여 대제사장들에게서 권한을 받아 가지고 많은 성도를 옥에 가두며 또 죽일 때에 내가 찬성 투표를 하였고 또 모든 회당에서 여러 번 형벌하여 강제로 모독하는 말을 하게 하고 그들에 대하여 심히 격분하여 외국 성에까지 가서 박해하였고 그 일로 대제사장들의 권한과 위임을 받고 다메섹으로 갔나이다 왕이여 정오가 되어 길에서 보니 하늘로부터 해보다 더 밝은 빛이 나와 내 동행들을 둘러 비추는지라

아그립바 왕 앞에 선 바울은 침착하면서도 겸손하게 자신을 변호했다. 그는 자신이 경험한 영적체험을 바탕으로 복음을 전했다. 즉, 바울은 다메섹 도상에서 부활하신 예수님을 만난 사건을 다시 한 번 그들에게 들려주면서 자신이 어떻게 변화되어 주의 일꾼이 되었는가를 자세하게 밝혔다.

주지하는 바와 같이 누가는 다메섹 도상에서 바울이 극적으로 회심한 사건을 세 번이나 사도행전에 기록했다. 첫 번째는 다메섹 도상에서 바울에게 되어졌던 사건을 해설 없이 객관적 사실 그대로 기록했다(행 9:1-19). 두 번째는 바울이 예루살렘에서 체포되어 로마의 병영으로 끌려가기 직전 천부장의 호의로 층계에 서서 유대인들을 향해 바울 자신이 체험한 경험과 회심을 핵심적으로 변증할 때 기록했다(행 22:1-21). 그리고 오늘 바울이 베스도와 아그립바 왕 앞에서 다시 한 번 이 사건을 중심으로 자신을 변호하는 장면을 기록했다. 그런데 누가는 세 번째로 이 사건을 기록하면서 아나니아에 대한 언급(행 9:10-22, 22:12-16)과 바울의

눈이 어두워졌다가 다시 보게 된 사실(행 9:8-9, 9:18-19, 22:11, 22:13)에 대한 언급은 생략했다. 그러면서도 바울이 그리스도를 만나고 난 후에 그에게 일어난 사건에 대해서 더 상세하게 기록하면서 그 의미까지 확실하게 설명했다.

여기서는 본문을 중심으로 바울의 다메섹 도상의 회심을 다시 한 번 상고하면서 은혜를 나누려고 한다.

1. 본문에 기록된 바울의 회심사건을 통해 깨닫게 되는 것이 있다.

① 바울의 회심은 실제로 일어난 역사적 사실임을 알게 된다.

누가는 바울이 다메섹 도상에서 회심한 사건이 누군가에 의해 꾸며진 이야기가 아니라 실제로 있었던 매우 중요한 역사적인 사건임을 강조한다. 옛날 헬라의 철학자들은 말하기를 좋아했다. 그래서 그들에게는 언제나 설명, 신화, 설화 등이 많았다. 그러나 누가는 바울의 회심사건을 세 번씩이나 기록함으로 이 사건이 신화나 설화처럼 누군가에 의해서 꾸며진 얘기가 아니라 분명한 역사적 사건이었음을 강조하고 있다. 따라서 기독교는 어떤 철학이나 이데올로기가 아니라 역사적인 종교임을 분명히 한다. 또한 십자가, 부활, 승천 등 모든 것이 실제로 일어난 사건들이었기 때문에 기독교는 '역사적인 종교'요 '사건적인 종교'임을 깨닫게 된다.

② 이 사건은 하나님이 강권적으로 주도하신 일이었다.

바울은 자신의 회심이 하나님께서 주도적으로 결정하신 일이었다는 것을 밝히려는 의도로 다시 한 번 다메섹 도상에서 있었던 극적인 사건을 아그립바 왕 앞에서 말하고 있는 것으로 보인다. 하나님은 바울을 쓰시기 위해서 그의 인격이나 자격을 보거나 따진 것이 아니다. 한걸음 더 나아가서 하나님은 바울을 회심시키기 위해서 사전에 바울의 의견을 묻거나 협상한 것도 아니었다. 다만 바울을 회심시킨 것은 하나님이 친히 결정하신 일이고 전적으로 하나님이 역사하신 일이었다.

따라서 오늘 나의 삶속에서 일어나는 모든 일들도 전적으로 하나님이 주도하신다는 사실을 깨달아야 한다.

③ 이 일을 바울 자신이 거스를 수가 없었다(19절).

19절을 보면 바울은 "하늘에서 보이신 것을 내가 거스르지 아니하고"라고 말한다. 이 말은 하나님께서 주도적으로 바울에게 역사하실 때 자신에게는 선택을 하거나 거부할 자유가 전혀 주어지지 않았다는 것을 의미한다. 이와 같이 하나님이 하시는 일에 대해서 하나님은 사전에 인간과 의견조율이 필요하지 않는다. 다만 인간이 할 일은 내 생각이나 내 뜻을 포기하고 하나님의 뜻을 그대로 수용하고 받아들여 순종하는 것뿐이다.

④ 이일은 바울만 위한 일이 아니라 모든 사람을 위한 것이었다.

바울이 아그립바 왕 앞에서 다메섹 도상의 극적인 사건을 말하는 것은 "당신도 만약 그런 경험을 했더라면 어쩔 수 없었을 것이요"라는 의미가 내포되어 있다. 그리고 부활하신 예수님이 바울에게 나타나시고 역사(役事)하신 일은 바울뿐만 아니라 세상 모든 사람들의 구원을 위한 하나님의 역사하심이었음을 밝히려는 의도가 있는 것으로 보인다(20절).

2. 바울은 동질성을 가지고 아그립바와 회중들에게 접근했다(9절).

바울은 '우리 종교'(5절), '우리 조상'(6절), '우리 열 두 지파'(7절) 등

'우리' 라는 단어를 반복적으로 사용함으로 바울 자신도 지금 자기의 변론을 듣는 아그립바 왕과 '같은 동족' 임을 밝히고 있다. 또한 9절에서 '나도' 라는 말을 사용함으로 '나도 당신들처럼 부활하신 예수님을 만나기 전에는 똑같은 생각을 가지고 있었다' 는 것을 강조한다. 이것 또한 '동질성' 에 호소함으로 설득의 효과를 극대화한 것으로 볼 수 있다.

즉, "나도 당신들과 같은 동족입니다. 나도 당신들과 같이 예수 믿는 사람들을 박해했던 사람입니다. 나도 나사렛 예수의 이름을 대적하여 많은 일을 행하여야 될 줄 스스로 생각했습니다. 나도 유대인으로서 가장 엄한 파를 따라 바리새인의 생활을 했습니다. 어쩌면 나는 당신들보다 더 극렬한 사람입니다. 그래서 나는 예수 믿는 사람들을 죽이는 일에 가편을 던졌던 사람입니다. 한 걸음 더 나아가 나는 외국에까지 가서 예수 믿는 사람들을 끌어다가 처벌하려고 했습니다."라고 말함으로 지금 말하고 있는 자신과 그 말을 듣는 사람들이 다를 바가 없음을 피력했다. 이것은 매우 중요한 포인트다. "나는 질적으로 당신들과는 다르다."라고 말하면 누가 그의 말을 듣겠는가? "나도 과거에는 당신들과 똑같은 사람이었지만 이제 예수 믿고 이렇게 달라졌습니다."라고 말할 때 다른 사람들의 마음의 문이 열려지게 되는 것이다.

여기서 동질성을 가지고 복음을 전하는 것이 얼마나 효과적인가에 대한 예를 하나 들려고 한다. 필자가 군종목사로 재직할 당시 '삼청근로 봉사대' 에 입소된 사람들을 상대로 복음을 전한 경험이 있다. 삼청근로 봉사대에는 억울하게 입소된 사람들도 상당수 있었지만 어떤 사람은 부모가 자기 아들을 사람 만들어 달라고 신고한 사람도 있었다. 아무튼 거기에는 어두운 뒷골목에서 다른 사람들을 힘들고 어렵게 한 사람들이 다수 포함되어 있었던 것으로 기억된다. 그때 '담안 선교회' 를 책임 맡고 있던 김 00 목사를 모시고 집회를 가진 일이 있었다. 그 목사님은 기네스북에 오를 정도로 엄청난 전과기록을 가지고 있었고 청량리를 주(主) 무대로 활동했던 깡패 출신이었다. 그 목사님이 그들에게 자신을 소개하면서 복음을 전할 때 그 말씀을 들은 사람들 상당수가 변화된 일을 기억한다. 이와 같이 '동질성' 을 가지고 접근해서 복음을 전할 때 효과가 있다는 얘기다.

그러므로 이렇게 바울이 자신의 변론을 듣는 사람들과 동질성을 내세워 자신의 불신앙적인 과거를 숨김없이 고백한 것은 다음과 같은 의미가 있는 것으로 보인다.

첫째, 현재 자신에게 대적하고 고소하는 무리들의 심정을 이해하고 있다는 점을 나타내기 위함이다.

둘째, 과거에 복음을 대적했던 자신이 바뀌어 복음의 일꾼이 되었듯이 자기의 말을 듣는 사람들도 자신처럼 변화되기를 원한다는 점을 나타내기 위한 것이라고 볼 수 있다.

3. 대제사장들의 메신저였던 바울이 예수의 사도로 바뀌었다(10,12절).

바울은 대제사장들의 위임장을 받아 가지고 박해를 피해 다메섹으로 간 기독교인들을 붙잡아 오려고 가는 도중이었다. 바울은 분명한 사명을 띠고 대제사장들의 보냄을 받은 자였다. 주지하는 바와 같이 '사도'린 '보냄을 받은 자' 라는 뜻이다. 즉, 특별한 사명을 띠고 보냄을 받은 자가 사도(Apostle)라는 얘기다. 바울은 대제사장들로부터 특별한 사명을 받고 보냄을 받은 자(者)였다. 그런데 도중에 예수님을 만나 그는 예수님의 보냄을 받는 자로 바뀌었다. 다시 말하면 대제사장들의 사자(使者)가 예수님의 사도(使徒)로 변모했다는 것이다. 예수 믿는 사람들을 붙잡아 박해하러 가던 바울이 예수 그리스도의 복음을 전하는 사도가 되었다는 것은 너무나 극적인 사건이요 흥미로운 일이 아닐 수 없다.

따라서 오늘날 우리를 대적하는 무리가 있다 할지라도 우리는 그를 긍휼히 여기고 그리스도의 사랑으로 감싸주어야 한다. 그런 사람도 김익두 목사와 같이 하나님의 일꾼으로 쓰임 받을 수 있다는 소망을 포기하지 말아야 한다. 왜냐하면 전능하신 하나님은 아무리 극악무도(極惡無道)한 사람이라 할지라도 변화시켜 새사람 되게 하시며 그의 삶을 뒤집어 놓을 수 있기 때문이다.

4. 바울은 자신의 부끄러운 과거를 숨김없이 고백하는 용기 있는 사람이다(9-12절).

보통사람들은 자신의 좋은 점을 다른 사람들에게 은근히 자랑하기도 하고 그것들을 내세우기도 하지만 자신의 부끄러운 모습들은 감추려고 하는 경향이 있다. 그런데 바울은 지금 아그립바 왕 앞에서 자신의 부끄러운 과거를 숨김없이 고백하는 용기를 가졌다.

바울은 자신이 예수 믿기 전에 행했던 부끄러운 일들을 다음과 같이 밝혔다.

① 그는 나사렛 예수의 이름을 대적하여 예수 믿는 성도들을 박해했었다(9-10절).

바울은 자신이 예수의 이름을 대적할 뿐만 아니라 성도들을 심하게 박해했던 사람이었다고 말했다. 훗날 바울은 자신이 예수 믿기 전에는 비방자요 박해자요 폭행자였음을 디모데에게 고백한 일도 있다(딤전 1:13).

② 그는 성도들을 죽일 때 찬성투표를 했었다(10절).

여기서 '찬성투표' 했다는 말은 문자적으로 '나는 돌을 던졌다' 는 뜻이다. 이 말은 고대 헬라 사회에서 재판할 때 배심원들이 피고가 유죄라고 생각하면 검은 돌을, 무죄라고 생각하면 흰 돌을 던지는 판결방식을 염두에 두고 한 말로 여겨진다. 따라서 바울은 그리스도인들이 재판받을 때 '검은 돌을 던짐' 으로 사형에 처하도록 찬성했다는 것을 뜻한다.

③ 그는 모든 회당에서 여러 번 형벌하여 강제로 모독하는 말을 하게 했다(11절).

바울은 예루살렘에 있는 '회당마다' 찾아다니며 기독교인들을 핍박한 열광적인 활동가였다. 그는 야수처럼 교회를 잔멸했고(행 8:3) 위협과 살기가 등등했었다(행 9:1). 특히 여기서 말하는 '형벌' 은 당시 회당에서 보편화되어있던 가벼운 형벌인 채찍질을 가리키는 것으로 보인다. 그리고 그는 성도들로 하여금 '강제로' 예수를 부인하거나 저주하게 해서 배교자가 되도록 회유와 강압을 주저하지 않았었다.

④ 그는 성도들에 대해서 격분하여 여러 외국 성에까지 가서 박해했었다(11절).

바울은 유대와 예루살렘의 회당뿐만 아니라 다메섹으로 가면서 지나가는 성(城)마다 성도들을 핍박했었다(행 9:2, 22:5). 이는 그가 얼마나 열성적으로 예수 믿는 성도들을 박해했었던가를 알 수 있는 대목이다. 특히 여기서 '박해하였고' 라는 말은 '적의 뒤를 쫓다.' 혹은 '사냥감을 쫓는다.' 라는 의미이며 시제는 '미완료 능동형' 으로 쓰여 졌다. 따라서 바울이 집요하게 예수 믿는 사람들을 '계속적으로 쫓아다니며 박해했다'

는 사실을 깨닫게 된다.

⑤ 그는 성도들을 박해 할 목적으로 대제사장들의 권한을 위임 받고 다메섹으로 갔었다(12절).

바울은 대제사장들로부터 성도들을 박해 할 권한을 위임 받았다. 말하자면 바울은 일종의 열성파 행동대원 이었고 그 배후에는 유대종교의 지도자들이 있었다는 얘기다. 따라서 바울이 육체적 정신적으로 성도들을 박해한 것은 대제사장들의 승인과 지령에 의한 파렴치한 행동이었음을 밝히고 있다.

이와 같이 바울은 과거에 예수 믿는 사람들을 박해하는 일에 앞장섰던 사람이었기 때문에 신앙적인 부끄러움을 갖고 있었던 사람이었다. 그럼에도 불구하고 바울이 과거의 잘못된 자신의 신앙행위를 솔직하게 고백하는 것은 매우 용기 있는 행동이다. 다윗도 밧세바 사건 이후에 그를 책망하는 나단 선지자에게 자신의 부끄러운 과거를 숨기거나 구차한 변명을 늘어놓지 않고 그 앞에서 자신의 잘못을 시인하고 하나님께 용서를 구한 용기 있는 사람이었다(삼하 12:1-15).

우리에게도 이런 신앙의 용기가 필요하다. 잘못된 과거를 숨김없이 고백할 때 온전히 회개하고 새사람이 될 수 있기 때문이다.

5. 바울이 다메섹 도상에서 부활하신 예수님을 만난 것은 정오였고 하늘로부터 해보다 더 밝은 빛이 비추었다고 밝혔다(13절).

바울은 자신이 대제사장의 위임을 받아 다메섹으로 가던 도중 정오에 부활하신 주님을 만났다고 말했다.

바울이 '정오'에 극적인 사건을 체험했다는 사실에서 깨닫게 되는 것들이 있다.

① 그 사건은 비몽사몽간에 이루어진 일이 아니라는 것이다.

바울이 부활하신 주님을 만난 것이 정오였다는 것은 밤중에 꿈을 꾸다가 비몽사몽간에 본 사건이 아니라는 의미다. 따라서 바울의 체험은 확실하지 않은 비몽사몽간에 본 '환상' 이나 '환각작용' 에 의한 것이 아니라 밝은 대낮에 확실하게 이루어진 사건이었음을 강조하는 것이다. 아브라함이 하나님을 만난 것도 낮이었고, 사도 요한이 밧모 섬에서 하나님의 계시를 받은 것도 아침이었다는 사실을 우리는 기억해야 한다. 물론 하나님은 오늘도 꿈을 통해서 하나님의 뜻을 말씀하기도 하지만, 언제나 밤에 자다가 꿈에서 본 것만을 가지고 호들갑을 떠는 일이 있어서는 안 된다.

② 바울이 매우 악질적으로 성도들을 박해했다는 사실을 깨닫게 된다.

팔레스타인의 정오는 매우 무덥기 때문에 그곳 사람들 대부분은 한낮에는 일손을 놓고 휴식을 취하는 것이 상례(常例)다. 그럼에도 불구하고 바울이 이런 무더위 속에서도 그리스도인들을 박해 할 목적으로 강행군했다는 것은 그가 성도들을 박해하는 일에 얼마나 극렬했는가를 알 수 있는 대목이다.

③ 바울이 하늘로부터 해보다 더 밝은 빛을 체험했다.

바울은 자신과 동행하는 사람들에게 둘러 비춘 빛이 태양에 의해서 비추어진 빛과는 전혀 다른 빛이었음을 강조했다(13절). 이는 정오에 바울 일행을 비추던 빛이 태양으로부터 오는 빛이 아니라 하늘로부터 오는 초자연적인 영광의 빛이었다는 사실을 밝히는 표현이다.

예수님은 '참 빛' 이시다(요 1:9, 요일 2:8). 또한 하나님은 변함이 없으시고 회전하는 그림자도 비추지 않는(약 1:17) 영광의 빛이시다(계 21:23). 우리는 햇빛보다 더 밝은 '참 빛' 되신 주님을 만나야 한다. 그럴 때 우리 속에 있는 어두움이 사라지고 새 생명을 얻어 밝은 빛 가운데로 행하게 되기 때문이다.

■ **오늘의 말씀을 요약해 보자.**

- 기독교는 역사적 종교요 누가 꾸며낸 얘기가 아닌 실제로 일어난 사건적 종교다.
- 하나님은 인류의 생사화복(生死禍福)을 주관하시는 전능하신 분이시다.
- 하나님의 뜻을 그대로 받아들이고 순종하는 것이 믿음이다.
- 다메섹 도상에서 바울이 체험한 극적인 사건 속에서 모든 인류를 구원하시려는 하나님의 의도를 깨닫게 된다.
- 동질성을 가지고 상대방에게 접근할 때 복음증거의 효과가 극대화된다.
- 하나님은 아무리 극악무도한 사람이라도 뒤집어 놓을 수 있는 전능자(全能者)다.
- 바울과 같이 자신의 허물과 잘못을 솔직히 하나님 앞에 고백하고 회개할 수 있는 신앙적 용기가 필요하다.
- 비몽사몽간에 본 환상만 가지고 그것이 진리인 양 떠들면 안 된다.
- 악을 행하는 데는 미련한 자가 되고 선을 행하기에 발 빠른 자가 되어야 한다.
- 햇빛 보다 더 밝은 참 된 되신 주님을 만나야 심령 속에 있는 어두움이 사라지게 된다.

네 발로 일어서라

● 사도행전 26장 14-16절 ●

우리가 다 땅에 엎드러지매 내가 소리를 들으니 히브리 말로 이르되 사울아 사울아 네가 어찌하여 나를 박해하느냐 가시채를 뒷발질하기가 네게 고생이니라 내가 대답하되 주님 누구시니이까 주께서 이르시되 나는 네가 박해하는 예수라 일어나 너의 발로 서라 내가 네게 나타난 것은 곧 네가 나를 본 일과 장차 내가 네게 나타날 일에 너로 종과 증인을 삼으려 함이니

아그립바 왕 앞에 선 바울은 자신이 겪은 다메섹 도상의 체험을 상세하게 설명하는 것으로 자신을 변명했다. 그는 예수 믿는 사람들을 박해할 목적으로 다메섹으로 가다가 정오에 하늘로부터 해보다 더 밝은 빛이 자신과 동행인들에게 둘러 비춤으로 모두 땅에 엎드러졌다고 말했다. 그리고 바울은 자신이 분명히 히브리말로 주님의 음성을 들었고 주님으로부터 직접 사명을 받았다고 증거 했다.

여기서는 부활하신 주님으로부터 바울이 들은 말씀과 그에게 주신 사명이 무엇인지를 살펴보면서 하나님이 주시는 은혜를 나누려고 한다.

1. 하나님의 임재 앞에 모든 사람들이 엎드러졌다(14절).

바울은 대제사장의 권한을 위임 받고 그의 일행과 함께 다메섹에 있는 그리스도인들을 박해하기 위해서 달려갔다(13절). 보통 사람들은 화

급을 다투는 일이 아니면 햇빛이 강렬한 한낮에는 여행을 계속하지 않고 휴식을 취하는 것이 상례였다. 그러나 바울은 정오의 햇빛을 개의치 않았다. 이는 그가 특별한 열정을 가지고 성도들을 박해할 목적으로 다메섹으로 달려갔음을 의미한다. 그때 하늘로부터 '해보다 더 밝은 빛'이 바울과 그의 동행자들에게 둘러 비쳤다. 그 빛은 자연적인 빛이 아니라 초자연적인 빛으로(사 24:23, 계21:23) 이는 하나님의 '영광의 광채'(행 7:2, 55, 56)였다. 그 빛 앞에 바울과 그의 일행이 모두 땅에 엎드러졌다. 하나님의 임재 앞에 그대로 뻣뻣이 서 있을 수 있는 사람은 아무도 없음을 깨닫게 한다(시 18:38, 요 18:6).

하만이란 사람은 유대인이었던 모르드개가 자기의 권위 앞에 엎드리지 않음을 괘씸하게 여겨 모르드개 뿐만 아니라 모든 유대인들을 죽이려고 했었다(에 3:1-15). 사람도 세상의 권세를 가지면 이러하거늘 하물며 우주 만물을 창조하신 전지전능하신 하나님 앞에 누가 감히 엎드리지 않겠는가? 하나님의 위엄 앞에 겸손하게 납작 엎드리는 것이 인간의 본분임을 깨달아야 한다.

2. 하나님은 분명한 언어로 바울에게 말씀하셨다(14절).

바울과 그의 일행들이 다메섹으로 달려갈 때 초자연적인 영광의 광채가 바울과 그의 동행자들에게 둘러 비추었다. 이에 모든 사람들이 다 땅에 엎드러졌다. 그때 바울과 그의 동행자들 모두 강한 빛을 보았고 하늘에서 나는 소리도 들었다. 그러나 하나님이 말씀 하시는 분명한 계시의 말씀은 바울에게만 들려졌다(행 9:7). 이 또한 놀라운 기적이라고 말할 수 있다. 예수님은 "내가 그들에게 비유로 말하는 것은 그들이 보아도 보지 못하며 들어도 듣지 못하며 깨닫지 못함이니라"(마 13:13)고 말씀하신 일이 있다. 따라서 주의 말씀을 듣고 확실하게 그 의미를 깨닫게 되는 것은 은총이요 축복이라고 말할 수 있다.

바울이 그때 들은 주의 음성은 '히브리말' 이었다. 이 히브리말은 고전적인 히브리어가 아니라 바벨론 포로기(B.C.586-444) 이후 아람어의 영향을 많이 받아 아람어화 된 히브리어로 보인다. 이 언어는 당시 팔레스타인 유대인들이 상용하던 언어였다. 그러므로 하나님은 바울이 이해할 수 있는 분명한 언어로 그에게 사명을 주신 것이다.

여기서 우리들이 깨달아야 하는 것들이 있다.

첫째, 세상 사람들은 영적으로 눈과 귀가 가려져 보지 못하고 듣지 못한다 할지라도 하나님의 사람들은 하나님의 이상을 볼 수 있는 눈이 열려야 하고 하나님의 음성을 들을 수 있는 귀가 열려야 한다는 것이다.

둘째, 하나님은 오늘도 우리들이 분명히 이해하고 깨달을 수 있는 하나님의 말씀인 성경을 주셨다는 것이 얼마나 감사한 일인지 모른다는 사실이다.

3. 그리스도인을 박해하는 것은 곧 예수님을 박해하는 것이다(14절).

바울은 생전에 예수님을 만난 적이 없었고 예수님을 직접 박해한 일도 없었다. 그럼에도 불구하고 부활하신 예수님이 "사울아 사울아 네가 어찌하여 나를 박해하느냐?"라고 물으셨다. 이는 그리스도인들을 박해하는 것은 곧 예수님을 박해하는 것이라는 사실을 말씀하는 것이다.

주님은 일찍이 제자들에게 이렇게 말씀하신바 있다.

"세상이 너희를 미워하면 너희보다 먼저 나를 미워한 줄을 알라 너희가 세상에 속하였으면 세상이 자기의 것을 사랑할 것이나 너희는 세상에 속한 자가 아니요 도리어 내가 너희를 세상에서 택하였기 때문에 세상이 너희를 미워하느니라"(요 15:18-19)

그러므로 교회와 예수 믿는 사람들을 함부로 박해하는 일이 얼마나 두렵고 무서운 일인지를 깨달아야 한다.

4. 하나님을 대적하는 행동은 어리석고 무모하며 불가능한 일이다(14절).

주님은 바울에게 어찌하여 나를 박해하느냐고 물으신 후에 "가시채를 뒷발질하기가 네게 고생이니라"라고 말씀하셨다. 이 말씀은 당시 농경 사회에서 전래 된 격언을 그대로 사용하신 것으로 바울이 하나님을 대적하는 행동이 얼마나 어리석고 무모한 짓인가를 그림으로 설명하듯이 선명하게 가르치시는 말씀이다.

가시채란 팔레스타인 지방에서 소나 나귀를 부릴 때 그 짐승의 엉덩이 부분에 끝이 날카로운 쇠붙이를 박은 막대기를 아래로 매어단 것을 말한다. 그것이 흔들리면서 짐승의 뒷다리 부분을 찔러댄다. 짐승은 그 찔리는 고통을 피해보려고 더 빨리 걸음을 내딛게 됨으로 빨리 밭을 갈 수 있도록 하는 일종의 농업도구다. 그런데 짐승이 자기 몸에 붙어 있는 가시채를 떨쳐버리려고 뒷발질할수록 그것은 더 강하게 시계추처럼 되돌아와서 짐승의 뒷다리 부분을 찔러댄다.

그러므로 주님이 바울에게 "가시채를 뒷발질하기가 네게 고생이니라"고 하신 말씀은 하나님을 대적하고 예수 믿는 사람들을 박해하는 일은 어리석고 무모한 일이며 자신에게 고통만 더할 뿐이라는 사실을 바울로 하여금 깨닫게 하신 말씀이다.

5. 주님은 바울에게 일어나 너의 발로 서라고 명령하셨다(16절).

주님은 초자연적인 빛으로 바울에게 자신을 나타내 보이셨다. 정오의 햇빛보다 더 밝은 빛이 바울과 그의 일행에게 둘러 비추신 것이다. 이에 바울과 그의 동행자들이 모두 땅에 엎드러졌다. 그때 주님은 히브리말로 바울에게 "네가 어찌하여 나를 박해하느냐 가시채를 뒷발질하기가 네게 고생이라"고 말씀하셨다. 바울은 그 상황에서도 "주님 누구십니까?"라고 당돌하게 질문했다. 이때 주님은 바울에게 "나는 네가 박해하는 예수라"라고 대답하신 후 그에게 "일어나 너의 발로 서라"고 말씀하셨다.

하나님은 에스겔에게도 이와 같이 말씀하신바 있다. 에스겔이 여호와 하나님의 영광의 형상의 모양을 보고 엎드려 하나님이 말씀하시는 음성을 들었다. 그때 하나님은 에스겔에게 "인자야 네 발로 일어서라 내가 네게 말하리라"라고 말씀하신 것이다(겔 1:28-2:1).

이로 볼 때 주님이 바울에게 "일어나 너의 발로 서라"라고 하신 말씀은 이제부터 너를 부른 목적을 말해 줄 테니 정신을 차리고 일어서서 내 말을 경청하라는 의미로 이해할 수 있다. 우리는 하나님의 위엄 앞에 겸손히 엎드렸다면 이제 하나님이 내게 말씀하실 명령을 받기위해 '내 발로 일어서서' 하나님의 말씀을 경청할 준비를 확실히 갖추어야 한다.

6. 하나님은 바울에게 자신을 계시하신 목적을 말씀하셨다(16절).

부활하신 주님이 바울에게 나타나신 목적은 그를 '종'과 '증인'을 삼으시려는 계획이 있었다고 말씀하셨다. 여기서 '종'(휘페레텐)이라는 단어는 '돕는자' 혹은 '보조자'라는 의미다. 다시 말하면 이 말은 종교적 헌신을 통해서 하나님을 향한 '제사를 돕는 자'라는 의미다. 그러므로 여기서 말하는 '종' 이라는 말은 '노예가 자신의 주인을 위해서 봉사한다.' 는 뜻을 갖지 않는다. 따라서 바울이 주님의 능력으로 사탄의 권세와 죄의 노예 된 상태에서 자유로운 사람이 되었고 이제는 그 자유를 통해서 하나님의 보조자가 되었음을 의미한다. 그러므로 이 말은 주께서 선장이 되시고 바울은 주께서 뜻하시는 방향을 향해 항해할 수 있는 '키를 잡는 자' 라는 뜻이다. 또한 '증인'(마르튀라)이라는 말은 자신이 보고 들은 것을 다른 사람에게 증거 하는 '목격자' 를 의미한다.

이와 같이 예수 그리스도의 '종' 과 '증인' 이 되었다는 말은 하나님의 구원의 역사 속으로 이 세상이 나가도록 인도하는 '키잡이' 역할을 하며 자신이 영적으로 체험한 모든 것을 다른 사람에게 증거 하는 '목격자' 가 되었다는 말이다.

그런데 무슨 일에 종과 증인이 되느냐 하는 것이 중요하다. 그것은 '주님을 본 일' 과 '장차 나타날 일' 에 대해 종과 증인이 되게 하신다는 것이다. 다시 말하면 바울이 다메섹 도상에서 주님을 만난 일과 사도로 부름을 받은 후에 계속해서 그에게 여러 모습으로 나타나실 일들(행 18:9-10, 22:17-21, 23:11, 27:23-24, 고후 12:1, 딤후 4:17)에 대해 종과 증인이 되게 하신다는 말이다.

그러므로 우리 그리스도인들은 자신의 신앙생활 속에서 체험한 예수님, 그리고 앞으로도 우리의 삶속에서 계속해서 역사하실 예수님을 증거 하는 삶을 지속적으로 살아야 한다는 사실을 깨닫게 된다.

■ **오늘의 말씀을 요약해 보자.**

- 하나님의 위엄 앞에 겸손히 엎드리는 것이 인간의 본분임을 깨달아야 한다.
- 하나님의 이상을 볼 수 있고 하나님의 말씀을 들을 수 있어야 한다.

- 교회와 그리스도인을 박해하는 일은 곧 주님을 박해하는 일이다.
- 인간이 하나님은 대적하는 일은 어리석고 무모한 짓이며 불가능한 일로 자신에게 고통만 더할 뿐이다.
- 하나님의 위엄 앞에 엎드렸으면 이제 일어나 하나님의 말씀을 준행하려고 내 발로 일어서야 한다.
- 주의 종과 증인된 사람들은 하나님의 구원의 역사 가운데 이 세상을 인도하는 길잡이가 된다는 사실을 기억해야 한다.
- 주의 종과 증인된 사람들은 자신이 체험한 예수, 그리고 앞으로 자신의 삶속에 역사하실 주님을 끊임없이 증거하며 살아야 한다.

복음의 일꾼

사도행전 26장 17-18절

이스라엘과 이방인들에게서 내가 너를 구원하여 그들에게 보내어 그 눈을 뜨게 하여 어둠에서 빛으로, 사탄의 권세에서 하나님께로 돌아오게 하고 죄 사함과 나를 믿어 거룩하게 된 무리 가운데서 기업을 얻게 하리라 하더이다

아그립바 왕 앞에 선 바울은 다메섹 도상에서 부활하신 주님을 만나 자신이 어떻게 변화되었는지에 대해 간증형식으로 변론했다. 그는 자신이 대제사장들에게서 권한을 받아가지고 많은 성도들을 옥에 가두며 또 죽일 때 찬성투표를 했다고 말했다(10절). 그리고 그들의 '보냄을 받아' 예수 믿는 자들을 박해하기 위해서 다메섹을 향해 갔었는데 그 노중(路中)에서 부활하신 예수님을 만나 극적으로 변화 받고 주님의 '사도'(使徒)가 되어 어떻게 '복음의 일꾼'이 되었는가를 설명한 것이다.

여기서는 본문을 중심으로 주의 사자(使者) 즉, 복음의 일꾼이 되어 보내심을 받은 자의 사명이 무엇인가에 초점을 맞추고 은혜를 나누려고 한다.

1. 예수 믿고 구원 받은 사람만이 복음을 위해서 보내심을 받는다(17절).

부활하신 주님은 초자연적인 빛으로 다메섹을 향해 가던 바울에게 나타나셨다. 주님은 그에게 자신을 계시하신 목적을 "이스라엘과 이방

인들에게서 내가 너를 구원하여 그들에게 보내어"라고 말씀하셨다. 이는 하나님께서 이스라엘 백성들은 물론 이방인들의 구원을 위해서 바울을 선택하셨다는 얘기다.

여기서 깨닫게 되는 것은 '보내심'을 받기 위해서 반드시 선행되어야 할 일이 있다는 것이다. 그것은 바로 '구원 받음'이다. 즉, 구원 받은 사람만이 복음을 위해서 보내심을 받을 수 있다는 말이다. 이는 선택사항이 아니라 필수코스임을 깨닫는다. 바울은 후에 로마에 있는 교회에 편지할 때 이런 말을 했다. "그런즉 그들이 믿지 아니하는 이를 어찌 부르리요 듣지도 못한 이를 어찌 믿으리요 전파하는 자가 없이 어찌 들으리요…"(롬 10:14). 이 말씀 속에서도 보내심을 받기위해서는 반드시 구원 받음이 선행되어야 한다는 의미가 포함되어 있음을 알 수 있다.

여기서 좀 더 확실히 해야 할 단어가 있다. 그것은 '보내어'라는 말이다. 이 말은 헬라어로 '아포스텔로'인데, 이는 '아포'('…으로부터'라는 전치사)와 '스텔로'('세우다', '준비하다'라는 동사)의 합성어로 '보내다' 혹은 '발송하다'는 의미가 있다. 그런데 누가는 이 말 앞에 1인칭 강조대명사인 '에고' 즉, '내가'라는 말을 써서 바울을 보내는 당사자가 바로 '예수님'이라는 사실을 강조하고 있다. 이는 매우 중요한 포인트다.

하나님은 예수님을 인류 구원을 위해서 '보내셨고', 예수님은 '보내심을 받은 자'였다. 또한 예수님이 부활하신 후 승천하시고 성령을 '보내셨고', 성령은 '보내심을 받은 자'였다(요 16:7). 이와 마찬가지로 예수님은 복음 증거를 위해서 사도들을 '보내셨고'(요 20:21), 사도들은 '보내심을 받은 자들'이었다. 이제 예수께서 사도들을 보내심과 동일하게 바울을 택하셔서 복음을 위해 '보내신다'는 것이다(행 22:21). 따라서 하나님으로부터 보내심을 받은 예수님은 하나님의 뜻을 이루기 위해서 다른 사도들과 마찬가지로 바울에게도 '특별한 임무를 맡겨 보내신다.' 는 것이다. 이 일은 '바울의 사도권' 을 증명하는데 있어서 매우 중요한 말씀이다.

따라서 우리가 복음증거를 계승할 때도 증인의 삶을 살 수 있는 '능력' 이 우리에게 전수(傳受)되어야 한다는 사실을 깨닫는다. 즉, 하나님께서 예수님을 보내실 때 임하신 능력이 성령을 통해서 사도들과 제자들에게 임했다. 이와 같이 우리들이 복음을 증거 할 때도 사도들과 제자들에게 임했던 능력을 동일하게 받아야 한다는 말이다(행 1:8).

2. 주님이 바울을 택하여 복음의 일꾼 되게 하신 목적이 있었다(18절).

18절에서 주님은 바울을 택해 구원하여 이스라엘과 이방인들에게 보내시는 목적을 세 가지로 말씀하고 있는 것을 볼 수 있다.

① 그 눈을 뜨게 하여 어두움에서 빛으로 인도하기 위함이다(18절).

부활하신 주님께서 다메섹으로 달려가던 바울에게 자신을 계시하시고 사명을 주신 첫 번째 목적은 어두움 가운데 사는 사람들을 빛으로 인도하기 위함이라고 말씀한다.

헬라어에서 단순히 '눈' 을 의미하는 단어는 '옴마' 이다. 그런데 누가는 이 단어대신 눈이 가지는 기능(機能)에 초점을 둔 '오프달모스' 라는 단어를 사용함으로 눈을 통해서 온 세상을 '지각하게 된다.' 는 의미를 강조하려는 것으로 보인다.

예수님은 다음과 같이 말씀하신바 있다.

"눈은 마음의 등불이니 그러므로 네 눈이 성하면 온 몸이 밝을 것이요 눈이 나쁘면 온 몸이 어두울 것이니 그러므로 네게 있는 빛이 어두우면 그 어둠이 얼마나 더하겠느냐"(마 6:22-23)

예수님은 이 말씀을 가지고 눈의 상태에 의해서 그 영혼의 어두움과 밝음이 구별된다는 의미로 사용하신 것이다. 사람은 보는 것에 의해서 유혹에 넘어갈 수도 있고(창 3:6, 벧후 2:14), 보는 것은 통해서 천하 만물을 향한 하나님의 뜻을 영적으로 지각할 수도 있다(롬 1:20). 따라서 복음을 받아들인 사람들은 영의 눈이 밝고 건강하게 됨으로 하나님을 향한 '영적지각' 이 되살아나게 되는 것이다.

성경은 하나님을 알지 못하는 사람들은 눈이 있으나 사실상 사물을 보지 못하는 맹인과 같다고 말씀하고 있다.

"만일 우리의 복음이 가리었으면 망하는 자들에게 가리어진 것이라 그 중에 이 세상의 신이 믿지 아니하는 자들의 마음을 혼미하게 하여 그리스도의 영광의 복음의 광채가 비치지 못하게 함이니…"(고후 4:3-4)

"그러므로 내가 이것을 말하며 주 안에서 증언하노니 이제부터 너희는 이방인이 그 마음의 허망한 것으로 행함 같이 행하지 말라 그들의 총명이 어두워지고 그들 가운데 있는 무지함과 그들의 마음이 굳어짐으로 말미암아 하나님의 생명에서 떠나 있도다"(엡 4:17-18)

"그 정죄는 이것이니 곧 빛이 세상에 왔으되 사람들이 자기 행위가 악하므로 빛보다 어둠을 더 사랑한 것이니라 악을 행하는 자마다 빛을 미워하여 빛으로 오지 아니하나니 이는 그 행위가 드러날까 함이요 진리를 따르는 자는 빛으로 오나니 이는 그 행위가 하나님 안에서 행한 것임을

나타내려 함이라 하시니라"(요 3:19-21)

이와 같이 성경은 복음을 받지 못한 자들은 캄캄한 지하 감옥에 갇힌 눈먼 죄수와 같다고 말씀하고 있는 것을 볼 수 있다.

그런데 복음이 들어가면 생명과 빛과 자유를 주신다는 사실을 성경은 다음과 같이 분명히 말씀하셨다.

"너희가 전에는 어둠이더니 이제는 주 안에서 빛이라 빛의 자녀들처럼 행하라 빛의 열매는 모든 착함과 의로움과 진실함에 있느니라"(엡5 :8-9).

"우리로 하여금 빛 가운데서 성도의 기업의 부분을 얻기에 합당하게 하신 아버지께 감사하게 하시기를 원하노라 그가 우리를 흑암의 권세에서 건져내사 그의 사랑의 아들의 나라로 옮기셨으니 그 아들 안에서 우리가 속량 곧 죄 사함을 얻었도다"(골 1:12-14)

"예수께서 이르시되 아직 잠시 동안 빛이 너희 중에 있으니 빛이 있을 동안에 다녀 어둠에 붙잡히지 않게 하라 어둠에 다니는 자는 그 가는 곳을 알지 못하느니라 너희에게 아직 빛이 있을 동안에 빛을 믿으라 그리하면 빛의 아들이 되리라 예수께서 이 말씀을 하시고 그들을 떠나가서 숨으시니라"(요 12:35-36)

"어두운 데에 빛이 비치라 말씀하셨던 그 하나님께서 예수 그리스도의 얼굴에 있는 하나님의 영광을 아는 빛을 우리 마음에 비추셨느니라"(고후 4:6)

"형제들아 너희는 어둠에 있지 아니하매 그 날이 도둑 같이 너희에게 임하지 못하리니 너희는 다 빛의 아들이요 낮의 아들이라 우리가 밤이나 어둠에 속하지 아니하나니 그러므로 우리는 다른 이들과 같이 자지 말고 오직 깨어 정신을 차릴지라 자는 자들은 밤에 자고 취하는 자들은 밤에 취하되 우리는 낮에 속하였으니 정신을 차리고 믿음과 사랑의 호심경을 붙이고 구원의 소망의 투구를 쓰자"(살전 5:4-8)

그러므로 그리스도의 복음만이 우리를 죄악의 어두움에서 생명의 빛으로 인도함을 깨닫게 된다. 따라서 하나님이 바울을 택하여 복음의 일꾼을 삼으신 것은 어두움 가운데 사는 사람들을 생명의 빛으로 인도하기 위함이라고 말씀하셨다.

② 사탄의 권세에서 하나님께로 돌아오게 하려 함이다(18절).

부활하신 주님께서 다메섹 도상에서 바울을 만나 사명을 주신 두 번째 목적은 사탄의 종노릇하던 사람들이 사탄의 권세에서 벗어나 하나님께로 돌아오게 하려 함이다.

하나님의 형상대로 지음 받은 인간은 영이신 하나님과 영적교제를 나누며 살 수 있는 유일하고도 복된 존재였다. 그러나 첫 사람 아담이 하나님의 명령을 어기고 사탄의 꾐에 빠져 범죄 함으로 죄인으로 전락해버렸다. 아담이 하나님과의 언약을 깨뜨리고(호 6:7) 범죄 함으로 그뿐 아니라 그의 후손들 모두가 사탄의 영향권 아래에 놓이게 되었다. 사탄은 처음부터 거짓말쟁이요 서짓의 아비일 뿐만 아니라(요 8:44) 영적 어두움의 지배자요 공중권세 잡은 자로(엡 2:2) 죄인들 속에 역사하는 영이다.

그러나 죄인이 된 인간이라도 예수 그리스도를 나의 주, 나의 하나님으로 영접하고 믿게 되면 새 생명을 얻게 된다. 예수님을 믿으면 사탄의 영향권 아래에 살던 상태에서 다시 하나님께로 '돌아오게' 되어 생명을 얻고 더욱 풍성히 얻어 복된 존재로 회복되는 것이다(요 10:10). 이것이 복음이요 복음의 능력이다.

하나님은 사탄의 영향권 아래에 사는 가련한 사람들을 하나님께로 돌아오게 하는 도구로 사용하기 위해서 바울을 택하신 것이다.

③ 거룩하게 된 무리 가운데서 기업을 얻게 하려 함이다(18절).

부활하신 주님께서 믿는 자들을 박해하기 위해서 다메섹으로 달려가던 바울에게 자신을 계시하신 세 번째 목적은 '거룩하게 된 무리 가운데서 기업을 얻게 하려 함' 이었음을 밝히고 있다.

하나님과의 언약을 파괴하고 죄인이 된 인간은 자기 스스로 죄의 문제를 해결할 수 없게 되었다. 왜냐하면 하나님이 '죄 삯은 사망이라' 고 선언하셨음으로(롬 6:23) 죗값은 반드시 죽음으로만 지불되어야 하기 때문이다.

따라서 인간이 죄의 문제해결을 위한 방법은 두 가지 방법밖에는 없다.

첫째, 죄 지은 본인이 죗값으로 죽는다.

둘째, 죄 없는 사람이 죄인을 대신하여 죽어 주어야 한다.

그런데 죄 지은 본인이 자신의 죗값으로 죽는 것은 불가능하다. 왜냐하면 사람들이 죄를 하루에도 수십 번씩 짓는 반면 죗값으로 지불 될 생명은 하나 밖에 없기 때문이다. 또 한 가지 방법은 죄 짓지 않는 사람이 다른 죄인을 위해 대신 죽어주어야 하는데 이것도 불가능하다. 왜냐하면 이 세상에는 죄 짓지 않는 사람이 한 사람도 없음으로(롬 3:10) 다른 사람의 죗값을 치르기 위해 죽을 수 있는 사람이 하나도 없기 때문이다.

그럼에도 불구하고 죄를 범한 인간들은 스스로 죄의 문제를 해결해보려고 여러 가지로 시도했으나 모두가 허사였다. 즉, 종교적인 수양, 선행, 윤리와 도덕적인 삶, 철학적 탐구 등을 통해서 죄의 문제를 해결하려고 노력했지만 죄를 없이하진 못했다는 말이다.

그래서 하나님께서 죄인들을 구원할 방법을 직접 동원하신 것이다. 즉, 하나님이 죄인이 된 인간을 구원하기 위해서 자기 아들을 이 땅에 보내셨다. 예수님은 근본 하나님의 본체시나 하나님과 동등 됨을 취할 것으로 여기지 아니하시고 오히려 자기를 비워 종의 형체를 가지사 사람들과 같이 되셨고 사람의 모양으로 오셨다(빌 2:6-7). 예수님은 죄가 없고 죄를 알지도 못하시지만(고후 5:21) 자기를 낮추시고 죽기까지 복종하여(빌 2:8) 모든 죄인들의 죄를 대신 지시고 십자가 위에서 보혈을 흘리심으로 모든 사람들의 죗값을 지불하셨다. 이제 누구든지 예수 그리스도를 나의 주, 나의 하나님으로 믿고 고백하는 자는 '값없이 은혜로 죄 사함' 을 받는다(엡 2:5,8). 죄를 지은 인간은 예수 그리스도를 '믿음' 으로 죄를 말끔히 씻고 거룩하게 되는 것이다. 이렇게 죄 사함을 받고 '거룩하게 된 무리' 를 '교회' 라고 부른다(행 7:38).

이와 같이 하나님이 죄와 허물로 죽었던(엡 2:1) 나를 부르셔서 복음을 듣게 하시고 죄 사함 받고 믿음으로 거룩하게 된 무리 가운데 내가 있게 하심도 감사한데, 하나님의 자녀 삼으시고(요 1:12) 그 가운데서 '하늘의 기업을 얻게 하셨다' 는 사실을 생각할 때 더욱 크게 감사할 수밖에 없다.

하나님께서 바울을 택하신 목적은 죄인들이 구원받고 기업을 얻게 하는데 도구로 사용하시기 위함이다.

■ **오늘의 말씀을 요약해 보자.**

- 복음의 일꾼으로 ‘보냄’을 받기 전에 반드시 ‘구원받음’이 선행되어야 한다.
- 복음의 일꾼은 주님의 능력과 권세를 전수(傳受) 받아야 한다.
- 복음의 일꾼은 어둠에서 빛으로 인도하는 역할을 한다.
- 복음의 일꾼은 죄인을 사탄의 권세에서 하나님께로 돌아오게 한다.
- 복음의 일꾼은 죄 사함과 주를 믿어 거룩하게 된 무리들로 기업을 얻게 한다.

거스르지 않는 삶

사도행전 26장 19-23절

아그립바 왕이여 그러므로 하늘에서 보이신 것을 내가 거스르지 아니하고 먼저 다메섹과 예루살렘에 있는 사람과 유대 온 땅과 이방인에게까지 회개하고 하나님께로 돌아와서 회개에 합당한 일을 하라 전하므로 유대인들이 성전에서 나를 잡아 죽이고자 하였으나 하나님의 도우심을 받아 내가 오늘까지 서서 높고 낮은 사람 앞에서 증언하는 것은 선지자들과 모세가 반드시 되리라고 말한 것밖에 없으니 곧 그리스도가 고난을 받으실 것과 죽은 자 가운데서 먼저 다시 살아나사 이스라엘과 이방인들에게 빛을 전하시리라 함이니이다 하니라

바울은 그의 일행들과 함께 다메섹에 있는 그리스도인들을 결박하여 박해하려고 대제사장들의 권한을 위임받아 다메섹을 향해 달려갔다(행 26:12). 그는 보통사람들이 여행하지 않는 정오에도 휴식 없이 갈 길을 재촉했다. 이는 그가 그리스도인들을 박해하는데 남다른 열정이 있었다는 얘기다. 그런데 바울이 다메섹으로 가는 노중(路中)에서 부활하신 예수님을 만나 새로운 사람으로 변화 되었다. 그때 바울은 주님으로부터 이스라엘과 이방인의 전도자로 '보내심을' 받았다. 바울은 대제사장들의 사자(使者)로 성도들을 박해하려고 다메섹을 향해 달려갔으나 도중에 갑자기 그리스도의 사도(使徒)로 변화되어 그리스도의 증인이 된 것이다.

바울은 이것이 자의적인 결심이 아니라 인간으로서는 불가항력적인 하나님의 역사(役事)하심이었다고 분명히 밝히고 있다. 따라서 바울은 그의 능력과 힘으로 하나님의 뜻을 거스를 수 없었고 거스르려 하지도

않았다고 말한다. 바울에게는 하나님의 뜻에 순종하는 것 이외에 다른 선택의 여지가 없었다. 그래서 그는 '내가 불순종하게 행하지 않았다'라고 아그립바 왕에게 고백했다. 다메섹 도상에서 갑자기 주님으로부터 부르심을 받고 순종해서 주님의 사도가 된 바울은 유대인들로부터 많은 박해를 받았다.

하나님의 사람들이 하나님의 뜻에 순종하려 할 때 그 일로 세상에서 박해를 당할 수 있다. 왜냐하면 우리의 소속이 이 세상이 아니라 하늘나라이기 때문이다(빌 3:20).

주님은 이런 말씀을 하신 일이 있다.

> "너희가 세상에 속하였으면 세상이 자기의 것을 사랑할 것이나 너희는 세상에 속한 자가 아니요 도리어 내가 너희를 세상에서 택하였기 때문에 세상이 너희를 미워하느니라"(요 15:19)

우리가 아무리 세상에서 미움과 박해를 받는다 할지라도 하나님의 뜻을 거스를 수 없다는 사실을 분명히 깨닫게 된다.

여기서는 바울이 하나님의 뜻을 거스르지 않고 순종함으로 행한 일들이 무엇인가를 살펴보면서 함께 은혜를 나누려고 한다.

1. 바울은 민족과 신분을 초월해서 복음을 증거 했다(19, 22절).

바울은 아그립바 왕에게 자신은 하나님의 뜻을 거스르지 않고 순종하려고 먼저 다메섹과 예루살렘에 있는 사람과 유대 온 땅과 이방인에게까지 복음을 증거 했다고 말했다. 이 말씀은 부활하신 주님이 승천하시기 직전에 "성령이 너희에게 임하시면 너희가 권능을 받고 예루살렘과 온 유대와 사마리아와 땅 끝까지 이르러 내 증인이 되리라"(행 1:8) 라고 말씀하신 것을 연상케 한다. 하나님의 뜻은 유대인들뿐만 아니라 모든 이방들에게 복음이 증거 되는 것이다. 그래서 바울은 하나님의 뜻을 따라 유대인과 이방인을 구별하지 않았고(20절) 높고 낮음도 차별하지 않으면서 복음을 전했다고 고백했다(22절).

여기서 깨닫게 되는 것은 복음의 '보편성'과 '세계성'이다. 결코 복음은 특정한 사람들의 전유물이 아니라는 사실이다.

부활하신 예수님이 40일 동안 친히 부활하심을 보이신 후(행 1:3) 하늘로 승천하시기 직전에 제자들에게 마지막 남기신 말씀이 있다.

> "그러므로 너희는 가서 모든 민족을 제자로 삼아 아버지와 아들과 성령의 이름으로 세례를 베풀고 내가 너희에게 분부한 모든 것을 가르쳐 지키게 하라 볼지어다 내가 세상 끝날까지 너희와 항상 함께 있으리라 하시니라"(마 28:19-20)

이 말씀은 복음이 모든 민족이 들어야 축복의 메시지임을 분명히 한다.

또한 바울 사도는 갈라디아교회에 편지할 때 다음과 같이 말했다.

> "너희는 유대인이나 헬라인이나 종이나 자유인이나 남자나 여자나 다 그리스도 예수 안에서 하나이니라"(갈 3:28)

따라서 복음은 특정한 사람들만의 전유물이 아니라 모든 열방과 민족이 다 듣고 구원 받아야 할 기쁜 소식이라는 사실을 깨닫게 되는 것이다.

2. 바울은 모든 사람들이 회개에 합당한 일을 행할 것을 권고했다(20절).

바울은 모든 사람들이 회개하고 하나님께로 돌아와서 회개에 합당한 삶을 사는 것이 하나님의 뜻이라고 분명히 말했다(20절). 이와 같이 바울이 '회개에 합당한 일을 하라' 고 외친 것은 세례 요한의 전도주제(마 3:8)나 예수님이 공생애를 시작하시며 하늘나라의 복음을 선포하실 때 처음 증거 하신 메시지와 일치한다(마 4:17). 따라서 바울의 전도 주제가 예수님이나 사도들이 증거 한 메시지의 연장선에 있음을 발견하게 되는 것이다.

'회개' 란 '마음을 바꾸다' 라는 뜻이다. 그러므로 온전한 회개란 단순히 자신의 잘못을 깨닫고 뉘우치는 것에서 끝나는 것이 아니라 '완전한 삶의 방향전환' 이 수반 되는 것을 말한다. 즉, 하나님께 등졌던 인간들이 하나님께로 '돌아와서' 회개에 합당한 일을 하는 것이 참된 회개다(20절). 따라서 복음적 회개는 자신의 그릇된 마음을 진정으로 뉘우치고, 진리의 가르침을 따라 삶의 태도를 바꾸며, 그에 합당한 신앙의 열매를 맺는 것을 의미한다.

성경은 죄인 한 사람이 회개하면 하늘에서 주님은 회개할 것 없는 의인 아흔아홉으로 말미암아 기뻐하는 것보다 더 기뻐하신다고 말씀한다(눅 15:7). 또한 하나님은 오래 참으사 아무도 멸망하지 않고 다 회개하기에 이르기를 원하신다고 말씀했다(벧후 3:9). 그러므로 인간이 거스를 수 없는 하나님의 뜻은 모든 사람들이 죄악에서 돌이켜 하나님 안에서 구원을 얻어 회개에 합당한 열매를 맺는 것임을 깨달아야 한다(눅 3:8).

3. 바울은 하나님의 도우심을 받아 복음을 전했다(22절).

바울이 다메섹 도상에서 극적으로 회심한 후에 곧 바로 다메섹과 예루살렘, 온 유대와 이방인들에게까지 회개의 복음을 외치자 엄청난 박해가 그를 뒤따랐다. 심지어 유대인들은 성전에서 바울을 죽이려고 했었다(21절). 이와 같이 바울은 지금까지 복음을 전하면서 엄청난 박해를 당했다.

특히, 그는 고린도후서 11장 23-27절에서 다음과 같이 고백했다.

"그들이 그리스도의 일꾼이냐 정신 없는 말을 하거니와 나는 더욱 그러하도다 내가 수고를 넘치도록 하고 옥에 갇히기도 더 많이 하고 매도 수없이 맞고 여러 번 죽을 뻔하였으니 유대인들에게 사십에서 하나 감한 매를 다섯 번 맞았으며 세 번 태장으로 맞고 한 번 돌로 맞고 세 번 파선하고 일 주야를 깊은 바다에서 지냈으며 여러 번 여행하면서 강의 위험과 강도의 위험과 동족의 위험과 이방인의 위험과 시내의 위험과 광야의 위험과 바다의 위험과 거짓 형제 중의 위험을 당하고 또 수고하며 애쓰고 여러 번 자지 못하고 주리며 목마르고 여러 번 굶고 춥고 헐벗었노라" (고후 11:23-27)

그러나 바울은 이런 어려움 속에서도 에벤에셀의 하나님의 도우심으로 여기까지 왔다고 말한다. 결코 자신이 잘났다거나 자신의 능력이 뛰어나서 여기까지 온 것이 아니라 전적으로 '하나님의 도우심'이었음을 바울이 고백한 것이다.

성경은 어렵고 힘들 때 사람을 의지하지 말라고 말씀한다.

"귀인들을 의지하지 말며 도울 힘이 없는 인생도 의지하지 말지니 그의

호흡이 끊어지면 흙으로 돌아가서 그 날에 그의 생각이 소멸하리로다" (시 146:3-4)

한걸음 더 나아가서 우상을 의지하는 자는 허무할 것이라고 말씀한다.

"그들의 우상들은 은과 금이요 사람이 손으로 만든 것이라 입이 있어도 말하지 못하며 눈이 있어도 보지 못하며 귀가 있어도 듣지 못하며 코가 있어도 냄새 맡지 못하며 손이 있어도 만지지 못하며 발이 있어도 걷지 못하며 목구멍이 있어도 작은 소리조차 내지 못하느니라 우상들을 만드는 자들과 그것을 의지하는 자들이 다 그와 같으리로다"(시 115:4-8)

성경은 하나님만이 우리의 진정한 도움이 되심을 말씀하신다.

"이스라엘아 여호와를 의지하라 그는 너희의 도움이시요 너희의 방패시로다 아론의 집이여 여호와를 의지하라 그는 너희의 도움이시요 너희의 방패시로다 여호와를 경외하는 자들아 너희는 여호와를 의지하여라 그는 너희의 도움이시요 너희의 방패시로다"(시 115:9-11)

"내가 산을 향하여 눈을 들리라 나의 도움이 어디서 올까 나의 도움은 천지를 지으신 여호와에게서로다"(시 121:1-2).

오늘날 주님과 복음을 위해 조그마한 일을 해 놓고도 자기자랑에 열중하는 사람들이 적지 않음을 볼 수 있다. 바울과 같이 내 능력과 힘이 아닌 하나님의 도우심으로 주의 일을 한다고 고백하는 겸손함이 필요하다.

4. 바울은 그리스도의 십자가와 부활만을 증거 했다(23절).

바울은 하나님께서 하늘에서 자기에게 보이신 것을 거스를 수 없었다고 말했다. 그래서 바울은 다메섹과 예루살렘에 있는 사람들과 유대와 온 땅과 이방인에게까지 회개하고 하나님께로 돌아와서 회개에 합당한 일을 하라고 전했다. 이 일 때문에 유대인들이 성전에서 바울을 죽이려고 했었다. 그러나 바울은 하나님의 도우심을 받아 각 나라와 족속들에게 회개할 것을 촉구했다. 그리고 높고 낮은 사람 앞에서 증거 한 것은 선지자들과 모세가 반드시 되리라고 말한 것 밖에 없었다.

그러므로 바울이 증거 한 메시지의 중심은 "곧 그리스도가 고난을 받으실 것과 죽은 자 가운데서 먼저 다시 살아 나사 이스라엘과 이방인들에게 빛을 전하시리라" 하는 것이었다. 그런데 중요한 것은 '그리스도의 고난과 부활' 은 구약의 선지자들과 모세가 반드시 되리라고 예언했던 것이라는 사실이다(22절). 따라서 그리스도의 고난과 부활은 우연히 발생된 일이나 갑작스럽게 생긴 일이 아니라 구약에 이미 수없이 예언되었던 일임을 알 수 있다(사 53:1-9, 눅 24:26, 고전 15:20).

따라서 바울이 아그립바 앞에서 전한 복음은 결국 '그리스도의 십자가와 부활' 이 중심주제였다. 그리스도의 십자가와 부활은 열 두 사도들은 물론 바울의 변함없는 전도주제이기도 했다. 또한 이것은 곧 우리들이 모든 열방과 민족들에게 선해야 할 변함없는 전도의 주제가 되어야 한다.

■ **오늘의 말씀을 요약해 보자.**

- 하나님이 하시는 일은 인간이 거스를 수 없다.
- 하나님의 뜻을 수행할 때 박해를 당할 수 있으나 하나님의 일을 멈출 수는 없다.
- 복음은 보편성과 세계성이 있어 민족과 신분을 초월해서 증거 되어야 한다.
- 참된 회개는 마음을 바꿀 뿐만 아니라 삶의 방향전환이 수반되어야 한다.
- 하나님은 모든 사람들이 회개하고 하나님께로 돌아와 회개에 합당한 열매 맺기를 소망하고 계신다.
- 하나님의 도우심이 없이 되는 일은 아무것도 없음을 깨달아야 한다.
- 그리스도의 십자가와 부활을 전하는 것은 주님 다시 오실 때까지 지속되어야 할 전도의 대주제가 된다.

네가 미쳤도다

사도행전 26장 24-32절

바울이 이같이 변명하매 베스도가 크게 소리 내어 이르되 바울아 네가 미쳤도다 네 많은 학문이 너를 미치게 한다 하니 바울이 이르되 베스도 각하여 내가 미친 것이 아니요 참되고 온전한 말을 하나이다 왕께서는 이 일을 아시기로 내가 왕께 담대히 말하노니 이 일에 하나라도 아시지 못함이 없는 줄 믿나이다 이 일은 한쪽 구석에서 행한 것이 아니니이다 아그립바 왕이여 선지자를 믿으시나이까 믿으시는 줄 아나이다 아그립바가 바울에게 이르되 네가 적은 말로 나를 권하여 그리스도인이 되게 하려 하는도다 바울이 이르되 말이 적으나 많으나 당신뿐만 아니라 오늘 내 말을 듣는 모든 사람도 다 이렇게 결박된 것 외에는 나와 같이 되기를 하나님께 원하나이다 하니라 왕과 총독과 버니게와 그 함께 앉은 사람들이 다 일어나서 물러가 서로 말하되 이 사람은 사형이나 결박을 당할 만한 행위가 없다 하더라 이에 아그립바가 베스도에게 이르되 이 사람이 만일 가이사에게 상소하지 아니하였더라면 석방될 수 있을 뻔하였다 하니라

벨릭스의 뒤를 이어 베스도가 유대 지방의 총독으로 부임했다. 이에 유대 종교지도자들은 신임 총독의 부임을 계기로 바울을 제거하려고 베스도에게 바울을 고소하고 정죄하기를 청했다(행 25:15). 그러나 베스도는 로마법을 앞세워 진히 자신이 재판 자리에 앉아 바울을 심문하기로 결심했다. 바울을 직접 심문한 베스도는 자기의 짐작대로 원고들이 바울의 악행 혐의는 하나도 제시하지 못하고 다만 유대종교와 바울이 예수의 십자가와 부활을 주장함으로 고소한 것뿐이라는 사실을 알게 되었다(행 25:18-19).

그때 베스도의 총독취임을 축하하기 위해 아그립바 왕이 버니게와

함께 가이사랴에 내려와 여러 날 머물렀다(행 25:13-14). 유대종교에 관한 지식이 거의 없던 베스도는 바울의 얘기를 듣고 싶어 하는 아그립바의 요청을 받아들여 바울을 다시 심문소로 불렀다(행 25:22-23). 베스도의 입장에서는 바울에게서 죽일 죄를 범한 사실을 발견하지 못했고, 이미 바울이 가이사에게 상소했기 때문에(행 25:12), 황제에게 보고할 확실한 자료가 필요해서 바울을 아그립바 앞에 다시 세운 것이다(행 25:25-26).

심문 자리에 선 바울은 자신의 출생과 성장배경으로부터 시작해서 다메섹 도상에서 부활하신 예수님을 만나 극적으로 회심한 사건, 그리고 자신이 하나님의 뜻을 따라 십자가와 부활의 복음을 전하고 있음을 총독 베스도와 아그립바 왕 앞에서 주저 없이 변론 했다.

여기서는 바울의 변명을 들은 베스도와 아그립바 왕이 취한 태도를 살펴보면서 함께 은혜를 나누려고 한다.

1. 베스도는 바울의 변론을 듣고 바울이 미쳤다고 큰 소리로 외쳤다(24절).

바울은 베스도와 아그립바 왕 앞에서 기탄없이 자신을 변명했다. 베스도는 전형적인 헬라적 사고방식을 가진 사람이었기 때문에 바울의 말을 이해할 수 없는 부분들이 상당히 있었을 것이다. 특히 그는 유대종교에 관해 문외한(門外漢)이었을 뿐만 아니라 예수 그리스도의 성육신, 십자가, 부활에 대한 교리를 전혀 믿지 않았다. 따라서 베스도는 구약성경을 자유롭게 인용하면서 거침없이 그리스도의 십자가와 부활에 대해서 진지하면서도 자유자재(自由自在)로 구사하는 바울의 능변을 들으면서 그의 많은 학문이 그를 미치게 한 것으로 단정했다. 급기야 베스도는 큰소리로 "바울아 네가 미쳤도다"(24절)라고 외쳤다. 베스도가 바울의 변론을 전혀 이해하지 못하고 미친 것으로 단정한 이유는 그가 '육에 속한 사람' 이었기 때문이다.

바울은 육에 속한 사람은 영적인 일에 대해서 전혀 알지 못한다는 사실을 고린도교회에 다음과 같이 편지한 일이 있다.

> "사람의 일을 사람의 속에 있는 영 외에 누가 알리요 이와 같이 하나님의 일도 하나님의 영 외에는 아무도 알지 못하느니라 우리가 세상의 영을 받지 아니하고 오직 하나님으로부터 온 영을 받았으니 이는 우리로 하여금 하나님께서 우리에게 은혜로 주신 것들을 알게 하려 하심이라 우리가 이것을 말하거니와 사람의 지혜가 가르친 말로 아니하고 오직 성령께서 가르치신 것으로 하니 영적인 일은 영적인 것으로 분별하느니라 육에 속한 사람은 하나님의 성령의 일들을 받지 아니하나니 이는 그것들이 그에게는 어리석게 보임이요, 또 그는 그것들을 알 수도 없나니 그러한 일은 영적으로 분별되기 때문이라"(고전 2:11-14)

이와 같이 육에 속한 사람은 영의 일을 알 수 없고 오히려 영의 일들이 어리석게 보이는 것이다. 따라서 육에 속한 베스도가 바울에게 미쳤다고 소리친 것은 어쩌면 당연한 일이라고 본다.

여기서 다시 한 번 깊이 생각해 보고자 하는 말이 있다. 그것은 베스도가 바울에게 미쳤다고 말했는데, '미쳤다' 는 단어는 헬라어로는 '마이네' 라고 쓴다. 이 말에서 영어의 '마니아'(mania)가 나왔다. '마니아' 라는 말은 요즈음 우리들이 아주 많이 쓰는 용어로 '열광적이다' 라는 의미다. 오늘날 커피 마니아(Coffee mania), 컴퓨터 마니아(Computer mania) 등의 말을 흔히 듣게 되는데 이 말은 커피를 아주 좋아하는 사람, 컴퓨터에 푹 빠진 사람 등을 지칭하는 말이다. 이런 의미에서 볼 때 바울은 예수께 완전히 미쳤고 예수에 푹 빠진 사람, 곧 '예수 마니아'(Jesus mania)라고 말할 수 있다.

예수님께서 천국 복음을 전하실 때 '미쳤다'는 말을 들은바 있다(막 3:21). 또한 바울은 "우리가 만일 미쳤어도 하나님을 위한 것이요 정신이 온전하여도 너희를 위한 것이니"(고후 5:13)라고 말하기도 했다. 학생이라면 '책벌레' 혹은 '공부 광(狂)'이라는 말을 한번쯤은 들어야 하듯이, 예수 믿는 사람이라면 믿지 않는 사람들로부터 '예수에 미친 사람'이라는 말을 듣는 것도 과히 나쁘지 않다고 본다. 세상 사람들은 돈에 미치고, 권력에 미치고, 명예에 미치고, 향락에 미쳐 사는 사람들이 많다. 어차피 모든 사람들이 무언가에 미쳐서 산다면 이왕이면 예수에 미쳐서 사는 사람들이 되는 것은 복된 일이다. 우리들이 진정 예수에 미치고, 십자가의 피 묻은 복음에 미치는 '예수 마니아'(Jesus mania)들이 되었으면 한다.

2. 바울은 언제 어디서나 복음을 담대히 전했다(26절).

지금 바울은 총독 베스도와 아그립바 왕 앞에서 마지막으로 자신을 변론할 수 있는 소중한 기회를 얻었다. 보통 사람 같으면 이 귀중한 시간에 자신이 무죄함을 주장 하거나 자신이 당하고 있는 고통을 면해보려고 발 부등 쳐야 할 시간이다. 그러나 바울은 자신의 무죄석방을 위해서 노력하거나 구차한 변명이나 항변은 한 마디도 하지 않았다. 그는 오직 담대히 예수 그리스도의 십자가와 부활의 도(道)만을 전하는데 혼신의 노력을 기울이고 있다. 즉, 바울은 자기 목숨이 경각에 달려 있는 중대한 재판 자리에서도 자신이야 살든지 죽든지 자신을 위해서는 전혀 신경 쓰지 않고 오직 그리스도의 복음만을 증거 했다는 얘기다. 그것도 총독과 왕 앞에서 조금도 위축되지 않고 '담대히' 복음을 증거 하고 있는 것이다. 여기서 '담대히' 라는 말은 '조금도 거리낌이 없이' 라는 뜻이다. 복음 증거자는 언제 누구 앞에서라도 조금도 거리낌 없이 복음을 전해야 한다.

바울 사도는 다음과 같이 빌립보교회에 보낸 편지에서 밝히고 있다.

"나의 간절한 기대와 소망을 따라 아무 일에든지 부끄러워하지 아니하고 지금도 전과 같이 온전히 담대하여 살든지 죽든지 내 몸에서 그리스도가 존귀하게 되게 하려 하나니"(빌 1:20)

우리들은 바울의 이런 마음을 본받아야 한다. 하나님의 사람들에게는 언제, 어디서나, 내가 사느냐 죽느냐 하는 것보다 더 중요한 것이 있다. 그것은 바울처럼 '내 몸에서 그리스도가 존귀하게 되는 것' 이라고 고백하고 사는 삶이다. 그러기 위해서는 하나님 외에 누구도 두려워하지 않는 신앙적 '담대함' 이 있어야 한다. 이와 같은 담대함은 바울과 같이 '복음에 대한 확신' 이 있을 때 가능할 수 있다. 예수 그리스도의 피 묻은 십자가와 부활의 복음에 대해 확신을 가지고 언제 어디서나 그리스도의 복음을 담대히 증거 하는 것을 삶의 최우선순위로 둘 수 있어야 한다.

3. 바울은 복음의 역사성을 강조하고 있다(26절).

예수님은 고난 받으시고 부활하신 후에 확실한 많은 증거로 친히 살아 계심을 나타 내사 사십 일 동안 제자들에게 보이시며 하나님 나라의 일을 말씀하셨다(행 1:3). 그리고 주님은 제자들에게 예루살렘을 떠나지 말고 아버지께서 약속하신 것을 기다리며 기도하라고 말씀하신 후에 구름을 타고 승천하셨다(행 1:4, 9). 주님의 말씀을 부여잡고 전혀 기도에 힘쓰던 제자들에게 오순절 날이 이르매 강력한 성령의 임재가 있었다(행 2:1). 마가의 다락방에 모였던 120여명 모두가 불같은 성령, 바람 같은 성령을 체험하게 되었다(행 2:2-4). 그들은 성령이 말하게 하심을 따라 다른 언어들로 말하기 시작했다(행 2:4). 또한 사도들을 통해서 나면서부터 한 번도 걷지 못하던 자가 걷기도하고 뛰기도 하는 놀라운 기적이 일어났다(행 3:1-10). 계집종 앞에서도 비겁했던 베드로와 다른 제자들이 성령의 권능을 받고 누구 앞에서나 굴하지 않고 담대히 복음을 증거했다.

이 광경을 본 당시의 유대교 지도자들이 당황했다. 그들은 그 모든 되어진 일들을 격하시킬 목적으로 그들이 "새 술에 취했다"라고 조롱했다(행 2:13). 이에 베드로가 일어나 "때가 제 3시, 즉 오전 9시니 너희 생각과 같이 이 사람들이 취한 것이 아니라 정신이 온전하다"고 반박했다(행 2:15).

유대교 지도자들이 성령 충만한 제자들에게 새 술에 취했다고 말했던 것처럼 재판 자리에 앉아 바울의 변명을 듣던 베스도가 바울을 향해서 "바울아 네가 미쳤도다 네 많은 학문이 너를 미치게 한다"(24절)라고 소리 질렀다. 이때 바울은 이성을 잃지 않고 침착하게 "베스도 각하여 내가 미친 것이 아니요 참되고 온전한 말을 하나이다"(25절)라고 대답했다. 바울은 자기를 미친 사람 취급하는 베스도에게 이성을 잃지 않고 냉철하게 대했던 것이다. 동물은 주림을 참기 어려워하지만 인간은 모욕을 참기 힘들어한다. 자기를 모욕하는 사람 앞에서도 태연자약(泰然自若)한 바울의 태도가 너무나 귀중하다.

그 후에 바울은 베스도 보다는 유대 종교에 대한 이해를 가지고 있다고 판단한 아그립바를 향해서 다음과 같이 말했다.

> "왕께서는 이 일을 아시기로 내가 왕께 담대히 말하노니 이 일에 하나라도 아시지 못함이 없는 줄 믿나이다 이 일은 한쪽 구석에서 행한 것이 아니니이다"(행 26:26)

여기서 중요한 것은 바울이 예수 그리스도의 십자가와 부활 사건을 지구 어느 한 쪽 구석에서 은밀하게 행해진 일이 아니라 많은 사람들이 보는 공공연한 장소에서 이루어진 역사적인 사건이라고 밝힌 것이다.

그리고 바울은 아그립바를 향해서 "아그립바 왕이여 선지자를 믿으시나이까 믿으시는 줄 아나이다"(27절)라고 담대하고도 확신에 찬 어조로 자문자답(自問自答)했다. 왜냐하면 유대인이라면 선지자들을 통해서 예언된 것을 누구나 그대로 믿기 때문이다. 따라서 유대인인 아그립바가 선지자들을 믿지 못한다는 것은 조상들을 배반하고 유대인으로서의 전통을 부인하는 것이 되며, 선지자들을 믿는다고 하면 구약에 예언된 그리스도를 믿는다고 인정하는 셈이 된다. 그래서 바울은 아그립바가 대답하기도 전에 자문자답의 형식으로 재치 있게 말한 것이다. 이것은 바울의 놀라운 언변이요 지혜라고 말할 수 있다.

아무튼 예수 그리스도의 십자가와 부활의 사건은 누가 지어낸 허구적인 얘기가 아니다. 물론 지구촌 어느 구석에서 은밀히 일어난 일도 아니다. 그 사건은 많은 사람들이 친히 목격한 역사적인 사건이기 때문에 복음이 온 천하에 '드러나는 것'은 필연적인 것이다.

4. 바울은 모든 사람들의 본이 되는 사람이었다(29절).

아그립바가 바울에게 "네가 적은 말로 나를 권하여 그리스도인이 되게 하려 한다"고 말하자 바울은 "말이 적으나 많으나 당신뿐만 아니라 오늘 내 말을 듣는 모든 사람도 다 이렇게 결박된 것 외에는 나와 같이 되기를 하나님께 원하나이다"라고 말했다.

여기서 몇 가지 중요한 교훈을 깨닫게 된다.

① 아그립바의 입에서 먼저 '그리스도인' 이라는 말이 나왔다는 사실이다.

'그리스도인' 이라는 말은 예수 믿는 사람들을 향해서 안디옥 교회에서 처음으로 일컫던 말로(행 11:26) 신약성경에서 이곳 이외에 베드로전서 4장 16절에서만 사용된 말이다. 본래 이 말은 '예수 꾼' 혹은 '예수쟁이' 라는 의미를 지닌 말로 그리스도인들을 비하(卑下)해서 부르는 말이었다. 그런데 중요한 것은 아그립바 왕이 먼저 '그리스도인' 이라는 말을 사용했다는 점이다. 즉, 아그립바가 바울의 변론을 듣고 바울이 자신을 그리스도인으로 만들기 위해 노력하고 있음을 파악했다는 말이다. 바울이 아그립바를 권하여 그리스도인으로 만들려고 노력함과 같이 '모든 사람을 그리스도인으로 만드는 것' 이 선교의 본질임을 잊어서는 안 된다.

② 누구든지 그리스도인이 되는 것이 중요하다.

아그립바는 바울을 향해서 "네가 적은 말로 나를 권하여 그리스도인이 되게 하려 하는도다"라고 말했다. 그러자 바울은 "말이 적으나 많으나…"라고 반박한다. 여기서 '말이 적으로 많으나' 라는 것은 '길거나 짧거나(whether long or short)' 라고 번역할 수 있다. 복음을 전하다보면 어떤 사람은 몇 마디만 해도 복음을 받아들인다. 그러나 어떤 사람은 여러 말로 권면해도 자기의 주장만 내세우고 도무지 믿으려들지 않는 사람들이 있다. 여기서 깨닫게 되는 것은 말이 많고 적음에 문제가 있는 것이 아니라 성령께서 그 마음을 열어주실 때만 복음을 믿고 그리스도인이 된다는 것이다. 따라서 우리는 때를 얻든지 못 얻든지 항상 복음을 전해야하며(딤후 4:2), 성령께서 강권적으로 역사하실 때 열매를 맺을 수 있다는 사실을 깨달아야 한다.

③ 바울은 모든 사람들이 자기처럼 되기를 하나님 앞에 소원하고 있다(29절).

바울은 아그립바에게 "말이 적으나 많으나 당신뿐만 아니라 오늘 내 말을 듣는 모든 사람들이 이렇게 결박된 것 외에는 나와 같이 되기를 하나님께 원한다"라고 말했다. 여기서 관심을 갖고 싶은 말은 '모든 사람들이 나와 같이 되기를…' 이라는 말씀이다. 사실 바울은 쇠사슬에 묶여 피고의 신분으로 재판을 받고 있었지만 진정한 자유가 그에게 있었다. 그러나 바울을 묶고 심문하고 재판하는 사람들은 사탄의 노예가 되어 가련한 삶을 살고 있지 않는가? 그래서 바울은 아그립바와 재판석에 있는 모든 사람들에게 '당신들도 결박된 것 외에는 나와 같이 되기를 원한다' 라고 자신 있게 외칠 수 있었던 것이다.

바울은 고린도교회에 편지할 때도 "내가 그리스도를 본받는 자가 된 것 같이 너희는 나를 본받는 자가 되라"(고전 11:1)라고 담대히 말했다. 오늘날 이렇게 담대하게 복음을 외칠 수 있는 자들이 많지 않다. 자녀들에게, 친구들에게, 다른 성도들에게 "나 만큼만 기도해라. 나만큼만 성경 읽고 묵상해라. 나만큼만 전도해라. 나만큼만 봉사해라."고 말할 수 있는 사람들이 많지 않은 것이 우리의 현실이다.

바울처럼 당당하고 확신 있는 복음전도자가 되기를 소망한다.

■ **오늘의 말씀을 요약해 보자.**

- 예수에 푹 빠진 예수 마니아(Jesus mania)들이 되어야 한다.
- 언제 어디서나 '담대히' 예수 그리스도의 십자가와 부활만을 자랑하자.
- 복음에 대한 확신이 담대함을 낳는다.
- 참기 어려운 모욕 앞에서도 이성을 잃지 않는 바울의 태도를 본받자.
- 예수 그리스도의 십자가와 부활은 어느 한쪽 구석에서 은밀하게 일어난 사건이 아니라 모든 사람들이 보고, 듣고, 알고 있는 역사적 사건임을 깨달아야 한다.
- 복음이 온 천하에 드러나는 것은 그 자체가 역사적 사건이었기 때문이다.
- 모든 사람을 '그리스도인' 되게 하는 것이 선교의 본질이다.
- 복음을 받아들여 그리스도인이 되게 하는 주체는 성령님이시다.
- 복음을 전하는 자들은 모든 사람들의 '본이 되는 삶'을 사는 것이 중요하다.

로마를 향하여

사도행전 27장 1-8절

우리가 배를 타고 이달리야에 가기로 작정되매 바울과 다른 죄수 몇 사람을 아구스도대의 백부장 율리오란 사람에게 맡기니 아시아 해변 각처로 가려 하는 아드라뭇데노 배에 우리가 올라 항해할새 마게도냐의 데살로니가 사람 아리스다고도 함께 하니라 이튿날 시돈에 대니 율리오가 바울을 친절히 대하여 친구들에게 가서 대접 받기를 허락하더니 또 거기서 우리가 떠나가다가 맞바람을 피하여 구브로 해안을 의지하고 항해하여 길리기아와 밤빌리아 바다를 건너 루기아의 무라 시에 이르러 거기서 백부장이 이달리야로 가려 하는 알렉산드리아 배를 만나 우리를 오르게 하니 배가 더디 가 여러 날 만에 간신히 니도 맞은편에 이르러 풍세가 더 허락하지 아니하므로 살모네 앞을 지나 그레데 해안을 바람막이로 항해하여 간신히 그 연안을 지나 미항이라는 곳에 이르니 라새아 시에서 가깝더라

바울이 우유부단(優柔不斷)하고 교활한 총독 벨릭스에 의해 가이사랴에 있는 로마 총독관저인 헤롯 궁에 감금된 지 2년이라는 세월이 흘렀다. 그 기간은 복음 증거의 열정에 불탔던 바울에게는 매우 지루하고 답답한 날들이었을 것이다. 그런데 벨릭스의 후임으로 새로 부임한 베스도에 의해 두어 번의 재판절차를 거쳐 로마로 가게 되었다. 베스도가 바울을 로마로 호송하기로 결정한 것은 일차적으로 바울이 이미 로마 황제에게 상소했기 때문이다(행 25:10-12). 이는 바울이 자신을 죽이려는 유대인들의 간계를 미리알고 황제에게 호소했던 것이다(행 23:30, 25:11). 그러나 그보다 더 중요한 것은 바울이 당시 세계의 중심지였던 로마에 복음을 증거 하기를 간절히 소망했기 때문이다(행 19:21). 이는 바울 자신의 계획이라기보다는 주님의 계시에 의해 확정된 것으로(행 23:11) 이제 바울

이 로마로 가게 된 것이다.

따라서 지금 바울이 비록 죄수의 신분으로 로마로 가게 되었지만 결국 그 배후에는 하나님의 섭리가 있었다. 즉, 하나님이 바울을 로마 선교에 사용하시려는 계획하심이 있었다는 얘기다. 이와 같이 하나님의 사람들에게는 결코 우연이라는 것이 없다. 우리 배후에는 언제나 하나님의 계획과 섭리가 있음을 결코 잊어서는 안 된다.

여기서는 바울이 로마를 향해서 출발하는 과정들을 살펴보면서 함께 은혜를 나누려고 한다.

1. 바울의 로마행에는 복음의 동역자들이 함께했다(2절)

사도행전에는 모두 네 개의 '우리 단락'이 있다(행 16:10-17, 20:5-14, 21:1-18, 27:1-28:16). '우리 단락'이란 사도행전의 기자(記者)인 누가가 바울과 함께 선교하면서 자신의 이름을 쓰는 대신 '우리'라는 단어를 사용한 단락을 일컫는 말이다. 본문은 사도행전에 기록된 마지막 네 번째 '우리 단락'으로 이는 바울의 로마행에 사도행전을 기록한 누가가 동행했다는 사실을 암시한다. 그런데 본문에는 누가 뿐만 아니라 마게도냐의 데살로니가 사람 아리스다고도 함께 했음을 알 수 있다(3절).

사도행전을 자세히 보면 바울의 선교여행에는 언제나 협력하는 사람들이 있었다. 제 1차 선교여행 때에는 바나바가 함께 갔고, 제 2차 선교여행 때에는 실라가 동행했다. 그리고 3차 선교여행 때에는 누가가 옆에 있었다. 특히 바울의 유서(遺書)라고 일컬어지는 디모데후서를 보면 누가는 바울과 끝까지 함께했던 믿음의 동역자였음을 알 수 있다(딤후 4:11). 뿐만 아니라 바울은 디모데를 믿음의 아들이라고 부르면서 그와 함께 동역했다. 따라서 하나님은 모든 사람들이 합력하여 복음을 전하기를 원하신다는 사실을 깨닫게 된다.

이 세상 모든 사람이 다 그렇지만 특히 복음증거자는 '독불장군'이 되어서는 안 된다. 그러므로 주의 일꾼들은 어떤 방도로든지 다른 사람들과 함께 협력하는 법을 배워야 한다.

2. 백부장 율리오는 죄수의 신분으로 압송되는 바울을 친절하게 대했다(3절).

바울을 로마까지 호송하는 책임자는 아구스도대의 백부장 율리오였다. 여기서 '아구스도대'란 '아우구스투수의 군대'라는 의미다. 따라서 '아구스도대'란 사도행전 10장 1절에 언급 된 '이달리아대'와 더불어 황제의 직할부대로서 황제의 '친위대'라고 말할 수 있다. 율리오는 백부장으로 백 명의 군사를 거느리는 장교다. 그런 백부장이 죄수의 신분으로 로마에 압송 되어가는 바울을 친절히 대하여 바울이 친구들에게 가서 대접 받는 것을 허락했다는 것은 매우 고무적인 일이 아닐 수 없다.

여기서 '친절히'라는 말은 '주의를 기울여', '호의적으로', '인정 많게'라는 뜻을 가진다. 이와 같은 백부장 율리오의 호의는 누가 그렇게 하도록 시켜서가 아니라 자발적으로 취한 조치로 보이며 바울의 신앙적 언행에 감동을 받아 그렇게 한 것으로 여겨진다.

다른 사람들을 친절하게 대한다는 것은 참으로 자신에게도 유익한 일이다.

미국 필라델피아에서 일어난 일이라고 한다. 하늘에 구름이 잔뜩 낀 어느 날 오후, 갑자기 비가 세차게 내렸다. 길에 있던 사람들은 가까운 상점으로 들어가 비를 피했다. 이때 온몸이 흠뻑 젖은 다리가 불편한 한 할머니가 비틀거리며 한 백화점 안으로 들어왔다. 그때 필립이라는 젊은이가 할머니에게 친절하게 다가가 말했다. “도와드릴 일이라도 있습니까?” 할머니는 빙그레 웃으며 대답했다. “괜찮아요. 여기서 잠깐 비를 피하고 갈 거예요.” 할머니는 남의 건물에서 비를 피하고 있자니 미안한 마음에 백화점을 돌아보기 시작했다. 할머니의 표정을 살피던 필립이 또 다가와서 말했다. “할머니, 불편해 하실 필요가 없습니다. 제가 의자를 하나 가져다 드릴 터이니 그냥 앉아서 쉬시면 됩니다.” 두 시간 뒤 비가 그치고 날이 개었다. 할머니는 다시 한 번 필립에게 고맙다는 인사를 하고는 명함 한 장을 달라고 했다. 그러고는 불편한 다리를 이끌고 비틀거리며 비갠 후의 무지개 속으로 걸어 들어갔다. 몇 달 후 이 백화점의 사장 제임스는 편지 한 통을 받았다. 바로 그 할머니가 쓴 것이었다. 그 할머니는 놀랍게도 당시 미국의 억만장자였던 강철왕 카네기의 어머니였다. 편지에는 필립을 스코틀랜드로 파견하여 한 성루를 장식할 주문서를 받아가게 할 것과, 그에게 카네기 소속 대기업들이 다음 분기에 쓸 사무용품의 구매를 맡기겠다는 내용이 적혀있었다. 백화점의 사장인 제임스는 놀라움을 금치 못했다. 그 예산을 계산해보니 이 편지 한 통이 가져다줄 수익은 백화점의 2년 이윤 총액을 웃돌았다. 제임스는 곧바로 필립을 회사의 이사회에 추천했다. 필립이 짐을 꾸려 스코틀랜드로 가는 비행기를 탔을 때, 이 스물 두 살의 젊은이는 이미 백화점의 중역이 되어 있었다. 몇 년 동안 필립은 자신이 늘 보여준 선의와 성실함으로 카네기의 손과 발이 되었다. 필립은 카네기가(家)에 공을 세워 이름을 떨쳤으며, 100곳에 달하는 전국의 도서관에 800만권의 도서를 기증하여 많은 젊은이에게 귀감이 되었다.

위의 예화는 다른 사람에게 친절히 대하는 것이 상대방은 물론 자신에게 얼마나 유익한 것인가를 깨닫게 해 주는 일화라고 본다.

사도행전 28장 7절 이하의 말씀을 보면 바울이 탄 배가 유라굴로라는 광풍을 만나 파선되었다가 구사일생으로 멜리데라는 섬에 당도하게 되었다. 그때 그 섬에서 가장 높은 보블리오라는 사람이 구조 된 사람들을 영접하여 사흘이나 친절하게 머물게 했다. 그즈음에 보블리오의 부친이 열병과 이질에 걸려 누어있게 되자 바울이 들어가 기도하고 그에게 안수하고 낫게 했다(행 28:7-10). 이는 어려운 처지에 있는 사람들을 친절과 동정심을 가지고 돌보아 준 사람이 받은 은총으로 볼 수 있다.

바울은 "서로 친절하게 하며 불쌍히 여기며 서로 용서하기를 하나님이 그리스도 안에서 너희를 용서하심과 같이 하라"(엡 4:32)고 말했다. 부지중에 천사를 대접했다가 복을 받은 아브라함처럼(히 13:2) 우리는 다른 사람들을 주님을 대접하는 정성으로 대접하는 것을 습관화해야 할 것이다.

3. 맞바람을 피해서 항해하는 지혜로운 사람들을 본다(4절)

바울 일행이 처음 승선한 항구 이름은 본문에 정확하게 기록되어 있지 않으나 가이사랴로 추정할 수 있다. 이 배는 '아드라뭇데노'(Adramyttium)를 향하는 배였다. '아드라뭇데노'는 소아시아 북쪽 무시아(Mysia) 지방의 중요한 무역항으로 앗소의 동쪽에 위치해 있다. 이 배는 아시아 지방의 연안을 항해하는 무역선으로 폭풍이 많은 겨울철이 시작되기 전에 주로 항해 했던 것 같다. 백부장 율리오는 이 배를 타고 가다가 중간에 로마로 가는 큰 배로 갈아 탈 예정이었다(6절).

바울 일행이 승선한 배는 시돈까지는 순탄한 항해를 했던 것으로 보인다. 그러나 누가는 시돈을 떠나 길리기아와 밤빌리아 바다를 건너 루기아의 무라(Myra) 시(市)에 이르기 위해서 맞바람을 피하여 구브로 해안을 의지하고 항해할 수밖에 없었다고 기록했다(4-5절).

여기서 주의 깊게 생각하고자 하는 것은 바울이 탄 배가 '맞바람을 피하여' 구브로 해안을 의지하고 항해했다는 것이다. 배가 바다에서 항해할 때 순풍이 불어오면 더 빨리 갈 수 있지만 맞바람은 앞으로 전진(前進)하는데 큰 장애가 되기도 한다. 인천공항을 출발해서 LA로 갈 때는 약 10시간 정도 기간이 걸린다. 뒤에서 순풍이 불어주기 때문이다. 그런데 반대로 LA에서 인천으로 올 때는 무려 13시간 이상 걸리는 것을 경험했다. 맞바람이 불기 때문이다. 맞바람을 피할 수만 있다면 피하는 것도 지혜라고 볼 수 있다.

종종 많은 사람들은 인간의 삶을 항해(航海)에 비유하기도 한다. 그런데 인생항로(人生航路)에서도 맞바람이 불어올 때가 많이 있다. 어지간한 맞바람은 가르면서 항해할 수도 있지만 강력한 맞바람은 피해가는 것도 지혜일 수 있다. 강력한 맞바람이 불어올 때 무모하게 맞바람에 맞서 항해하면 배가 파선(破船)할 수 있기 때문이다. 물론 맞바람 때문에 항해를 포기하고 그 자리에 주저앉으라는 얘기는 아니다. 다만, 강력한 맞바람을 피할 수 있음에도 불구하고 무모한 의협심을 가지고 위험을 자초할 필요는 없다는 얘기다. 하나님은 그의 자녀들이 어려움을 이길 힘도 주시지만 때로는 피할 길도 열어주시기 때문이다(고전 10:13).

4. 풍세가 악화 되자 바람막이를 이용해 항해했다(7절).

바울 일행이 탄 배는 맞바람을 피하기 위해서 구브로 해안을 의지하고 항해하여 길리기아와 밤빌리아 바다를 건너 루기아의 무라 시(市)에 이르러 거기서 이달리아로 가려는 알렉산드리아 배로 갈아탔다. 배가 더디 갔기 때문에 여러 날 만에 간신히 니도 맞은편에 이르렀다. 무라에서 니도까지는 약 208킬로미터로 하루 뱃길이면 충분히 갈 수 있는 거리다. 그럼에도 불구하고 '여러 날 만에' 라는 말을 쓴 것을 보면 맞바람인 북서풍을 만나 천신만고(千辛萬苦) 끝에 니도에 도착했음을 암시한다. 특별히 '간신히' 라는 말을 7절과 8절에서 사용한 것을 보면 이곳까지의 항해가 얼마나 힘들었는지를 대변해준다.

바울이 탄 배는 니도 맞은편에 이르러는 풍세가 더 허락하지 않음으로 삼모네 앞을 지나 그레데 해안을 바람막이로 행해하여 간신히 그 연안을 지나 미항에 도착했다. 여기서 주의 깊게 생각해보고 싶은 것은 풍세가 더 허락하지 않음으로 '그레데 해안을 바람막이로' 항해했다는 말이다. 그레데 섬은 그리스 본토에서 남쪽으로 100킬로미터 정도 떨어져 있는 지중해에서 가장 큰 섬으로 해상교통의 요충지였다. 동서의 길이가 250킬로미터이고 남북의 길이가 10-50킬로미터 되는 좁고 긴 섬이다. 이 섬에는 산맥이 중첩하고 최고봉인 이다산은 2,100미터에 이른다. 그들이 역풍을 만나 큰 파도가 넘실거리는 바다를 항해할 때 이런 그레데 섬의 해안을 '바람막이로' 이용했다.

인생항로 가운데서도 순풍에 돛달고 여유 있게 항해할 때가 있는가 하면 풍세가 악화되어 더 이상 항해하기 어려울 때도 있다. 그때는 '바람막이' 가 필요하다. 인생항로에서 바람막이가 없는 인생은 참으로 가련하다. 우리의 인생항로에 바람막이는 바로 예수 그리스도시다. 환난 중에 주님께 피하는 자는 복이 있다.

다윗은 다음과 같이 노래하며 주님께 대한 신앙을 고백했다.

"여호와는 나의 반석이시요 나의 요새시요 나를 건지시는 이시요 나의 하나님이시요 내가 그 안에 피할 나의 바위시요 나의 방패시요 나의 구원의 뿔이시요 나의 산성이시로다"(시 18:2)

■ **오늘의 말씀을 요약해 보자.**

- 하나님의 사람들에게는 결코 우연이란 없다. 언제나 배후에서 하나님이 섭리하심을 믿어야한다.
- 다른 사람들과 협력하여 복음을 전하는 사람들이 되어야 한다.
- 다른 사람을 친절히 대하는 것은 상대방뿐만 아니라 자신에게도 큰 유익이 된다.
- 인생항로에서 강력한 맞바람이 불어오면 무모한 도전보다는 피할 길로 가는 것도 지혜일 수 있다.
- 주님이 내 삶을 '바람막이' 가 된다는 실을 믿고 환난의 바람이 불 때 주님께 피하자.

구원의 여망마저 없어졌더라

● 사도행전 27장 9-20절 ●

여러 날이 걸려 금식하는 절기가 이미 지났으므로 항해하기가 위태한지라 바울이 그들을 권하여 말하되 여러분이여 내가 보니 이번 항해가 하물과 배만 아니라 우리 생명에도 타격과 많은 손해를 끼치리라 하되 백부장이 선장과 선주의 말을 바울의 말보다 더 믿더라 그 항구가 겨울을 지내기에 불편하므로 거기서 떠나 아무쪼록 뵈닉스에 가서 겨울을 지내자 하는 자가 더 많으니 뵈닉스는 그레데 항구라 한쪽은 서남을, 한쪽은 서북을 향하였더라 남풍이 순하게 불매 그들이 뜻을 이룬 줄 알고 닻을 감아 그레데 해변을 끼고 항해하더니 얼마 안 되어 섬 가운데로부터 유라굴로라는 광풍이 크게 일어나니 배가 밀려 바람을 맞추어 갈 수 없어 가는 대로 두고 쫓겨가다가 가우다라는 작은 섬 아래로 지나 간신히 거루를 잡아 끌어 올리고 줄을 가지고 선체를 둘러 감고 스르디스에 걸릴까 두려워하여 연장을 내리고 그냥 쫓겨가더니 우리가 풍랑으로 심히 애쓰다가 이튿날 사공들이 짐을 바다에 풀어 버리고 사흘째 되는 날에 배의 기구를 그들의 손으로 내버리니라 여러 날 동안 해도 별도 보이지 아니하고 큰 풍랑이 그대로 있으매 구원의 여망마저 없어졌더라

사도 바울이 로마로 압송될 때 타고 간 배 안에는 네 부류의 사람들이 있었다.

첫째, 아구사도 대(隊)의 백부장 율리오와 그의 부하인 군사들로 죄수들을 호송하는 사람들이다.

둘째, 선장과 선주를 비롯한 선원들이다.

셋째, 바울 이외에 로마로 호송되어가는 다른 부류의 죄수들이다.

넷째, 데살로니가 사람 아스리스고와 사도행전의 기자(記者)인 누가 자신이다. 이들 모두를 합하면 무려 276명이나 되었으며(37절) 그 외에도 배 안에는 많은 화물이 실려 있었다.

바울 일행을 태운 배가 출항해서 시돈까지는 순조롭게 항해하는 듯했지만 시돈 항을 떠나서부터 우여곡절이 많았던 것으로 보인다. 그 배가 시돈 항을 출발하여 항해할 때 맞바람을 피하여 길리기아와 밤빌리아 바다를 건너 루기아의 무라 시(市)에 이르렀다. 거기서 이달리아로 가려는 알렉산드리아 배를 만나 갈아타고 간신히 살모네 앞을 지나 그레데 해안을 바람막이로 미항에 당도했다.

바울 일행이 탄 배가 미항에 도착했을 때는 계절적으로 더 이상 지중해를 항해할 수 없는 시기였다. 그래서 바울은 다소 불편은 예상되지만 미항에서 과동(過冬)하자고 제안했고, 선장과 선주는 보다 큰 항구인 뵈닉스로 가서 즐겁게 겨울을 보내자고 주장했다. 결국 백부장이 선장과 선주의 의견을 받아들여 그들은 미항을 떠나 뵈닉스로 향했다. 그러나 그들이 탄 배는 얼마 못가서 유라굴로라는 광풍을 만났다.

여기서는 바울 일행이 미항을 떠나 무리하게 위험한 항해를 하다가 유라굴로라는 광풍을 만나게 된 과정을 통해서 몇 가지 교훈을 찾으며 함께 은혜 나누려고 한다.

1. 백부장 율리오가 바울의 말보다 선장과 선주의 말을 더 믿었다(11절).

전술한 바와 같이 바울 일행을 태운 배는 강한 바람과 거친 풍랑으로 평소보다 더 많은 항해시간이 소요됐다. 그들은 여러 날이 지나서야 간신히 미항에 도착했다. 그때는 이미 금식하는 절기가 지났기 때문에 더 이상 지중해를 항해하기에는 위험했다. 여기서 말하는 '금식하는 절기'란 대속죄일(Day of Atonement) 5일 전부터 대속죄일까지 기간을 가리킨다(레 16:29-34, 23:26-32). 유대인들은 이 절기를 '욤키폴'이라고 불렀고 유대력으로 7월 10일이며, 현재 우리가 쓰는 달력으로는 대략 9월 말이나 10월 초에 해당 된다. 당시 지중해에서의 항해는 9월 14일 이후부터 3월까지는 위험하다고 보았다. 특히 11월 중순부터 다음해 1월까지는 항해가 거의 불가능했다고 한다. 그런데 바울 일행이 탄 배는 이미 역풍으로 인하여 상당 기간 지연 된 상태인데다 대속죄일이 지났기 때문에 지중해를 계속 항해한다는 것은 큰 무리가 아닐 수 없었다. 그래서 선교여행 중 여러 번 항해 경험이 있고 세 번이나 바다에서의 파선경험이 있는 바울은(고후 11:25) 영적통찰력을 가지고 이번 항해가 하물과 배만 아니라 생명에도 타격과 많은 손해를 끼칠 것이라고 예견하고 미항에서 과동(過冬)하기를 권고했다(10절). 그럼에도 불구하고 항해를 계속할 것인가 말 것인가에 대한 결정권을 가진 백부장이 바울의 말보다 선장과 선주의 말을 더 믿었다. 선장은 자신의 항해경험과 항해에 대한 지식에 의거해서, 선주는 자신의 이해타산(利害打算)에 입각해서, 바울은 영적통찰력과 신앙으로 각각 백부장에게 건의했다. 그때 백부장은 바울의 말보다는 선장과 선주의 의견을 채택했다. 그런데 그 결과는 바울의 말대로 하물과 배뿐만 아니라 사람들의 생명까지도 큰 타격과 손해를 입게 된 것이다.

누가복음 5장 1절 이하를 보면 갈릴리 호숫가에 배 두 척이 있는데 어부들이 배에서 나와 그물을 씻고 있었다. 그때 예수께서 시몬의 배에 오르셔서 육지에서 조금 떼기를 청하시고 배에서 무리를 가르치셨다. 실교를 마치신 예수님은 시몬에게 "깊은 데로 가서 그물을 내려 고기를 잡으라"고 말씀하셨다. 그때 시몬이 대답하기를 "선생님 우리들이 밤이 새도록 수고하였으되 잡은 것이 없지마는 말씀에 의지하여 내가 그물을 내리리이다"라고 순종하며 그물을 내렸다. 그러자 고기 잡은 것이

심히 많아 그물이 찢어지게 되었다. 베드로는 그 호숫가에서 물고기를 잡으며 잔뼈가 굵은 사람이기 때문에 고기 잡는 일에는 전문가라고 말할 수 있다. 그럼에도 불구하고 주님이 말씀하시니 그 말씀에 의지해서 그물을 내려 많은 고기를 잡게 되었다.

이런 관점에서 볼 때 바다에서 항해하는 일이라면 배의 선장이나 선주가 전문가라고 말할 수 있다. 당연히 그들의 경험이나 전문성도 존중되어야 한다. 그러나 이성적 판단이나 전문성이 하나님의 말씀보다 우선할 수는 없는 것이다. 그렇다고 전문가의 의견을 무시하라는 얘기가 아니다. 다만, 사람의 생각보다 하나님의 생각은 더 높고 위대하다는 얘기다(사 55:8).

바울은 내적으로 하나님의 음성을 듣고 영적통찰력을 가지고 '이번 항해에 커다란 손실이 있을 것이라'는 의견을 제시한 것이 틀림없다. 그때 의사결정권자인 백부장이 선장과 선주의 말보다 바울의 말을 더 신뢰했더라면 많은 물질의 손실을 보지 않았음은 물론 사람들이 그토록 엄청난 고난을 당하지 않았을 것이 확실하다.

때로는 하나님의 사람들이 객관적으로 볼 때 덜 전문적인 것 같고, 설령 세상의 이치에 맞지 않는 말을 하는 것 같이 보여도(왕하 5:8-14), 하나님께 순종하는 자세로 그의 말에 순종할 때 형통한 길이 열린다는 사실을 기억해야 한다(대하 20:20).

2. 백부장이 무리한 항해를 결정한 이유는 두 가지였다(12절).

전술한 바와 같이 그 시기는 지중해를 항해하는 것이 거의 불가능할 정도로 어려운 기간이었기 때문에 어차피 아무리 서둘러도 로마까지는 갈 수 없었다. 그래서 겨울을 나긴 나야 하는데 미항이냐 뵈닉스냐를 결정해야 문제만 남은 것이다.

미항(美港)이란 글자 그대로 '아름다운 항구'로 그레데 섬 남단에 있다. 미항은 안전하기는 하지만 크지 않은 항구도시이기 때문에 과동(過冬)하기에는 다소 불편한 점이 있는 곳이다. 그런데 뵈닉스는 큰 항구였기 때문에 어떻게 해서라도 거기까지만 가면 유흥가나 위락시설이 많았음으로 한 겨울 동안 향락을 누리면서 지내기에는 좋은 점이 있었다. 따라서 사람들의 중론(衆論)은 한 겨울을 미항에서 무료하게 지내는 것보다 좀 어려움은 예상 되지만 뵈닉스에 가서 즐겁게 지내자는 것이었다. 이때 백부장 율리오가 바울의 의견을 받아들이지 않고 무리하게 항해하기로 결단을 내렸다.

따라서 백부장이 무리한 항해를 결정한 이유는 두 가지로 요약할 수 있다.

첫째, 그곳에서 과동하는 것이 '불편하다'는 것이다.

둘째, 다수(多數)가 뵈닉스로 가자는 '여론이 형성되었다'는 것이다(12절).

이와 같은 현상은 오늘날 교회 안에서도 흔히 있는 일이다.

첫째, 많은 사람들은 하나님의 말씀대로 신앙생활을 하려면 인간적인 즐거움이 없을 뿐만 아니라 사회생활하기에 '불편하다'고 말한다. 어쩌면 즐거움을 추구하는 세상 사람들의 관점에서 볼 때 교회는 '미항'과 같다고 말할 수 있다. 그래서 그들은 교회는 재미도 없고 사회생활하기에 불편하다고 말하는 것이다.

둘째, 교회 안에서도 여론에 의해서 결정되는 일들이 비일비재(非一非再)하다는 것이다. 즉, 교회 안에서까지 진리여부를 따지지 않고 많은 사람들이 동의하는 대로 의사결정을 하는 경우가 많다는 얘기다. 원래 여론(輿論)이라는 말의 기원은 '가마를 드는 사람들이 하는 이야기'에서 나왔다고 한다. 옛날에 지체 높은 사람들은 거의 걷지 않고 가마를 탔다. 가마는 적어도 네 사람이 들었는데 가마꾼들이 가마를 들고 가면서 이런 말 저런 말을 했을 것이다. 그 사람들이 한 얘기가 여론이다. 즉, 여론(輿論)이란 가마를 탄 사람의 의견이 아니라 '가마를 든 사람들의 얘기' 이다.

그러므로 교회 안에서 민주적이란 미명하에 여론에 따라 중요한 의사결정을 내린다는 것은 참으로 위험한 발상일 수 있다. 이 세상에는 가장 민주적이어야 함에도 불구하고 민주적일 수 없는 세 기관이 있다고 한다. 그것은 학교와 군대와 교회다. 물론 어느 곳에서나 다수의 의견은 존중되어야 하지만 진리는 결코 숫자에 좌우되지 않는다는 사실을 결코 잊어서는 안 된다.

성경은 외로운 진리의 소리가 다수의 폭력 앞에 묵살되어 버린 경우를 여러 번 기록하고 있다. 열두 명의 정탐꾼들이 가나안 정탐을 마친 후 보고대회를 가질 때 군중들은 여호수아와 갈렙의 말보다 열 명의 정탐꾼들의 보고를 더 신뢰했다. 그래서 온 이스라엘 백성들이 밤새도록 통곡하면서 원망하고 불평했었다(민 14:1-10). 또한 진실을 말하는 미가야의 예언은 시드기야를 비롯한 사백 명의 거짓 예언자들에 의해 무참히 짓밟혔다. 그러나 미가야의 예언이 진실이었다는 사실을 성경은 말씀한다(왕상 22:1-40).

신앙은 결코 민주적으로 해결하거나 여론이나 다수결의 원칙에 의해 결정할 문제가 아니다. 오히려 주님은 좁은 문으로 들어가기를 힘쓰라고 말씀하셨다(마 7:13). 왜냐하면 생명으로 인도하는 문은 좁고 길이 협착하여 찾는 자가 적기 때문이다(마 7:14).

3. 남풍이 순하게 불매 그들은 뜻을 이룬 줄 알았지만 곧 광풍(狂風)을 만났다(13-14절).

바울 일행을 태운 배는 처음부터 위험부담을 안고 미항을 출발했다. 그런데 남풍이 순하게 불매 그들이 뜻을 이룬 줄 알고 의기양양(意氣揚揚)했으나 곧 '유라굴로' 라는 광풍을 만났다. '유라굴로' 는 '거센 회오리' 와 '돌풍' 을 동반한 태풍을 말한다. 이 말은 '동풍' 을 의미하는 라틴어 '유루스' (Eurus)와 '북풍' 을 의미하는 라틴어 '아킬로' (Aquilo)의 합성어로 '동북풍' 을 뜻한다. 이 폭풍은 그곳의 전형적인 지형으로 인해 발생되는데, 그레데 섬 한 가운데 솟아 있는 2,100미터의 이다(Ida) 산맥에서 형성 된 두 반대기류가 맞부딪칠 때 일어난다. 즉, 순한 남풍이 돌풍과 겹쳐 북풍으로 급격하게 돌변하기 때문에 '유라굴로' 라는 이름이 붙여졌다. 이 유라굴로는 바람이 사방으로 미친 듯이 불어대기 때문에 배는 방향을 조절할 수 없는 상태가 되어 속수무책으로 밀리다가 결국 암초에 부딪혀 파선하는 것이 기정사실로 되어 있다.

그런데 여기서 유의해서 살펴보고자 하는 것은 '남풍이 순하게 불매 그들이 뜻을 이룬 줄로 알고' 라는 말이다. 많은 사람들은 하나님의 뜻에 역행하면서도 처음에 무언가 잘 풀리는 듯히면 '득의' (得意)한 줄로 생각하고 의기양양 하는 것을 볼 수 있다. 그러나 곧 유라굴로와 같은 광풍(狂風)을 만날 수 있다는 것을 잊어서는 안 된다. 물론 'beginner' s luck' (초보자의 행운)이라는 말이 있다. 무언가 '처음 시작하는 사람에게 행운이 따른다' 는 의미다. 기령, 낚시를 할 때 초보사가 더 큰 불고기를 낚을 수 있고 도박을 할 때도 초보자가 더 잘 될 수도 있다. 그래서 많은 사람들이 거기에 속는다. 처음에 무언가 잘 된다고 해서 결과까지 다 좋은 것만은 아니다. 끝까지 가봐야 하고 결과를 보아야 한다. 도박을 할 때 처음에 돈을 좀 딴다고 해서 도박에 빠져들면 패가망신(敗家亡身)할 수밖에 없다. 따라서 믿음 없는 사람들이 순풍에 돛 달고 유리 같은 바다를 항해하는 것 같이 보인다 할지라도 그것을 부러워할 필요가 없다. 왜냐하면 곧 어려움이 닥칠 것이기 때문이다.

시편 기자는 다음과 같이 분명히 권면한다.

> "악을 행하는 자들 때문에 불평하지 말며 불의를 행하는 자들을 시기하지 말지어다 그들은 풀과 같이 속히 베임을 당할 것이며 푸른 채소 같이 쇠잔할 것임이로다 여호와를 의뢰하고 선을 행하라 땅에 머무는 동안 그의 성실을 먹을 거리로 삼을지어다 또 여호와를 기뻐하라 그가 네 마음의 소원을 네게 이루어 주시리로다 네 길을 여호와께 맡기라 그를 의지하면 그가 이루시고 네 의를 빛 같이 나타내시며 네 공의를 정오의 빛 같이 하시리로다 여호와 앞에 잠잠하고 참고 기다리라 자기 길이 형통하며 악한 꾀를 이루는 자 때문에 불평하지 말지어다 분을 그치고 노를 버리며 불평하지 말라 오히려 악을 만들 뿐이라 진실로 악을 행하는 자들은 끊어질 것이나 여호와를 소망하는 자들은 땅을 차지하리로다 잠시 후에는 악인이 없어지리니 네가 그 곳을 자세히 살필지라도 없으리로다 그러나 온유한 자들은 땅을 차지하며 풍성한 화평으로 즐거워하리로다"(시 37:1-11)

다윗은 악을 행하는 자들이 처음에 뭔가 잘 되는 것 같지만 풀과 같이 속히 베임을 당할 것이며 푸른 채소 같이 쇠잔할 것이라고 확신했다. 잠시 후에는 자세히 살필지라도 그들은 없어질 것이라고 노래했다.

이와 같은 일은 요나서에도 찾을 수 있다. 여호와의 말씀이 아밋대의 아들 요나에게 임했다. 하나님께서 요나에게 '너는 일어나 저 큰 성읍 니느웨로 가서 심판의 메시지를 외치라' 고 말씀하신 것이다. 그러나 요나가 여호와의 낯을 피하여 일어나 다시스로 도망하려 하여 욥바로 내려갔다. 그때 마침 다시스로 떠나려는 배가 대기하고 있지 않는가? 요나는 자신이 득의한 줄로 생각하고 뱃삯을 주고 다시스로 가는 배에 올라탔다. 그는 마음속으로 '옳지, 그럼 그렇지!' 라고 외쳤을 것이다. 그러나 얼마 못가서 여호와께서 큰 바람을 바다 위에 내리시매 큰 폭풍이 일어나 배가 거의 깨지게 되었다. 그러자 결국 뱃사람들의 제안에 따라 풍랑의 원인이 누구에게 있는지를 알기 위해서 제비를 뽑았다. 그 제비를 요나가 뽑았고 그는 풍랑의 원인이 자신에게 있음을 스스로 고백했다. 이에 요나는 바다에 던져지게 되었다. 그러나 여호와께서 요나를 위하여 큰 물고기를 예비 하셨고 그 큰 물고기 뱃속에 요나는 갇히게 되었다(욘 1:1-16). 결국 요나는 하나님의 뜻대로 니느웨로 갈 수 밖에 없었다.

따라서 하나님의 뜻을 따르지 않고 행하는 일들이 사람들 보기에 처음에 잘 되고 형통해 보여도 하나님의 뜻에 역행하면 반드시 큰 광풍이 몰아칠 것이라는 것을 잊어서는 안 된다.

4.광풍(狂風) 만난 배는 파도에 밀려 쫓겨 가게 되었다(15, 17절).

당시의 배는 지금처럼 기계의 동력을 이용해서 항해하는 것이 아니라 바람을 이용해서 항해하는 범선(帆船)이었다. 바울 일행이 탄 배가 미항을 출항하자 얼마 동안 남풍이 순하게 불었다. 이에 선장과 선주는 자신들이 득의한 줄로 착각했다. 그러나 얼마 못 가서 유라굴로라는 광풍을 만나 더 이상 바람에 맞추어 항해할 수 없었다. 배는 방향을 잃고 가는 대로 그대로 두고 쫓겨 갔다(15절). 그러다가 겨우 가우디라는 작은 섬 아래로 지나 간신히 거루를 잡아 끌어 올렸다.

가우디(Cauda)는 뵈닉스에서 남서쪽으로 약 35킬로미터 떨어진 작은 섬이다. 따라서 바울 일행이 탄 배는 선원들이 배를 더 이상 조정할 수 없는 상황에 빠져 바람과 풍랑에 밀려 상당히 먼 곳까지 떠밀려 온 것을 알 수 있다. 여기서 '아래로 지나' 라는 말은 '~을 바람막이로' 라는 말로 이해 할 수 있다. 그러므로 배가 풍랑에 밀려 떠내려 가다가 가우디라는 작은 섬을 바람막이로 간신히 '거루' 를 잡아끌어 올린 것이다.

그리고 '거루' 란 보통 배의 고물(배의 후미)에 매달아 끌고 다니는 작은 배(boat)다. 거루는 기상 상태가 악화되면 갑판 위로 끌어올리곤 했다. 선원들이 거룻배를 이렇게 필사적으로 갑판 위에 끌어 올린 것은 큰 배가 암초 등에 걸려 파선하거나 항구시설이 없는 곳에 비상 접안할 경우에 거룻배가 사용되기 때문이다.

바울 일행이 탄 배가 광풍에 표류하다가 가우디 섬을 바람막이로 거루를 간신히 끌어 올린 것을 보면 거루를 미쳐 끌어 올릴 시간적 여유조차 없이 유라굴로라는 광풍이 '갑자기' 그들을 엄습한 것으로 보인다.

여기서 우리가 깨닫게 되는 것들이 있다.

첫째, 인생항로에서도 인간의 의지, 지식, 경험, 노력 등으로는 도저히 해결할 수 없는 일들이 얼마든지 있다.

둘째, 인생항로에서도 누구에게나 감당하기 어려운 환란이 예상치 않은 시기에 '갑자기' 밀어닥칠 때가 있다.

5. 광풍을 만난 바울 일행은 구원의 여망마저 없어졌다(20절).

바울 일행이 탄 배는 갑작스런 광풍을 만나 바람에 맞추어 더 이상 항해할 수 없었다. 그래서 선원들이 다음과 같은 비상조치를 취했다.

첫째, 선원들은 배가 거친 풍랑에 쫓겨 가자 가우디라는 작은 섬을 바람막이로 간신히 거루를 잡아끌어 올렸다.

둘째, 선원들은 돛대와 선체가 파괴되는 것을 막기 위해서 밧줄을 가지고 선체(船體)를 둘러 감았다. 그러면서 '스르디스'에 걸릴까 두려워하여 연장을 내리고 그냥 쫓겨 갔다. '스르디스'란 '모래톱'(Sandbank)을 의미한다. 배가 모래톱에 걸리면 그대로 좌초되기 때문에 그들이 두려워했던 것이다. 여기서 말하는 '연장'이 무엇인지 정확한 것은 모르나 돛대나 노, 닻 등 배에서 쓰는 기구들을 의미하는 것으로 보인다.

셋째, 선원들은 풍랑으로 인하여 심히 애쓰다가 짐을 바다에 풀어 버렸다.

넷째, 선원들은 나머지 배의 기구들마저 그들의 손으로 내버렸다.

선원들이 이와 같은 비상조치를 취했다는 것은 인간이 할 수 있는 최선을 다했다는 얘기다. 그럼에도 불구하고 여러 날 동안 해도 별도 보이지 않고 큰 풍랑이 그대로 있으매 구원의 여망마저 없어졌다. 당시는 나침판이 발달되지 않았기 때문에 해나 별은 항해하는데 없어서는 안될 중요한 좌표가 되었다. 따라서 해와 별이 보이지 않았다는 것은 그들이 동서남북 방향조차 분간할 수 없는 위기에 빠지게 되었다는 것이다.

우리의 인생항로에서도 마찬가지다. 인간이 아무리 힘쓰고 애써도 절대로 해결할 수 없는 일들이 많은 것이 사실이다. 그럴 때는 여호사밧 임금처럼 "우리를 치러 오는 이 큰 무리를 우리가 대적할 능력이 없고 어떻게 할 줄도 알지 못하옵고 오직 주만 바라보나이다"라고 부르짖어야 한다(대하 20:12). "인간의 위기는 하나님의 기회다"라는 말이 있다. 인간이 할 수 없다고 손들 때 하나님은 그 때부터 강력하게 역사하신다. 그러므로 하나님의 사람들은 역경과 환난 가운데서 낙심하거나 좌절하지 말아야 한다. 오히려 구원의 여망이 없을 때 우리는 주님을 부르고 하나님을 앙망해야 한다(사 38:14, 막 4:38).

■ **오늘의 말씀을 요약해 보자.**

- 하나님과 선지자의 말씀에 순종하고 따르는 것이 견고하고 형통함의 비결이다.
- 일상생활의 불편함을 빙자해서 신앙을 멀리해서는 안 된다.
- 신앙과 진리는 여론에 의해서 좌우될 수 없다.
- 하나님 없이 처음에 잘 되는 것 같아도 인간이 해결할 수 없는 위기가 곧바로 온다는 사실을 잊지 말아야 한다.
- 인생항로에서 돈, 권력, 지식, 명예 등을 가지고 인간 스스로 해결 할 수 없는 문제들이 얼마든지 있다.
- 인생항로에서 누구에게나 예상치 않은 광풍이 '갑자기' 몰려 올 수 있다.
- 구원의 여망이 없을 때라도 오직 주님만 바라보는 믿음이 있어야 한다.

이제는 안심하라

사도행전 27장 21-26절

여러 사람이 오래 먹지 못하였으매 바울이 가운데 서서 말하되 여러분이여 내 말을 듣고 그레데에서 떠나지 아니하여 이 타격과 손상을 면하였더라면 좋을 뻔하였느니라 내가 너희를 권하노니 이제는 안심하라 너희 중 아무도 생명에는 아무런 손상이 없겠고 오직 배뿐이리라 내가 속한 바 곧 내가 섬기는 하나님의 사자가 어제 밤에 내 곁에 서서 말하되 바울아 두려워하지 말라 네가 가이사 앞에 서야 하겠고 또 하나님께서 너와 함께 항해하는 자를 다 네게 주셨다 하였으니 그러므로 여러분이여 안심하라 나는 내게 말씀하신 그대로 되리라고 하나님을 믿노라 그런즉 우리가 반드시 한 섬에 걸리리라 하더라

바울이 로마로 압송 되어 갈 때 그가 탄 배는 시돈까지는 순탄한 항해를 할 수 있었다. 그런데 계절적으로 더 이상 지중해를 항해하기가 어려운 상황이었기 때문에 바울은 미항이라는 곳에서 과동(過冬)을 하자고 제안했다. 그러나 선장과 선주는 미항이 과동하기에 불편하니 좀 어렵더라도 뵈닉스로 가자는 의견을 내 놓았다. 이때 호송책임자인 백부장 율리오가 바울의 말보다 선장과 선주의 말을 더 믿고 무리하게 뵈닉스를 향해 출발했다. 처음에 남풍이 순하게 불어오자 그들이 득의한 줄로 생각했지만 얼마 못가서 유라굴로라는 광풍을 만나게 되었다. 그 광풍은 인간의 힘으로 도저히 헤쳐 나갈 수 없는 무서운 풍랑이었다. 그들이 여러 날 자지 못하고 먹지 못하면서 표류할 때 바울이 일어서서 그들을 안심시키는 장면이 오늘의 본문 말씀이다.

여기서는 바울의 믿음을 통해서 여러 사람들에게 용기와 희망을 주

는 내용을 살펴보면서 함께 은혜를 나누려고 한다.

1. 극한상황 속에서 하나님의 사람에게 권세가 주어진다(21절).

바울 일행이 탄 배는 유라굴로라는 광풍을 만나 여러 날 표류했다. 배의 모든 연장과 기구는 물론 심지어 배에 실은 모든 하물(荷物)까지 바다에 버리면서 선원들이 이런 저런 비상조치를 다 취했지만 속수무책이었다. 따라서 사람들이 오랫동안 제대로 음식을 먹지 못한 것은 지극히 당연한 일이었다. 여러 날 동안 해와 별도 볼 수 없어 구원의 여망마저 보이지 않았다. 그들은 인간이 도저히 극복할 수 없는 극한상황 속에 빠지게 된 것이다.

그때 바울이 군중들 가운데 일어서서 "여러분이여 내 말을 듣고 그레데에서 떠나지 아니하여 이 타격과 손상을 면하였더라면 좋을 뻔하였느니라"라고 말했다. 이 말은 선장이나 선주, 백부장을 책망하는 것이라기보다 자신들의 잘못을 시인(是認)하고 사실을 사실로 인정(認定)하라는 것이다. 즉, 바울 자신의 말을 듣지 않고 무리하게 항해를 한 것이 잘못이었음을 시인하고 인정하라는 얘기다. 이것이 중요하다. 우리는 때때로 지나간 잘못에 대해 "다 지나간 일인데…"라고 말하며 그대로 간과(看過)해버리려는 경향이 있다. 그래서는 안 된다. 왜냐하면 자신의 허물과 실수와 잘못을 인정하고 수정하지 않으면 똑같은 실수와 잘못을 반복할 수 있기 때문이다.

지금 비록 바울이 로마로 압송되어가는 죄수의 신분이지만 인간이 극복할 수 없는 극한상황에 빠진 그 배에는 선장도 선주도 심지어 호송책임자였던 백부장 율리오도 아닌 바울이 리더(leader)격으로 당당하게 군중들 가운데서 말하고 있다.

우리가 여기서 깨닫게 되는 것이 있다. 그것은 인간이 극복할 수 없는 극한상황(極限狀況)에 부딪히게 되면 하나님의 사람에게 권세가 주어진다는 사실이다. 사람이 임종을 맞이하게 될 때는 의사의 의술보다 영원한 세계를 위한 주의 종의 기도 한 마디가 더욱 힘이 있는 것이다.

2. 바울이 일어나 난파선에 탄 사람들에게 희망의 메시지를 선포했다(22절).

바울이 탄 배는 속수무책(束手無策)으로 여러 날 표류했다. 해와 별도 보이지 않고 구원의 여망마저 없이 바람과 풍랑에 밀려 떠밀려 다녔다. 사람들이 여러 날 제대로 잠도 못자고 먹지도 못한 채 희망을 잃어버렸다. 그들은 인간이 극복할 수 없는 한계상황에 부딪힌 것이다. 그때 바울이 군중들 가운데 서서 자신들의 실수와 잘못을 인정하기를 요구했다. 그리고 이어서 권면하기를 "이제는 안심하라 너희 중 아무도 생명에는 아무런 손상이 없겠고 오직 배뿐이리라"라고 권세 있게 말했다.

"현명한 사람은 위기 가운데서 안전을 위해서 기도하기보다 두려움에서 벗어나기 위해서 기도한다."는 말이 있다. 바울은 하나님께 위기를 모면해달라고 기도하지 않고 그 배에 있는 사람들에게 먼저 마음을 편하게 하고 두려움에서 자신을 벗어나도록 권면했다. 바울의 권면은 한 마디로 "이제는 안심하라."는 것이다. 여기서 '안심하라' 는 말은 '즐거워하라' 는 의미로 신약성경에서 22절과 25절 그리고 야고보서 5장 13절 등 세 번만 사용되는 단어다. 이 말은 낙심이나 불안 가운데 있는 사람들에게 위로와 용기와 희망을 주는 말이다. 따라서 바울은 유라굴로라는 광풍에 밀려 표류하면서 구원의 여망마저 잃어버리고 아무런 희망이 없는 사람들에게 이제는 기뻐하고 즐거워하라고 희망의 메시지를 전한 것이다.

광야같이 험한 세상을 살아가면서 희망을 잃고 바람 불면 부는 대로 물결치면 치는 대로 살아가는 사람들이 의외로 많다. 그런 절망적 상황에 빠진 사람들에게 구원과 희망의 메시지가 절대로 필요한 시대가 바로 이 시대가 아닌가 한다.

3. 바울은 자신이 하나님께 속한 사람이라고 분명히 밝혔다(23절).

바울은 사람들에게 자신이 하나님께 속한 사람임을 분명하게 밝혔다. 여기서 하나님께 속했다는 말은 '하나님의 소유가 되어 있다' 는 말이다.

베드로전서 2장 9절의 말씀을 보면 다음과 같은 말씀이 있다.

> "너희는 택하신 족속이요 왕 같은 제사장들이요 거룩한 나라요 그의 소유가 된 백성이니 이는 너희를 어두운 데서 불러내어 그의 기이한 빛에 들어가게 하신 이의 아름다운 덕을 선포하게 하려 하심이라"(벧전 2:9)

이 세상 사람들은 누구나 소속이 분명하다. 결코 중간지대는 없다. 하나님께 속했든지 마귀에게 속했든지 둘 중에 하나다. 바울은 자신이 사탄에게 속하지 않고 분명히 하나님의 소유임을 밝혔다. 바울은 자신이 하나님의 소유이기 때문에 하나님께서 자신을 언제, 어디서, 어떤 상황가운데서도 지키시고 보호하신다는 확신을 갖게 된 것이다. 따라서 성도들은 무슨 일을 만나든지 '나는 하나님의 소유된 백성이다.' 라는 자기 정체성을 확실히 하는 것이 중요하다.

그리고 바울은 자신이 하나님께 속한 사람이기 때문에 자신은 항상 하나님을 경배하고 섬기고 있음을 밝혔다(23절). 신앙이 연약한 사람은 힘들고 어려울 때는 하나님을 배반하고 떠나는 경우가 있는 것이 사실이다. 그러나 하나님의 소유됨이 분명한 사람은 잘 되고 형통할 때나 어렵고 힘들 때나 어떤 상황에서도 하나님을 경외하고 섬긴다.

구약성경에 등장하는 욥은 자녀들이 한꺼번에 죽고 자신의 모든 재산이 일시에 다 없어지는 엄청난 고난을 당했다. 설상가상(雪上加霜)으로 그의 아내마저 그를 떠났고, 자신의 몸에는 악창이 나서 재 가운데 앉아 질그릇 조각을 가져다가 긁게 되었다. 욥은 이와 같은 상황에서도 하나님을 떠나지 않고 하나님께 엎드려 경배하며 그의 신앙을 고백했다(욥 1:20-22).

바울이 구원의 여망조차 보이지 않는 상황가운데서도 자신은 하나님께 속했음을 고백하고 여전히 하나님을 섬기고 경외하는 것을 보면 그의 신앙이 참으로 위대했음을 깨닫게 된다. 우리도 언제나 하나님만을 섬기고 경외하는 믿음을 가지고 살아가는 것이 중요하다.

4. 바울은 하나님이 말씀하신 그대로 될 것을 믿는다고 말했다(23-25절).

바울은 "하나님의 사자가 어제 밤에 내 곁에 서서 말씀하셨다"고 배에 탄 사람들에게 말했다.

사도행전을 보면 바울이 밤에 주님을 만난 일이 네 번 기록되어 있다.

첫째, 바울은 드로아에서 밤에 "마게도냐로 건너와 우리를 도우라"는 환상을 보았다(행 16:9).

둘째, 바울은 고린도에서 밤에 환상 가운데서 "두려워하지 말며 침묵하지 말고 말하라"라는 주의 음성을 들었다(행 18:9).

셋째, 바울이 예루살렘에서 체포되어 공회 앞에서 증언할 때 밤에

"네가 예루살렘에서 나의 일을 증언한 것 같이 로마에서도 증언하여야 하리라"(행 23:11)고 주님이 말씀하셨다.

넷째, 광풍에 밀려 배가 표류할 때 밤에 바울의 곁에 서서 "두려워하지 말라 네가 가이사 앞에 서야 하겠고 또 하나님께서 너와 함께 항해하는 자를 다 네게 주셨다"라고 말씀하셨다(23-24절).

이와 같이 하나님은 바울에게 밤에 환상을 보여주시기도 하고 말씀하시기도 했다.

이번에 바울은 광풍 가운데서 세 가지 분명한 하나님의 음성을 들었다.

첫째, 두려워하지 말라.

둘째, 네가 가이사 앞에 서야 하겠다.

셋째, 너와 함께 항해하는 자를 다 네게 주겠다.

그런데 중요한 것은 바울이 "나는 내게 말씀하신 그대로 되리라고 하나님을 믿노라"라고 고백한 내용이다. 아무리 환상을 보고 주의 말씀을 직접 듣는다 할지라도 하나님이 말씀하신 것이 그대로 되리라고 믿지 않으면 아무런 소용이 없지 않는가? 그런데 바울은 하나님이 자신에게 말씀하신 것이 '그대로 되리라' 고 확실히 믿고 고백했다는 얘기다. 바울은 하나님의 말씀, 하나님의 능력, 하나님의 경륜, 하나님이 하시는 일에는 실수가 없다는 사실을 믿었다. 그래서 바울이 광풍 가운데서도 '이제는 안심하라' 고 외칠 수 있었던 것이다. 여기서 바울의 신앙이 위대함을 다시 한 번 깨닫게 된다. 우리에게도 이와 같은 믿음이 있어야 한다.

■ **오늘의 말씀을 요약해 보자.**

- 인간의 힘으로 극복할 수 없는 상황에서 하나님의 사람에게 권세가 주어진다.
- 사람은 자신의 실수와 잘못을 솔직하게 인정하고 시인하며 수정할 때 같은 잘못을 반복하지 않을 수 있다.
- 좌절과 절망 가운데서 살아가는 현대인들에게 필요한 것은 희망의 메시지다.
- 하나님의 사람들은 언제나 내가 하나님의 소유 된 백성임을 확신하고 사는 것이 중요하다.
- 하나님의 사람들은 어떤 상황 가운데서도 하나님을 경배하고 섬기며 살아야 한다.
- 하나님의 사람들은 하나님의 음성을 들어야 하며 그 말씀이 그대로 될 것이라는 하나님의 경륜을 믿는 것이 중요하다.

너희의 구원을 위하는 것이다

● 사도행전 27장 27-44절 ●

열나흘째 되는 날 밤에 우리가 아드리아 바다에서 이리 저리 쫓겨가다가 자정쯤 되어 사공들이 어느 육지에 가까워지는 줄을 짐작하고 물을 재어 보니 스무 길이 되고 조금 가다가 다시 재니 열다섯 길이라 암초에 걸릴까 하여 고물로 닻 넷을 내리고 날이 새기를 고대하니라 사공들이 도망하고자 하여 이물에서 닻을 내리는 체하고 거룻배를 바다에 내려 놓거늘 바울이 백부장과 군인들에게 이르되 이 사람들이 배에 있지 아니하면 너희가 구원을 얻지 못하리라 하니 이에 군인들이 거룻줄을 끊어 떼어 버리니라 날이 새어 가매 바울이 여러 사람에게 음식 먹기를 권하여 이르되 너희가 기다리고 기다리며 먹지 못하고 주린 지가 오늘까지 열나흘인즉 음식 먹기를 권하노니 이것이 너희의 구원을 위하는 것이요 너희 중 머리카락 하나도 잃을 자가 없으리라 하고 떡을 가져다가 모든 사람 앞에서 하나님께 축사하고 떼어 먹기를 시작하매 그들도 다 안심하고 받아 먹으니 배에 있는 우리의 수는 전부 이백칠십육 명이더라 배부르게 먹고 밀을 바다에 버려 배를 가볍게 하였더니 날이 새매 어느 땅인지 알지 못하나 경사진 해안으로 된 항만이 눈에 띄거늘 배를 거기에 들여다 댈 수 있는가 의논한 후 닻을 끊어 바다에 버리는 동시에 키를 풀어 늦추고 돛을 달고 바람에 맞추어 해안을 향하여 들어가다가 두 물이 합하여 흐르는 곳을 만나 배를 걸매 이물은 부딪쳐 움직일 수 없이 붙고 고물은 큰 물결에 깨어져 가니 군인들은 죄수가 헤엄쳐서 도망할까 하여 그들을 죽이는 것이 좋다 하였으나 백부장이 바울을 구원하려 하여 그들의 뜻을 막고 헤엄칠 줄 아는 사람들을 명하여 물에 뛰어내려 먼저 육지에 나가게 하고 그 남은 사람들은 널조각 혹은 배 물건에 의지하여 나가게 하니 마침내 사람들이 다 상륙하여 구조되니라

바울이 탄 배가 미항을 출발하기 전에 바울은 미항에서 겨울을 나자고 제안했고(9-10절), 선장과 선주는 뵈닉스로 가서 과동(過冬)하자고 주장했다. 이때 백부장이 바울의 말보다 선장과 선주의 말을 더 믿고 출항을 감행했다(13절). 그러나 배가 미항을 떠난 지 얼마 안 되어 유라굴로라는 큰 광풍을 만났다. 결국 그 배는 미항에서 약 800킬로미터나 떨어진 멜리데 섬까지 광풍에 밀려 무려 열나흘 동안이나 표류했다(27절).

오늘 본문은 그들이 광풍으로 인해 배가 깨지는 상황 속에서 어떻게 멜리데 섬에 상륙해서 모든 사람들이 생명을 건질 수 있었는지를 말씀하고 있다. 이 본문 말씀을 의지해서 하나님 주시는 음성을 함께 들으며 은혜를 나누려고 한다.

1. 바울은 사공들이 배에 있지 아니하면 구원을 얻지 못할 것이라고 외쳤다(31절).

바울 일행이 탄 배가 아드리아 바다에서 이리저리 쫓겨 가다가 사공들이 어느 육지에 가까워지는 줄 짐작하고 물을 재어보았다. 처음에 물을 재었을 때는 스무 길이 되었다. 스무 길이라면 미터법으로 환산했을 때 36미터쯤 된다(한 길은 약 1.8미터). 조금 가다가 재어보니 열다섯 길, 곧 27미터쯤 되었다. 이것은 수심(水深)이 빠른 속도로 낮아지고 있음을 보여 주는 것이다. 그래서 사공들은 배가 암초에 걸릴까하여 고물로 닻 넷을 내리고 날이 새기를 고대했다. 여기서 '고물'은 배의 후미(後尾)를 지칭하는 말이며, '닻'은 배를 한곳에 머물게 하기 위해서 사용하는 것으로 쇠줄이나 밧줄에 무거운 쇳덩어리나 나무갈퀴 등을 매어단 것을 말한다. 일반적으로 닻은 '이물'(배의 앞부분)에 내려 배를 정박하는 것이 통례다. 그러나 지금은 배가 해안 쪽으로 부는 바람과 파도 때문에 선미(船尾)가 180도 회전하여 암초에 부딪히는 위험을 막기 위해서 배의 후미(後尾)에 닻 넷을 내려 배를 고정시킨 것으로 매우 현명한 조치라고 말할 수 있다.

이때 사공들이 도망하고자 하여 '이물'에서 닻을 내리는 체하고 거룻배를 바다에 내려놓았다. '거룻배'는 돛을 달지 않은 작은 배로 접안 시설이 없는 상황에서 육지에 상륙하는데 사용되는 작은 배를 의미한다. 이와 같이 거루를 이용해서 몰래 사공들이 도망하려고 하자 바울은

"이 사람들이 배에 있지 아니하면 너희가 구원을 얻지 못하리라"고 외쳤고, 이에 군인들이 거룻줄을 끊어 떼어버렸다.

여기서 깨닫게 되는 것들이 있다.

① 사공들과 같은 이기적인 행동을 삼가야 한다.

사공들은 자신의 몸과 다름없는 배가 파선하거나 말거나 상관하지 않았다. 그들은 그 배에 탄 사람들의 생명이 풍전등화(風前燈火) 같다는 사실을 누구보다 잘 알고 있었다. 그럼에도 불구하고 배에 탄 사람들의 안전을 책임져야 할 사공들이 자기들만 난파선 속에서 살아남기 위해 거룻배를 이용해 몰래 빠져나가 도망치려는 이기적인 행동을 한 것이다.

그들의 이기적인 행동은 극단적인 개인주의와 이기주의에 빠진 현대인들의 모습을 보여주는 듯하다. 오늘날 우리 사회가 풀어야 할 커다란 숙제 중에 하나는 극단적인 개인주의와 이기주의를 어떻게 극복하느냐 하는 것이다. 자신만 아는 이기심을 버리고 나보다 다른 사람들을 먼저 배려할 줄 아는 자세가 필요하다.

② 바울은 "이 사람들이 배에 있지 아니하면 구원을 얻지 못한다."고 말했다.

그때 바울이 사공들의 행동을 보고 백부장과 군인들에게 말하되 "이 사람들이 배에 있지 아니하면 너희가 구원을 얻지 못하리라"고 외쳤다. 사공들의 은밀하고도 사악한 행동을 그 누구도 눈치 채지 못할 때 바울이 예리한 영적인 통찰력으로 그들의 이기적인 행동을 막은 것이다. 왜냐하면 분명히 바울은 하나님께서 자신과 자기에게 붙여 주신 사람들 모두를 살려주실 것을 확신하고 믿었다(24절). 그러나 이런 난파선 속에서 구원 받기 위해서는 사공들의 전문적인 지식과 경험이 반드시 필요하다는 사실을 누구보다 잘 알고 있었기 때문이다.

여기서 깊이 생각해야 할 중요한 포인트가 있다. 그것은 "배에 있지 아니하면 구원을 얻지 못한다"는 말이다. 기독교 안에는 "교회 밖에는 구원이 없다"는 유명한 명제가 있다. 이 말은 초대 교회 교부인 사이프리아누스(Cyprianus)가 처음 사용한 것으로 바울이 외친 이 말에 근거를 둔 것으로 여겨진다. 난파선 속에 있을지라도 배를 떠난 사람이 살 수 없음 같이 교회를 떠나서는 구원 받을 수 없다는 얘기다. 아무리 현대 교회가 분열과 분쟁과 내부의 문제가 있다 할지라도 교회를 떠나서는 구원받을 수 없음을 깨달아야 한다. 마치 노아시대에 방주에 들어간 노아의 여덟 식구만 구원을 받았듯이(벧전 3:20), 주님의 몸 된 교회 안에서 믿음을 가지고 신앙생활을 해야 구원 받는다. 교회는 그리스도를 머리로 한 그의 지체들이기 때문이다(엡 1:22, 4:15, 골 1:18).

③ 군인들이 거룻줄을 끊어 떼어버렸다.

사공들이 자기들만 살아남기 위해서 거루를 이용해서 몰래 도망치려 할 때 바울이 "이 사람들이 배에 있지 아니하면 너희가 구원을 얻지 못하리라"고 외치자 군인들이 거룻줄을 끊어 떼어버렸다(32절).

오늘날 우리들도 다른 사람들을 전혀 고려하지 않고 나만 살려는 이기적인 거룻줄이 있으면 그것을 끊어 떼어버려야 한다. 특히 교회는 그리스도 예수 안에서 한 피 받아 한 몸 이룬 형제 자매들의 모임이다. 따라서 교회 안에서는 이기적이고 개인주의적인 거룻줄을 끊어 떼어버리지 않으면 안 된다.

2. 바울은 배에 탄 사람들에게 먹을 것을 권면했다(33-34절).

바울이 탄 배는 유라굴로라는 광풍을 만나 무려 열나흘 동안 표류했다. 그동안 배에 탄 사람들은 제대로 자지 못하고 아무것도 먹지 못해서 기진맥진한 상태가 되었다. 이때 바울이 일어서서 음식 먹기를 권하면서 "이것이 구원을 위한 것이라"라고 말했다. 바울은 덧붙여 "너희 중 머리카락 하나도 잃을 자가 없으리라"고 담대히 외쳤다. 이제 눈앞에 육지가 보이지만 기력이 없이는 헤엄쳐 육지에 도달할 수 없기 때문에 바울은 모든 사람들에게 음식 먹기를 권면했던 것이다.

바울은 떡을 가져다가 모든 사람 앞에서 하나님께 축사하고 떼어먹기를 시작했다. 마치 성만찬을 하는 모습과도 같았다(눅 24:30). 배에 탄 사람들의 숫자가 276명이나 되었는데 이 모든 사람들이 안심하고 받아먹고 기력을 회복했다.

여기서 깨닫게 되는 것이 있다. 구원은 근본적으로 하나님 주도적으로 이루어진다. 그런데 하나님의 은혜로 이미 구원 받은 사람들도 인간편에서 자신이 해야 할 것은 반드시 해야 한다는 것이다. 가령, 건강은 근본적으로 하나님이 주시는 은총이요 축복이다. 그러나 자신의 건강을 위해서 음식을 알맞게 먹고, 적절한 운동을 하고, 과로하지 않도록 적당히 휴식을 취하는 등 인간 편에서도 건강을 지키기 위한 노력을 게을리 해서는 안 된다. 또한 질병을 근본적으로 치료하시는 분은 하나님이시다. 그러나 치료를 위해서 의사의 처방에 따라 의약품을 복용하는 것을 불신앙적인 행동으로 보아서는 안 된다는 얘기다.

3. 그들이 배를 가볍게 하려고 밀을 바다에 버렸다(38절).

바울은 열나흘 동안이나 자지 못하고 먹지 못한 사람들에게 음식 먹기를 권했다. 바울은 그것이 구원을 위한 조치임을 강조했다. 바울이 떡을 가져다 모든 사람들 앞에서 하나님께 감사기도를 드린 후에 먹기를 시작했다. 모두가 배불리 먹고 밀을 바다에 버려 배를 가볍게 했다. 이것은 조금이라도 해변에 더 가까이 접근하기 위한 비상조치로 볼 수 있다.

우리들이 하나님께 더 가까이 나가기 위해서는 나를 좀 더 가볍게 해야 할 필요가 있다. 지금까지 인간적으로 소중하게 여겼던 무거운 것들이 있다면 그것들을 아낌없이 버릴 수 있어야 한다. 바울은 예수 그리스도를 영접하고 지금까지 자신이 자랑했던 세상적인 모든 것들을 배설물 같이 여겼다고 고백했다(빌 3:8). 그리스도를 아는 고상한 지식 때문이라는 것이다. 히브리서 기자를 통해서 우리에게 주신 말씀, 곧 "모든 무거운 것과 얽매이기 쉬운 죄를 벗어버리고 인내로써 우리 앞에 당한 경주를 하며"(히 12:1)라는 말씀을 심비에 새길 필요가 있다. 나를 지금 무겁게 짓눌러 주님께 가까이 가지 못하게 하는 것들이 무엇인가? 그것이 지식이든, 재물이든, 명예든, 체면이든, 그 무엇이라도 바울처럼 배설물 같이 여길 줄 알아야 한다.

4. 바울이 탄 난파선은 해안을 향해 들어갔다(40절).

칠흑같이 어두운 밤이 지나고 새날이 밝았다. 사람들의 눈에 어느 땅인지 알지 못했지만 경사진 해안으로 된 항만이 들어왔다. 선원들은 배를 그곳에 댈 수 있는지를 의논했다. 그 후 선원들은 고물에 내렸던 닻줄을 끊어 바다에 버렸다. 배를 고정시켰던 닻줄을 끊어버렸다는 것은 이제는 정상적인 정박을 포기했다는 얘기다. 배의 닻을 걷어 올릴 수도 있었지만 닻줄을 끊어 바다에 버렸다는 것은 배를 좀 더 가볍게 하려는 조치로 이해할 수 있다. 그리고 키를 풀어 늦추고 돛을 달고 바람에 맞추어 해안을 향하여 들어갔다. 키는 배의 방향을 조정하는 역할을 한다.

그동안 광풍 속에서 배가 떠밀려 다녔기 때문에 키는 제 역할을 할 수 없었다. 그래서 배가 어디에 걸릴까 염려해서 키를 걷어 올렸던 것 같다. 그런데 이제 키 줄을 늦춤으로 키가 제 역할을 하도록 했고 거기에 돛을 달아 항해할 준비를 갖추었다. 저들은 이 섬에 상륙하지 못하면 아무런 희망이 없다는 생각으로 이와 같이 최후의 항해를 시도한 것이다.

그들이 닻줄을 끊었던 것처럼 하나님께 가까이 나아가지 못하도록 나를 붙들고 있는 닻줄이 있으면 그것을 끊어버려야 한다.

오래 전에 들은 얘기다. 부여군 세도면에 사는 어떤 사람이 강(江) 건너 충남 강경에 와서 하루 종일 술을 마셨다. 날이 어둑어둑하여 집으로 돌아가려고 강경 나루터로 비틀거리며 나왔다. 마침 나루터에는 임자 없는 나룻배 하나가 묶여 있었다. 잔뜩 술에 취한 그는 나룻배에 올라 밤새도록 콧노래를 부르며 노를 저었다. 얼마나 시간이 흘렀을까 새벽이 되어 날이 새어갈 즈음 낌새가 이상한 것을 느꼈다. 술도 어느 정도 깬 상태에서 정신을 차려보니 배가 그 자리에 있음을 발견했다. 나룻배를 묶어 놓은 끈을 풀지 않고 술김에 밤새도록 노만 저은 것이다.

하나님께 가까이 나가지 못하도록 나를 묶고 있는 닻줄을 끊어버려야 한다. 주님은 자기 자신을 포기하지 않으면 내게 합당하지 않다고 말씀하셨다(막 8:34). 철저히 자기를 부정하고 십자가를 지고 주님을 따라야 한다.

그들이 다시 키 줄을 늦추고 돛을 달고 바람에 맞추어 항해했던 것처럼 이제는 주님께 내 인생의 키를 맡기고 내 삶을 새롭게 재정비하여 새로운 인생항해를 시작해야 한다. 주님이 내 삶을 인도해 주시기를 기대하면서 내 삶의 돛을 다시 힘차게 올려보자.

5. 바울 한 사람 때문에 모든 사람들이 위기에서 구원 받았다(43절).

선원들이 닻줄을 끊어 바다에 버리고 키 줄을 늦추고 돛을 달아 바람에 맞추어 해안을 향해 들어갔다. 두 물이 합하여 흐르는 곳을 만나매 배의 '이물'(배의 앞부분)이 모래톱에 걸려 움직이지 못했고 '고물'(배의 뒷부분)은 큰 물결로 말미암아 깨져가고 있었다. 이때 군인들은 죄수들이 헤엄쳐서 도망할 것을 염려하여 백부장에게 죄수들을 죽이자고 건의했다. 왜냐하면 당시 로마법에 의하면 죄수를 지키던 군사들이 죄수를 놓치면 대신 처벌을 받아야 했기 때문이다(행 12:19, 16:27). 따라서 군사들의 이와 같은 건의는 자기방어를 위한 당연한 조치라고 볼 수 있다. 그럼에도 불구하고 백부장 율리오는 바울을 구원하려고 군사들의 건의를 받아들이지 않았다. 어찌 보면 이것은 백부장이 군인으로서 자기 직무를 포기한 것이나 마찬가지였다. 그러나 백부장은 바울을 살리고자하는 일념으로 죄수들을 죽이지 못하게 한 것으로 보인다. 만약 죄수들을 죽인다면 바울도 온전하지 못했기 때문이다. 백부장은 처음부터 바울에게 친절했고 호의적이었음이 분명하다(3절). 백부장이 미항을 떠날 때는 바울의 말보다 선장과 선주의 말을 더 믿은 것이 사실이지만(11절) 유라굴로라는 광풍을 만나고 난 후부터는 그를 더욱 신뢰했고 바울로부터 많은 감동을 받아 바울을 보호하려고 마음먹은 것으로 보인다.

백부장은 헤엄칠 줄 아는 사람은 물에 뛰어내려 먼저 육지로 나가게 했다. 남은 사람들은 널조각 혹은 다른 물건을 이용해서 나가게 함으로 바울의 예언대로(34절) 한 사람도 머리카락 하나 손상 없이 276명 전원이 구원받았다. 하나님의 말씀은 신실하여 그대로 이루어진다.

여기서 깨닫게 되는 것이 있다. 바울 한 사람 때문에 다른 죄수들은 물론 그 배에 탄 사람의 생명이 온전히 보존될 수 있었다는 점이다. 요셉 한 사람 때문에 하나님이 보디발의 집에 복을 내리셨고 당시 기근으로 죽을 수밖에 없는 수많은 사람들이 살게 되었다. 또한 야곱으로 인해서 하나님이 라반의 집에 복을 내리셨다. 그렇다면 나 한 사람 때문에 나와 관계된 사람들까지도 복을 받을 수 있는 삶을 살아야 한다는 것을 깨닫게 된다.

■ **오늘의 말씀을 요약해 보자.**

- 이기적인 행동을 버리고 다른 사람들을 먼저 배려할 줄 알아야 한다.
- 교회 밖에는 구원이 없음을 깨닫고 주님의 몸 된 교회 안에서 신앙생활을 잘 해야 한다.
- 이기적이고 개인주의적인 거룻줄을 끊어버려야 한다.
- 구원은 근본적으로 하나님의 주권 하에 있지만 구원 이후의 인간의 책임도 소홀히 해서는 안 된다.
- 하나님께 가까이 나아가지 못하게 하는 닻줄을 끊어야 한다.
- 위기상황 속에서 모든 것을 하나님께 맡기는 삶을 살아야 한다.
- 군사들처럼 죄수를 죽임으로 책임을 면하려고 하지 말고 백부장과 같이 다른 사람을 살리려는 노력이 요구된다.
- 하나님의 말씀은 신실하여 그대로 성취된다.
- 나 한 사람으로 인하여 나와 관계 된 다른 사람들이 복음 받을 수 있어야 한다.

멜리데 섬의 기적

사도행전 28장 1-10절

우리가 구조된 후에 안즉 그 섬은 멜리데라 하더라 비가 오고 날이 차매 원주민들이 우리에게 특별한 동정을 하여 불을 피워 우리를 다 영접하더라 바울이 나무 한 묶음을 거두어 불에 넣으니 뜨거움으로 말미암아 독사가 나와 그 손을 물고 있는지라 원주민들이 이 짐승이 그 손에 매달려 있음을 보고 서로 말하되 진실로 이 사람은 살인한 자로다 바다에서는 구조를 받았으나 공의가 그를 살지 못하게 함이로다 하더니 바울이 그 짐승을 불에 떨어 버리매 조금도 상함이 없더라 그들은 그가 붓든지 혹은 갑자기 쓰러져 죽을 줄로 기다렸다가 오래 기다려도 그에게 아무 이상이 없음을 보고 돌이켜 생각하여 말하되 그를 신이라 하더라 이 섬에서 가장 높은 사람 보블리오라 하는 이가 그 근처에 토지가 있는지라 그가 우리를 영접하여 사흘이나 친절히 머물게 하더니 보블리오의 부친이 열병과 이질에 걸려 누워 있거늘 바울이 들어가서 기도하고 그에게 안수하여 낫게 하매 이러므로 섬 가운데 다른 병든 사람들이 와서 고침을 받고 후한 예로 우리를 대접하고 떠날 때에 우리 쓸 것을 배에 실었더라

바울 일행이 탄 배가 미항을 떠난 후 얼마 못되어 유라굴로라는 광풍을 만나 표류하기 시작한 지 무려 열나흘이나 되었다. 우여곡절(迂餘曲折) 끝에 하나님의 은혜로 구조 되어 상륙한 곳은 멜리데라는 섬이었는데, 이 섬은 현재의 '말타'(Malta)가 분명하다. 멜리데는 길이가 약 30킬로미터, 폭이 약 16킬로미터 정도 크기의 섬이다. 멜리데는 시실리 섬에서 남방으로 약 100킬로미터, 아프리카 해안의 북동쪽 약 340킬로미터 지점에 위치하고 있다. 이 섬은 B.C.1,000년경부터 페니키아인의 식민지였으나 제2차 포에니 전쟁초기인 B.C.218년에 로마에 의해 점령되었다. 그리고 제 1차 세계대전 이후로는 영국의 영토가 되어 영국 지중해함대의 주요 기항지가 되었다.

여기서는 난파선 속에서 구조된 사람들이 멜리데 섬에 상륙해서 원주민들로부터 극진한 사랑을 받은 내용과 그곳에서 있었던 기적적인 일들을 통해서 복음이 그곳에 증거 된 내용을 살펴보면서 함께 은혜를 나누려고한다.

1. 난파선 가운데 구조된 사건 속에서 구원의 상징성을 깨닫게 된다 (1절).

바울 일행은 그들이 전혀 알지 못하고 예상치 못했던 '멜리데' 라는 낯선 섬에 상륙하여 구조 되었다. 우리는 이 난파선 속에서 그들이 구조(개역성경; '구원' 으로 번역 됨) 되어 멜리데 섬에 상륙한 사건에서 다음과 같이 '구원의 상징성' 을 발견할 수 있다.

① 구원이란 '생명 위주의 개념' 이라는 사실이다.

바울과 함께 배에 탔던 사람들은 유라굴로라는 광풍을 만나자 스스로 위기를 극복하려고 필사적으로 노력했다. 그들은 배에 실은 물건은 물론 배의 모든 연장과 기구들을 자신들의 손으로 바다에 던졌다. 또한 그들은 거친 바람과 풍랑으로 인하여 배가 깨져서 침몰해 갈 때 심지어 그 배까지 포기했다. 그 후에 어떤 사람들은 헤엄치고 어떤 사람들은 널조각과 배의 물건들을 이용해서 간신히 섬에 상륙했다. 모든 것을 다 잃어버린다 할지라도 '생명' 만은 건져야 했기 때문에 모든 것을 스스로 바다에 던진 것이다.

이와 마찬가지로 구원은 어디까지나 '생명 위주의 개념' 이다. 이 세상 모든 것을 다 갖는다 할지라도 자기 생명을 잃어버리면 아무것도 아니다. 반대로 이 세상 모든 것을 다 잃는다 할지라도 생명을 얻는다면 그것은 은총이요 축복이다. 왜냐하면 천하를 주고도 바꿀 수 없는 것이 사람의 목숨이 기 때문이다(마 16:26). 주님이 이 땅에 오신 것도 '생명을 얻게 하고 더 풍성히 얻게 하심'이라고 성경은 분명히 말씀하셨다(요 10:10). 이와 같이 구원은 생명 위주의 개념이다.

② 그들이 구원된 것은 전적으로 '하나님의 은혜' 였다.

바울 일행이 구조 된 것은 그들이 헤엄을 잘 쳤거나 노를 잘 저어서가 아니었다. 또한 선원들의 항해기술이 좋거나 그들이 필사적인 노력을 기울여 살아난 것이 아니라 오직 하나님의 은혜로 살아난 것이다. 오늘날 우리들의 구원 받음도 마찬가지다. 우리들의 지식이나 경험이나 인간적인 노력이 아니라 전적으로 하나님의 주도하심 가운데 은혜로 구원 받았다.

바울은 에베소교회에 편지할 때 다음과 같이 말했다.

"긍휼이 풍성하신 하나님이 우리를 사랑하신 그 큰 사랑을 인하여 허물로 죽은 우리를 그리스도와 함께 살리셨고 (너희는 은혜로 구원을 받은 것이라"(엡 2:4-5)

"너희는 그 은혜에 의하여 믿음으로 말미암아 구원을 받았으니 이것은

너희에게서 난 것이 아니요 하나님의 선물이라"(엡 2:8)

따라서 우리들의 구원은 '오직 하나님의 은혜'로 이루어진다는 사실을 알아야 한다.

③ 구원이란 미지의 세계에 도달하는 것이다.

본문 1절의 말씀을 보면 "우리가 구조된 후에 안즉 그 섬은 멜리데라 하더라"고 말씀하고 있다. 이는 그들이 구조되기 전에는 그 섬을 알지 못했다는 말이다. 또한 그들이 이 섬으로 오려고 해서 온 것이 아니라 유라굴로라는 광풍 속에서 하나님이 주도하셔서 이곳까지 오게 된 것이다. 배에 탄 사람들은 유라굴로라는 광풍을 만나 배가 표류 할 때 이렇게 저렇게 살아남아 이 섬에 상륙할 것이라고 생각한 사람은 하나도 없었다. 우리들의 구원도 마찬가지다. 예수 그리스도를 믿음으로 구원받은 우리들도 미지의 세계인 '하늘나라'로 들어가게 될 것이다.

이와 같이 난파선 속에서 구원 된 사건은 우리들에게 '구원의 상징성'을 보여준다.

2. 원주민들이 동정을 베풀어 난파선 속에서 구조된 사람들을 영접했다(2절).

이곳의 원주민들은 원래 팔레스타인 서해안에 설던 베니게(punic)인들이었는데, 이들이 아프리카 북단으로 이주했다가 다시 이 섬에 와서 정착한 것으로 보인다. 누가는 이들을 '바르바로이'(Barbaroi)라고 불렀다. 이 말은 문자적으로 '바르(Bar) 바르(Bar)하는 사람들'이라는 뜻이다. 이는 바울 일행들의 귀에는 그들이 하는 말이 '바르 바르'하는 것 같이 들렸기 때문으로 여겨진다. 바로 이 단어에서 '미개인' 또는 '야만인'

이라는 뜻의 '바바리안'(Barbarian)이라는 영어 단어가 생겼다.

그러나 누가는 이 말을 그러한 경멸적인 의미로 사용하지 않았을 것이 분명하다. 왜냐하면 당시의 헬라인들은 헬라어를 못하거나 헬라 문화를 습득하지 못한 외국 사람들에게 이 말을 사용했기 때문이다(롬 1:14). 고대 헬라에서는 통속적으로 비헬라인들은 모두 이렇게 지칭했다. 그래서 이런 오해를 불식시키기 위해서 영어성경인 NIV에서는 '섬사람들'(Islanders)로, NASB, RSV에서는 '원주민들'(Natives)로 번역했다.

이곳 원주민들은 바울과 함께 난파선 속에서 구조된 276명을 특별히 동정해서 친절히 대했다. 그들은 겨울비가 오는 지중해 날씨를 피할 수 있는 곳에 불을 피워 바울 일행을 따뜻하게 영접했다. 따라서 고대 헬라인들이 생각했던 것처럼 헬라문화에 대해서 무지하고 헬라어를 사용하지 못하는 사람들만 야만인이 아님을 깨닫게 한다. 현대인들 가운데서도 자기보다 어려운 처지에 있는 사람들을 동정하지 못하는 사람들이 있다면 그들이야말로 야만인이요 미개인이라고 말할 수 있다.

여기서 사도행전의 기자(記者)인 누가가 원주민들의 친절과 동정심을 부각시켜 기록한 것은 특별한 의미가 있다고 본다. 유대인들 가운데는 바울이 선교여행을 할 때 여러 번 그를 박해하고 죽이려했던 일들이 있었음으로(행 23:14-15) 유대인들을 원주민들과 비교하려는 의도가 있는 것으로 보이기 때문이다. 이렇게 비교함으로 난파선 속에서 구조된 사람들에게 동정심을 가지고 친절하게 대했던 원주민들이 바울을 죽이려 했던 유대인들보다 훨씬 나은 사람들임을 보여주고자 했던 것으로 여겨진다.

우리 주님은 영원한 대제사장으로서 허물과 죄로 말미암아 이미 죽어(엡 2:1) 영원히 멸망 받을 수밖에 없는 우리들을 동정하셨다.

이에 대해 히브리기자는 다음과 같이 증언 했다.

"우리에게 있는 대제사장은 우리의 연약함을 동정하지 못하실 이가 아니요 모든 일에 우리와 똑같이 시험을 받으신 이로되 죄는 없으시니라"(히 4:15).

또한 베드로 사도는 다음과 같이 교훈했다.

"마지막으로 말하노니 너희가 다 마음을 같이하여 동정하며 형제를 사랑하며 불쌍히 여기며 겸손하며"(벧전 3:8)

특히 예수님은 나사로의 죽음 앞에 동정의 눈물을 흘리셨다는 사실을 기억하고(요 11:35) 우리는 곤경에 처한 사람들을 동정할 줄 아는 사람들이 되어야 한다.

3. 바울이 독성이 강한 뱀에 물렸으나 죽지 않는 기적이 일어났다(3-6절).

바울 일행이 구사일생으로 구조되어 멜리데 섬에 상륙했을 때 비가 오고 날이 차가웠다. 원주민들이 특별히 동정하여 불을 피워 그들을 영접했다. 그때 바울이 나무 한 묶음을 거두어 불에 넣으니 뜨거움으로 말미암아 뱀이 나와 바울을 물고 있었다. 원주민들은 이런 광경을 보고 "이 사람은 살인자가 분명하다. 바다에서는 구조되었으나 공의가 그를 살지 못하게 한다"라고 말했다. 그러나 바울이 그 뱀을 불에 떨어버리매 조금도 상하지 않았다. 그들은 바울이 붓든지 혹은 갑자기 쓰러져 죽을 줄로 알고 기다렸다가 오래 기다려도 바울에게 아무런 증상이 없자 바울을 신(神)이라고 말했다.

이 기적의 사건 속에서 몇 가지 교훈을 찾을 수 있다.

① 주님의 진정한 제자는 다른 사람들을 끝까지 섬기는 삶을 산다(3절).

하나님의 은혜로 간신히 목숨만 건진 사람들은 오랫동안 자지 못하고 먹지 못해서 한 사람도 빠짐없이 초췌한 모습이었을 것이고 바울도 예외는 아니었다고 본다. 그럼에도 불구하고 바울은 추위에 떠는 다른 사람들을 위해서 나무 한 묶음을 거두어 불에 넣었다. 그는 똑같이 어려운 가운데서도 다른 사람을 섬기는 일에 모범을 보였다. 풍부하고 평안한 상태에서 다른 사람을 도와주고 자비를 베푸는 것은 그리 어렵지 않을 수 있다. 그러나 똑같이 어렵고 힘든 상황 속에서 다른 사람들을 섬기는 것은 쉽지 않다. 이런 의미에서 바울은 진정한 주님의 제자라고 말할 수 있다. 주님은 이 땅에 섬김을 받으러 오신 분이 아니라 섬기러 오셨고 자기 목숨을 대속물로 주시기 위해서 오셨다고 말씀하실 뿐만 아니라 실제로 그런 삶을 사셨기 때문이다(마 20:28).

② 기적의 참된 의미를 깨달을 수 있다(5-6절).

독사가 바울의 손을 물고 있는 것을 바라본 원주민들은 "진실로 이 사람은 살인한 자로다 바다에서는 구조를 받았으나 공의가 그를 살지 못하게 함이로다"라고 말했다. 원주민들이 이렇게 말을 한 것은 다음과 같은 전설이 있었기 때문으로 보인다. 옛날에 아프리카 북쪽 리비아 해안을 항해하던 해적선이 파선하여 해적들이 이 멜리데 섬에 상륙하여 쉬고 있었다. 그때 이상한 뱀이 나와서 이 해적들을 모두 물어 죽였다는 것이다. 따라서 멜리데 섬사람들은 바울을 살인자로 오인하고 '정의와 복수의 여신' 이 뱀을 보내 바울을 물게 함으로 바울이 붓든지 혹은 갑자기 쓰러져 죽을 것으로 생각했던 것이다.

그런데 바울이 그 독사를 불에 떨어 버렸고 그는 조금도 상함이 없었다(5절). 이런 일은 부활하신 주님이 최후로 말씀하신 것이 그대로 이루어진 순간이었다.

> "믿는 자들에게는 이런 표적이 따르리니 곧 그들이 내 이름으로 귀신을 쫓아내며 새 방언을 말하며 뱀을 집어올리며 무슨 독을 마실지라도 해를 받지 아니하며 병든 사람에게 손을 얹은즉 나으리라 하시더라"(막 16:17-18)

우리가 여기서 깊이 생각할 것이 있다. 기적이란 죽었다가 살아나야만 하는 것은 아니다. 오히려 죽지 않는 것이 기적이다. 즉, 무슨 굉장한 일이 일어나는 것만 기적이 아니라 무사하면 그것이 더 큰 기적이라는 것이다. 예를 들면 중한 병에 걸렸다가 낫는 것만 기적이 아니라 질병 많은 세상에서 살면서도 질병에 걸리지 않는 것이 더 큰 기적이요 축복이다(출 15:26). 또한 하루에도 수 백 건씩 교통사고가 발생해서 많은 사람들이 다치거나 죽어간다. 그러나 자동차를 매일 타고 다녀도 아무 일도 일어나지 않고 무사하면 그것이 기적임을 깨달아야 한다. 다니엘의 세 친구들이 극렬히 타는 풀무불 속에서도 머리털 하나 그을리지 않고 살아남으로 이방인들에게 하나님이 살아계심을 나타냈다(단 3:27-29). 이와 같이 바울이 독사에 물렸으나 무사함으로 하나님께 큰 영광을 돌렸다. 이것이 은총이요 기적이다.

③ 사람은 그 누구도 신(神)이 될 수 없다(6절).

바울이 독사에 물렸기 때문에 죽을 줄만 알았던 원주민들은 바울에게 아무 이상이 없음을 보고 돌이켜 생각하여 바울을 신(神)이라고 말했다. 바울이 제 1차 전도여행을 할 때 루스드라에서 나면서부터 한 번도 걸어보지 못한 사람을 걷게 한 일이 있었다. 이에 그곳 사람들이 "신이 사람의 형상으로 우리 가운데 내려오셨다"면서(행 14:10-11) 바나바는 제우스라 하고 바울은 헤르메스라고 하여 제사를 지내려고 한 일이 있었던 것이다(행 14:12-13). 그런데 지금 멜리데의 원주민들도 바울이 독사에 물렸으나 죽지 않자 그를 신으로 오해하고 있는 모습을 발견한다. 여기서 우리들이 깨닫게 되는 것은 인간은 그 누구도 신(神)이 될 수 없다는 사실이다. 그러나 하나님의 사람은 하나님의 능력을 가지고 기적을 보임으로 하나님이 함께하는 사람임을 세상으로 알게 하는 것이 필요하다.

4. 기적을 통해 복음을 효과적으로 전할 수 있었다(7-10절).

멜리데 섬에서 가장 높은 사람은 보블리오였다. 보블리오를 '이 섬에서 가장 높은 사람'이라고 불렀는데, 이는 '그 섬에서 첫째가는 이'라는 의미다. 따라서 보블리오는 그 섬의 추장과 같은 신분이었다. 그러나 구체적으로 보블리오가 '추장'이었는지 '최고의 행정관'이었는지 확실하지는 않다. 다만 그가 가장 영향력 있는 사람임에는 틀림없다. 특히 '보블리오'라는 이름은 라틴어식 이름이다. 따라서 그가 그 섬에 토지가 있고 부친과 함께 사는 것(8절)을 보면 본토인이면서도 로마식 이름을 가졌다고 볼 수 있다. 그렇지 않으면 로마식 이름을 가진 것을 보아서 로마에서 그 섬의 최고 행정관으로 파송 된 사람으로도 이해할 수 있다.

이런 보블리오가 바울과 함께 배를 탔다가 구조된 사람들을 영접하여 사흘이나 머물게 했다. 그때 그의 부친이 열병과 이질에 걸려 누워 있어서 바울이 들어가 기도하고 그에게 안수할 때 그 병이 낫게 되었다. 그러자 그 섬에 살고 있는 많은 사람들이 병든 사람들을 데리고 와서 고침을 받았고 후한 예로 바울 일행을 대접하고 떠날 때 쓸 것을 배에 실어 주었다.

여기서 깨닫게 되는 것이 있다.

① 영향력 있는 사람들이 주님께 돌아오는 것은 고무적인 일이다.

그리스도 안에서는 영혼의 소중함은 동일하다. 즉, 지식인이나 못 배운 자나, 돈을 많이 가진 자나 가난한 자나, 힘과 권력이 있는 자나 그렇지 못한 자의 영혼은 똑같이 소중하다. 그러나 그 영향력은 똑같지 않다는 사실을 기억해야 한다. 특별히 그 섬의 최고 책임자인 보블리오에게 복음이 증거 되었다는 사실은 매우 고무적인 일이다. 그 섬에 교회가 세워졌다는 성경의 기록은 없으나 보블리오가 그곳의 첫 번째 감독이 되었다는 전승이 있고 그곳에 지하교회인 카타콤(Catacomb)이 많다는 사실을 보아서 영향력 있는 사람이 주께로 돌아오는 것은 매우 고무적인 일이 아닐 수 없다.

② 바울이 기도하고 안수 할 때 병든 사람들이 낫게 되었다.

의사인 누가는 보블리오의 아버지가 열병과 이질에 걸렸다고 정확히 진단했다. 그런데 보블리오의 아버지는 누가의 의술로 낫은 것이 아니라 바울이 기도하고 안수할 때 낫게 되었다고 누가는 기록하고 있다. 바울이 기도하고 안수할 때 병든 사람이 나았다는 것은 바울이 복음을 효과적으로 전할 수 있도록 하나님이 역사하신 것이다. 이는 "병든 사람에게 손을 얹은즉 나으리라"(막 16:18)라는 말씀이 성취되는 순간이었다. 복음 증거자는 성령의 권능을 받고 이런 능력을 행할 때 복음이 보다 더 효과적으로 증거 될 수 있다는 사실을 깨달아야한다.

③ 주의 종들을 친절히 대하는 사람들이 받는 특별한 은총이 있다.

보블리오는 그 섬에서 가장 높은 사람이었다. 그가 바울 일행을 초청하여 사흘이나 친절히 머물 수 있도록 배려했다(7절). 그때 그의 부친이 열병과 이질에 걸려 어려움을 당했는데 바울이 들어가 기도하고 안수하여 낫게 되었다(8절). 열왕기하 4장 8-37절의 말씀을 보면 수넴 여인이 엘리사 선지자를 극진히 대접함으로 죽었던 그의 아들이 엘리사 선지자를 통해서 다시 살아나는 놀라운 기적을 체험하는 내용이 기록되었다.

따라서 하나님의 사람들을 친절히 대하는 사람들에게는 특별한 은총이 있다는 사실을 깨닫게 된다.

④ 받은 은혜에 대해 감사할 줄 알아야 한다.

보블리오의 아버지가 열병과 이질에서 고침 받았고 그 섬에 사는 사람들 가운데 다른 병든 사람들도 바울에게 와서 고침을 받았다. 그들은 후한 예로 바울 일행을 대접해 주었고 바울 일행이 그 섬에서 떠날 때에는 그들이 쓸 것들을 배에 실음으로 받은 은혜와 사랑에 대해 보답하는 아름다운 광경을 볼 수 있다(10절). 속담에 "원수는 돌에 새기고 은혜는 물에 새긴다."는 말이 있다. 많은 은혜를 받고도 사례할 줄 모르는 사람들이 많은 것이 사실이다(눅 17:11-19). 그런 면에서 멜리데 섬 원주민들은 받은 은혜를 감사할 줄 아는 사려 깊은 사람들이었음을 깨닫게 된다.

■ **오늘의 말씀을 요약해 보자.**

- 구원이란 생명 위주의 개념이다.
- 이 세상의 모든 것은 다 잃어버린다 할지라도 '생명'을 얻으면 축복이요 은총이다.
- 우리의 구원은 하나님이 주도하심으로 이루어지는 온전한 은혜다.
- 예수 믿고 구원 받은 사람은 미지의 세계인 '하늘나라'로 들어가게 되어있다.
- 어려운 처지에 처한 사람들을 외면하는 것이야말로 미개인이요 야만인이다.
- 곤경에 처한 사람들을 동정하는 일은 주님을 본받는 삶이다.
- 자신이 힘들고 어려워도 다른 사람들을 돌보는 것이야말로 그리스도의 사랑을 실천하는 일이다.
- 기적이란 꼭 굉장한 일이 발생하는 것만이 아니라 아무 일도 일어나지 않는 것도 큰 기적이다.
- 성도들에게 '영적권세'가 있어야 복음을 효과적으로 전할 수 있다.
- 영향력 있는 사람들이 주께로 돌아오는 것은 참으로 고무적인 일이다.
- 복음 증거자는 성령 받아 능력을 행함으로 보다 더 효과적으로 복음을 증거 할 수 있다.
- 주의 종들을 친절히 대접하는 자들에게 주시는 특별한 은총이 있다.
- 받은 은혜에 대해 감사하는 것이 마땅하다.

이스라엘의 소망

사도행전 28장 11-20절

석 달 후에 우리가 그 섬에서 겨울을 난 알렉산드리아 배를 타고 떠나니 그 배의 머리 장식은 디오스구로라 수라구사에 대고 사흘을 있다가 거기서 둘러가서 레기온에 이르러 하루를 지낸 후 남풍이 일어나므로 이튿날 보디올에 이르러 거기서 형제들을 만나 그들의 청함을 받아 이레를 함께 머무니라 그래서 우리는 이와 같이 로마로 가니라 그 곳 형제들이 우리 소식을 듣고 압비오 광장과 트레이스 타베르네까지 맞으러 오니 바울이 그들을 보고 하나님께 감사하고 담대한 마음을 얻으니라 우리가 로마에 들어가니 바울에게는 자기를 지키는 한 군인과 함께 따로 있게 허락하더라 사흘 후에 바울이 유대인 중 높은 사람들을 청하여 그들이 모인 후에 이르되 여러분 형제들아 내가 이스라엘 백성이나 우리 조상의 관습을 배척한 일이 없는데 예루살렘에서 로마인의 손에 죄수로 내준 바 되었으니 로마인은 나를 심문하여 죽일 죄목이 없으므로 석방하려 하였으나 유대인들이 반대하기로 내가 마지 못하여 가이사에게 상소함이요 내 민족을 고발하려는 것이 아니니라 이러므로 너희를 보고 함께 이야기하려고 청하였으니 이스라엘의 소망으로 말미암아 내가 이 쇠사슬에 매인 바 되었노라

바울 일행이 멜리데 섬에서 과동(過冬)하는 동안 원주민들로부터 융숭한 대접을 받았다. 뿐만 아니라 그 섬의 원주민들은 바울 일행이 섬을 떠날 때 그들이 쓸 것을 배에 실어주는 친절함을 잊지 않았다. 멜리데에서 과동한 바울은 비록 죄수의 신분이었지만 드디어 로마를 향해서 출발하게 되었다.

본문을 보면 누가는 바울 일행이 로마로 가는 여정을 비교적 상세히 기술(記述)하고 있다. 특별히 로마에 있는 형제들이 먼 곳까지 바울을 영접하려고 나온 것을 보고 바울은 하나님께 감사를 드릴뿐만 아니라 복음 전할 담력까지 얻게 되었다고 말한다. 로마에 들어간 바울은 한 군

사와 함께 따로 있는 특혜를 누릴 수 있었고 유대인 중 높은 사람들을 초청해서 자신의 입장을 변론하는 기회를 가졌다.

여기서는 바울의 로마 입성 일정과 유대 종교지도자들에게 자신의 입장을 변론하는 바울의 모습을 살펴보면서 함께 은혜를 나누려고 한다.

1. 바울은 자신을 맞으러 온 형제들을 보고 하나님께 감사하고 담대한 마음을 얻었다(11-15).

멜리데 섬에서 3개월을 지난 바울 일행은 그 섬에서 겨울을 지낸 알렉산드리아 배를 타고 로마로 향했다. 바울 일행이 난파선 속에서 구사일생으로 상륙한 시기는 대략 11월 중순으로 여겨진다. 따라서 3개월이 지났다면 다음해 2월 중순경에 그 섬을 출발해 다시 항해를 시작한 것으로 볼 수 있다. 그 배는 뱃머리에 '디오수구로' 라는 팻말을 걸었다. '디오수구로' 란 '쌍둥이 형제들' 이라는 뜻으로 그리스신화에 나오는 하늘의 신(神) 제우스와 스파르타의 황후 레다(Leda) 사이에서 태어났다고 하는 '카스토르' (Castor) 와 '폴룩스' (Pollux)를 기리는 이름이다. 그런데 '카스토르' 와 '폴룩스' 는 '사공들의 수호신' 으로 뱃사람들에게 행운을 가져다주는 신으로 여겨졌다.

바울 일행이 탄 배는 멜리네 섬을 출발하여 '수라구사' (Syracuse)에 냈다. '수라구사' 는 시실리 섬의 수도(首都)로 이 섬의 동남단에 있는 로마로 가는 배들이 거치는 주요한 항구도시다. 멜리데에서 이 섬까지는 약 160킬로미터였고 B.C.734년에 고린도의 식민지가 되었다. 수라구사는 성의 둘레가 약 35킬로미터나 되는 번창한 도시였으며 유명한 수학자

아르키메데스(Archimedes)의 고향이기도하다.

그 배는 거기서 사흘 있다가 '레기온'(Rhegium)이르게 되었다. 레기온은 현재의 '레기오'(Reggio)로 이탈리아 남부 메시나(Messina) 해협에 위치한 항구도시다. 바울 일행을 태운 배는 거기서 하루를 지낸 후 남풍이 일어남으로 이틀 만에 340킬로미터 떨어진 보디올(Puteoli)이 이르게 되었다. 바울 일행은 거기서 형제들을 만나 그들의 청함을 받아 이레를 함께 머물렀다. 여기서 '형제'라는 말은 예수 그리스도로 말미암아 사랑으로 하나 된 '믿음의 형제들'(행 1:15)을 말한다. 이것은 이미 복음이 이탈리아에까지 전해졌다는 것을 알 수 있는 중요한 사실이다. 또한 이제 로마까지는 불과 220킬로미터 밖에 안 남았고 그 정도의 거리라면 건강한 장정이 '압보오 가도'를 통해서 걸으면 닷새면 갈 수 있는 거리다. '압보오 가도'는 과거에 동방제국을 정복한 로마 장군들의 개선로였다. 이 길을 이제 바울이 로마를 복음으로 정복하기 위해서 당당하게 걷게 되었다는 사실이 매우 고무적이 아닐 수 없다.

한편 바울이 나폴리 만의 항구도시에 도착했다는 소식이 전해지자 그곳의 형제들이 로마에서 약 69킬로미터 떨어진 압비오 저자(광장)와 거기서 약 17킬로미터 떨어진 '트레이스 타베르네'까지 나와서 바울을 맞았다. '트레이스 타베르네'란 '세 여관'이란 뜻으로 이곳이 교통의 요충지였기 때문에 세 개의 큰 여관이 있어서 붙여진 이름으로 여겨지며 외교사절이 부임할 때 환영하는 장소였다. 바울이 비록 죄수의 신분으로 로마에 입성하지만 로마교회는 한 나라의 외교사절이 부임할 때 환영 나오듯 거기까지 나와 환영한 것이다. 따라서 바울이 그들을 보고 하나님께 '감사'하고 '담대한 마음'을 얻었다고 누가는 기록하고 있다.

또 한 가지 바울이 이와 같이 하나님께 감사하고 담대한 마음을 얻은 이유가 있다. 그것은 주께서 바울이 로마로 보내시겠다고 약속했었는데(행 19:21, 롬 1:11, 15:23) 그것이 성취되었기 때문이다. 그리고 바울 자신도 계속해서 로마로 가서 복음 전하기를 소원했었는데(행 23:11, 27:24) 그 일이 이제 이루어지는 역사적인 순간이기 때문이다.

성도들은 주의 일꾼들이 하나님께 감사하고 담대히 복음을 외칠 수 있도록 복음의 멍에를 함께 메고 위로와 격려를 아끼지 말아야 한다(갈 6:6).

2. 바울에게 한 군인과 함께 따로 있기를 로마당국이 허락했다(16절).

드디어 바울은 죄수의 신분이었지만 로마로 들어가게 되었다. 이때 로마 당국이 바울에게 호의를 베풀어 그를 지키는 '한 군인과 함께' 따로 있도록 조치해 주었다. 이것은 바울을 호송했던 백부장 율리오가 바울에 대해서 긍정적으로 보고한 것이 이런 조치를 가능하게 한 것으로 보인다. 또한 베스도 총독의 호의적인 조서(행 25:25, 26:32)도 바울에게 유리하도록 작용한 것으로 여겨진다.

그런데 중요한 것은 '한 군인'이 누구냐는 것이다. 그는 분명히 로마 황제를 지키고 호위하는 '친위대' 병사 중 하나인 것으로 보여 진다. 당시 로마의 일반법에는 군인의 왼손과 죄수의 오른손을 한 수갑을 채웠다고 하는데 바울에게도 이런 법이 적용되었는지는 확실하지는 않다. 그러나 분명한 것은 호위하는 병사는 3-4시간에 한 번씩 교대가 이루어져 하루에 6-8명이 바울을 지켰던 것으로 보인다. 그러니까 좋든 싫든 바울은 친위대 병사 몇 사람들과 하루 종일 같이 있게 되었다. 이것은 바울에게 있어서는 절대로 놓칠 수 없는 전도할 수 있는 기회였음이 틀림없다. 게다가 하루에 6-8명씩 교대가 이루어졌으니 매일 매일 많은 병사들에게 복음을 증거 할 기회가 주어진 셈이지 않는가? 따라서 이와 같은 조치 덕분에 비록 바울이 죄수의 신분이었지만 로마 황제의 친위대에 소속 된 군사들에게 날마다 복음을 전할 기회를 갖게 된 셈이다. 참으로 희한한 일이 아닐 수 없다.

또 한 가지 여기서 깨닫게 되는 것이 있다. 일이 잘 되고 형통할 때보다 어렵고 힘든 상황 가운데서 복음을 전할 때 더욱 효과적이라는 것이다. 즉, 건강한 사람이 병든 사람에게 전도하는 것보다 병든 사람이 건강한 사람에게 전도하는 것이 더욱 효과적이라는 말이다. 또한 성공한 사람이 실패한 사람에게 '어려운 상황이지만 잘 참고 견디라' 고 한다면 누가 좋다고 하겠는가? 그러나 매우 어려운 처지에 있음에도 불구하고 그렇지 않은 사람들에게 복음을 전한다면 훨씬 더 효과적으로 복음이 전파될 수 있다는 얘기다. 이런 의미에서 바울이 죄수의 신분으로 어려운 처지에 있을 때 '한 군사와 함께 따로 있게 허락한 것' 은 로마 당국이 바울에게 많은 군인들을 효과적으로 전도할 수 있는 좋은 기회를 제공한 셈이 되는 것이었다. 하나님은 모든 것을 합력하여 선을 이루게 하시는 분이심을 다시 한 번 깨닫게 한다(롬 8:28).

3. 바울은 유대인 중 높은 사람들을 청하여 자신을 변명했다(17-22절).

로마에 입성한지 사흘 후에 바울은 유대인 중 높은 사람들을 초청했다. 여기서 '유대인 중 높은 사람' 이란 '유대인 중에서 첫째가는 사람' 이라는 뜻으로 로마에 있는 회당이나 유대인 공동체의 지도자들을 일컫는 말이다. 바울은 그들을 '형제' 라고 불렀다. 여기서 '형제' 라는 말은 같은 기독교인들뿐만 아니라 유대인 동족들을 부를 때도 사용했던 용어다(행 2:37). 따라서 바울이 여기서 유대의 지도자들을 '형제' 로 부른 것은 그들에게 자신의 친근감을 표시하기 위함으로 보인다. 또한 바울이 이들을 초청한 목적은 자신을 스스로 변증함으로 복음전파의 장애물을 사전에 제거하려는 것으로 보인다.

바울이 유대 지도자들에게 행한 변증을 살펴보면 다음과 같다.

① 자신은 이스라엘 백성으로 조상의 관습을 배척한 일이 없다(17절).

바울은 유대인의 율법이나 조상 때부터 내려오는 전통을 무시하거나 배척한 사람이 아니다(행 24:14-16). 다만 바울이 목숨을 걸고 반대한 것은 '율법을 지킴으로 구원을 받는다' 는 그들의 주장이다. 즉, 바울은 '구원은 오직 예수 그리스도를 믿음으로만 이루어진다' 는 사실을 강조한 것뿐이다. 여기서도 바울은 이스라엘 백성이나 조상들의 관습을 배척한 일이 없다고 자신을 변론했다.

② 유대 종교지도자들이 자신을 로마인의 손에 죄수로 내 주었다(17절).

바울은 예루살렘에서 유대 종교지도자들이 자신을 로마인의 손에 죄수로 내어주었다고 말했다. 이는 대제사장 아나니아가 어떤 장로들과 변호사 더둘로와 함께 총독에게 바울을 고발한 것을 이르는 말이다(행 24:1). 그들은 바울이 전염병 같은 자라면서 천하에 흩어진 유대인들을 다 소요하게 하는 자요 나사렛 이단의 우두머리라고 고발했었다(행 24:5). 그러면서 바울이 성전을 더럽게 했다는 죄목까지 추가했다(행 24:6).

③ 로마인들은 자신을 심문하여 죽일 죄목이 없어 석방하려했으나 유대인들이 반대하여 마지못해 가이사에게 상소했다(18-19절).

여기서 '로마인'이란 천부장 루시아(행 23:26), 총독 벨릭스와 베스도(행 24:27) 등을 일컫는 말이다. 그들은 유대 종교지도자들의 고발에 따라 바울을 심문했으나 바울에게서 로마실정법을 어긴 어떤 죄목도 발견하지 못했었다(행 23:29, 25:25, 26:31-32). 그럼에도 불구하고 유대인들의 계속되는 반대와 암살음모를 알고 바울을 석방하지 못했다(행 25:9). 따라서 바울은 마지못해서 가이사에게 상소한 것뿐이라고 자신의 입장을 밝히고 있다(18절).

④ 자신은 자기 민족을 고발하려는 것이 아니다(19절).

바울은 자신이 가이사에게 상소한 것은 결코 자기 동족을 고발하려는 의도가 아니었음을 분명히 밝히고 있다. 바울은 자기 동족인 유대인들을 얼마나 사랑했는지를 로마서에서 다음과 같이 말했다.

"내가 그리스도 안에서 참말을 하고 거짓말을 아니하노라 나에게 큰 근심이 있는 것과 마음에 그치지 않는 고통이 있는 것을 내 양심이 성령 안에서 나와 더불어 증언하노니 나의 형제 곧 골육의 친척을 위하여 내 자

신이 저주를 받아 그리스도에게서 끊어질지라도 원하는 바로라"(롬 9:1-3)

이는 바울 자신이 그리스도에게서 끊어져 지옥에 가는 한이 있다 할지라도 자기 동족 유대인들이 예수 믿고 회개하여 구원받는다면 그렇게 하고 싶다는 고백이다. 그만큼 자신의 동족인 유대인을 사랑한 사람이 바울이다. 따라서 바울은 스스로 자기 민족을 로마 황제에게 고발하려는 의도를 전혀 갖지 않았음을 밝히고 있는 것이다.

4. 바울은 자신이 쇠사슬에 매인 이유는 이스라엘의 소망임을 밝혔다(20절).

바울은 자신이 죄인의 몸으로 이곳까지 오게 된 가장 근본적인 이유를 밝히는 대목이 바로 이 대목이다. 그것은 온 이스라엘 백성들이 소망하는 바를 자신도 굳게 믿기 때문이라는 것이다. 여기서 말하는 '이스라엘의 소망'이란 바울이 아그립바 왕과 베스도 앞에서도 밝혔듯이 '죽은 자의 부활'이나 '메시아에 관한 소망'을 의미한다(행 26:6-8).

일반적으로 유대인들이 고대하고 소망하는 메시아는 예수님처럼 초라하게 십자가 위에서 못 박히는 것이 아니라 이스라엘의 속박 곧, 로마의 통치로부터 해방시켜 줄 정치적인 해방자인 동시에 현세적인 통치자였다. 그러나 바울이 말하는 '이스라엘의 소망'은 유대인들이 바라는 것 이상이었다. 그는 죽은 자의 부활에 대한 보증을 예수 그리스도의 부활에서 찾았다(고전 15:12-20). 또한 그리스도께서 언젠가 다시 오셔서 이스라엘과 온 우주의 통치자로 군림하실 것이라는 메시아사상을 가졌다. 그럼에도 불구하고 잘못된 신앙과 메시아관을 가지고 있던 유대인들이 바울을 오해하여 고발함으로 바울이 쇠사슬에 매여 여기까지 오게 된 것이다.

따라서 하나님의 사람들은 언제나 하나님의 말씀인 '성경이 신앙의 기준'이 되어야하며 성경에서 말씀하는 바를 올바로 이해하고 그대로 믿는 신앙이 정립되어야 한다는 것을 깨닫게 된다.

■ **오늘의 말씀을 요약해 보자.**

- 복음 증거자들이 감사함과 담대함으로 복음을 전할 수 있도록 그들과 함께 멍에를 메고 위로와 격려를 아끼지 말아야 한다.
- 때를 얻든지 못 얻든지 항상 복음을 전하는 자가 되어야 한다.
- 하나님은 언제나 모든 것이 합력하여 선을 이루게 하신다.
- 구원은 오직 예수 믿음으로만 이루어진다.
- 자기의 동족을 사랑하는 것은 성도로서 당연한 도리다.
- 올바른 메시아사상을 갖는 것이 중요하다.

구원이 이방인에게로

사도행전 28장 21-31절

그들이 이르되 우리가 유대에서 네게 대한 편지도 받은 일이 없고 또 형제 중 누가 와서 네게 대하여 좋지 못한 것을 전하든지 이야기한 일도 없느니라 이에 우리가 너의 사상이 어떠한가 듣고자 하니 이 파에 대하여는 어디서든지 반대를 받는 줄 알기 때문이라 하더라 그들이 날짜를 정하고 그가 유숙하는 집에 많이 오니 바울이 아침부터 저녁까지 강론하여 하나님의 나라를 증언하고 모세의 율법과 선지자의 말을 가지고 예수에 대하여 권하더라 그 말을 믿는 사람도 있고 믿지 아니하는 사람도 있어 서로 맞지 아니하여 흩어질 때에 바울이 한 말로 이르되 성령이 선지자 이사야를 통하여 너희 조상들에게 말씀하신 것이 옳도다 일렀으되 이 백성에게 가서 말하기를 너희가 듣기는 들어도 도무지 깨닫지 못하며 보기는 보아도 도무지 알지 못하는도다 이 백성들의 마음이 우둔하여져서 그 귀로는 둔하게 듣고 그 눈은 감았으니 이는 눈으로 보고 귀로 듣고 마음으로 깨달아 돌아오면 내가 고쳐 줄까 함이라 하였으니 그런즉 하나님의 이 구원이 이방인에게로 보내어진 줄 알라 그들은 그것을 들으리라 하더라(없음) 바울이 온 이태를 자기 셋집에 머물면서 자기에게 오는 사람을 다 영접하고 하나님의 나라를 전파하며 주 예수 그리스도에 관한 모든 것을 담대하게 거침없이 가르치더라

로마에 도착한 바울은 잠깐 여독을 풀고 난 후 곧바로 유대인 중에서 유력한 사람들을 초청해서 자신이 죄수의 신분으로 로마로 오게 된 배경을 설명했다.

바울의 설명을 들은 그들은 다음과 같이 말했다.

> "우리가 유대에서 네게 대한 편지도 받은 일이 없고 또 형제 중 누가 와서 네게 대하여 좋지 못한 것을 전하든지 이야기한 일도 없느니라 이에 우리가 너의 사상이 어떠한가 듣고자 하니 이 파에 대하여는 어디서든지 반대를 받는 줄 알기 때문이라"(행 28:21-22)

그래서 그들이 날짜를 정하고 바울이 유숙하는 집에 많이 옴으로 바울이 그들을 대상으로 복음을 전하게 되었다.

여기서는 바울이 유대인 가운데 유력한 사람들을 대상으로 자기의 셋집에서 복음을 증거한 내용을 살펴보면서 함께 은혜를 나누려고 한다.

1. 바울이 유대인 중에서 유력한 사람들에게 복음을 증거 했다(23절).

누가는 바울이 로마에서 유대인들에게 어떻게 복음을 증거 했는가를 본문에서 자세히 밝히고 있다.

① 바울은 계획을 세워 조직적으로 복음을 증거 했다.

유대인들 가운데 지도적인 위치에 있는 사람들이 날짜를 정하고 바울이 유숙하는 집에 많이 왔다. 여기서 '유숙하는 집' 이란 바울이 로마 황제 앞에서 재판을 받기 전에 머물렀던 셋집(30절)으로 보인다. 특별히 그들이 '날짜를 정하고' 라는 말씀은 바울이 복음을 증거 할 때에 주먹구구식으로 하지 않았음을 보여준다. 이는 바울이 보다 효과적으로 복음을 전하기 위해서 계획을 세워 '조직적' 으로 복음을 전한 것이 돋보이는 대목이다.

② 바울은 열정적이면서도 알아듣기 쉽게 복음을 전했다.

누가는 바울이 "아침부터 저녁까지 강론했다"고 기록했다. 여기서 '아침부터 저녁까지' 라는 말씀을 보아서 바울이 얼마나 열정적으로 복음을 증거 했는가를 알 수 있다.

또한 '강론' 이라는 말은 '해설하다', '알기 쉽게 해석하다', '설명하다' 는 뜻을 가진 낱말이다. 따라서 바울은 유대의 지도자들에게 복음을 알기 쉽게 해석하고 설명했다는 얘기다. 오늘날 자신도 제대로 모르고 남도 모르는 얘기를 늘어놓는 사람들이 종종 있다. 복음은 누가 들어도 어렵지 않고 누가 들어도 유치하지 않도록 증거 하는 것이 중요하다.

③ 바울이 증거 한 복음의 핵심은 '하나님의 나라' 와 '예수' 였다.

바울이 유대인 중에 유력한 사람들에게 열정적이면서도 알아듣기 쉽게 증거 한 복음의 핵심은 '하나님의 나라' 와 '예수 그리스도' 였다. 이 주제는 근본적으로 같은 것이며 이는 신구약 성경의 중심이 되는 주제이기도하다. 왜냐하면 예수님께서 전파하신 중심 메시지가 '하나님의 나라' (마 4:17, 막 1:15)에 관한 것이며, 또한 예수께서 하신 일도 '하나님의 나라' 에 관한 복음을 전하는 일이었기 때문이다(마 4:23, 9:35, 눅 8:1, 9:2). 하나님의 나라는 예수님의 영역이며 예수님은 하나님 나라의 통치자이시다. 따라서 우리들이 땅 끝까지 전해야 할 복음의 주제 또한 '하나님의 나라' 와 '예수 그리스도' 이어야 한다.

④ 바울은 모세의 율법과 선지자의 말을 가지고 예수에 대해서 증거했다.

여기서 말하는 '모세의 율법' 과 '선지자의 말' 은 구약성경을 의미한다. 바울은 예수님이 모세와 모든 선지자들이 예언했던 메시아라는 사실(행 13:15, 24:14)을 '설득하고', '깨닫게 하고', '확신시켜주었다.' 왜냐하면 유대인들은 구약성경에 예언 된 메시아에 대한 약속이 예수 그리스도 안에서 성취 된다는 바울의 메시아관을 이해하기 힘들어했기 때문이다. 그래서 바울은 유대인들이 공감하는 내용을 활용해서 끊임없이 설득하고 깨닫게 하는 과정을 통해서 그들이 진정한 메시아이신 예수 그리스도를 믿도록 하는데 중점을 두고 강론했다.

2. 바울이 증거 한 복음을 들은 유대인들의 반응은 각각 달랐다 (24-27절).

바울은 유대인 중에서 지도적인 위치에 있는 사람들을 초청해서 자신이 로마로 오게 된 배경과 동기를 설명했다. 그들은 바울이 전하는 복음이 어디서든지 반대를 받는 것으로 알고 있었다(22절). 즉, 예루살렘에 있는 유대인들이 그랬던 것처럼 로마에 있는 유대교 지도자들도 기독교를 유대교에서 이탈한 '한 분파' 로 여기고 바울의 사상에 대해서 알고자 원했던 것이다. 그래서 그들이 날짜를 정하고 바울이 유숙하는 집에 많이 왔다. 그때 바울은 아침부터 저녁까지 열성적으로 그들이 알아듣기 쉽게 모세와 선지자들이 예언한 말씀을 가지고 하나님 나라와 예수 그리스도에 대해서 해석하고 설명했다.

그 말은 들은 사람들은 바울이 전하는 말을 믿는 자도 있고 믿지 아니하는 자들도 있었다. 여기서 '믿는 사람' 이란 미완료 시제로 써졌기 때문에 '믿어지기 시작한 자들' 이라는 의미다. 다시 말하면 바울의 말을 듣고 믿으려고 한 사람들이 있는가 하면 계속해서 불신의 태도로 일관하는 사람들이 있었다는 얘기다. 따라서 바울이 강론을 계속할 수 없는 상황에 이르게 되었음을 짐작할 수 있다. 그래서 그들이 흩어졌다. 여기서 '흩어졌다' 는 것은 바울이 가라고 해서 간 것이 아니다. 물론 로마 군인들이 강제로 흩어져 떠난 것도 아니다. 이는 유대교 지도자들 간의 치열한 논쟁으로 인해 유대교 공동체에 내부 분열이 있어서 스스로 그곳을 떠났다는 의미다.

이와 같은 현상은 주께서 말씀하신 것을 생각나게 하는 대목이 있다.

"내가 세상에 화평을 주러 온 줄로 생각하지 말라 화평이 아니요 검을 주러 왔노라 내가 온 것은 사람이 그 아버지와, 딸이 어머니와, 며느리가 시어머니와 불화하게 하려 함이니 사람의 원수가 자기 집안 식구리라" (마 10:34-36)

여기서 깨닫게 되는 것이 있다. 하나님의 말씀을 똑같이 들어도 '예수 생명' 이 있는 사람은 더욱 은혜가 풍성해지지만 거듭나지 못한 사람은 더욱 강퍅해 진다는 사실이다. 마치 비가 올 때 산에 나무들이 똑같이 비를 맞지만 살아있는 나무는 그 비를 맞고 더욱 크게 성장하게 되어도 죽은 나무는 그 비를 맞음으로 더욱 썩는 것과 같다고 말할 수 있다.

3. 바울은 하나님의 구원이 이방인에게로 넘어갔다고 말했다(25-28절).

바울은 자신의 설교를 들은 유대인들이 서로 맞지 않아 흩어질 때 이사야 선지자를 통해서 주신 말씀을 인용해서 말했다.

"여호와께서 이르시되 가서 이 백성에게 이르기를 너희가 듣기는 들어도 깨닫지 못할 것이요 보기는 보아도 알지 못하리라 하여 이 백성의 마음을 둔하게 하며 그들의 귀가 막히고 그들의 눈이 감기게 하라 염려하건대 그들이 눈으로 보고 귀로 듣고 마음으로 깨닫고 다시 돌아와 고침을 받을까 하노라 하시기로"(사 6:9-10)

이 예언의 말씀은 신약성경에서 여섯 번이나 인용 된 매주 중요한 말씀이다(마 13:14-15, 막 4:12, 눅 8:10, 요 12:40, 롬 11:8, 행 28:26-27). 바울이 이 말씀을 인용한 이유는 유대 지도자들이 완악하여 복음을 수용하지 않았음을 강조하려는 것이다. 여기서 '완악해져서' 라는 말은 '살찌우다', '느낌이 없게 만들다', '둔하게 하다', '(물, 광선 따위가) 통하지 않다' 라는 의미다. 그러므로 바울은 유대교 지도자들이 하나님의 말씀을 귀로 듣지 않으려하고, 눈으로 보지 않으려하고, 마음으로 깨닫지 않으려하고, 고침을 받지 않으려고 '의도적으로' 귀를 둔하게 하며, 눈을 감고, 마음을 무디게 했다는 것을 지적하는 것이다.

여기서 생각하고 넘어갈 것이 있다. 바울이 이사야 선지자의 예언을 '성령' 이 하신 말씀이라고 말했다는 사실이다(25절). 이는 이사야 선지자의 글이 곧 '성령의 영감' 이었음을 인정했다는 것으로 이는 매우 중요한 의미를 지닌다. 바울은 지금 자신이 증거 하는 복음은 과거에 하나님께서 선지자들을 통해서 영감으로 주신 구약성경의 말씀을 근거로 전하고 있음을 밝힘으로 자신이 전하는 복음이 '신적 권위' 가 있다는 것을 보이려는 의도로 여겨진다.

또한 바울은 유대인들이 복음을 거부했기 때문에 하나님의 구원이 이방인에게로 넘어가 그들이 들을 것이라고 선포했다. 이는 바울이 여기서 뿐만 아니라 이미 여러 번 밝힌 바 있다(행 13:46-47, 18:6, 22:21, 26:20). 이 말씀은 이방인들이 혈통적으로는 유대인이 아니지만 그들이 복음을 받고 예수 그리스도를 믿음으로 하나님의 자녀, 곧 '영적 이스라엘' 이 되었음을 말하는 것이다. 바울은 하나님의 구원이 유대인에게서 이방인에게로 넘어가는 하나님의 섭리를 발견하고 이렇게 증거 했다. 바울이 이와 같이 선포한 것은 자기 동족인 유대인을 미워해서가 아니라 도리어 자기 동족이 회개치 않음을 안타까워하는 마음에서 비롯된 것이다(롬 9:1-3). 그러면서도 바울은 유대인들의 거부로 구원이 이방인들에게 미쳤다고 선포함으로 하나님의 위대한 섭리를 강조하려 했다.

4. 바울은 계속해서 담대하며 거침없이 복음을 전했다(30-31절).

누가는 본서를 종결하면서 로마에서의 바울의 활동을 간략하게 언급하고 있다. 바울이 '온 이태'를 자기 셋집에 머물렀다고 밝히고 있는데, 이 기간은 대략 A.D.61-63년 이었을 것으로 추정한다. 바울은 이 기간 동안에 연금 상태로 있었던 것이 분명하다. 그런데 바울의 재판이 왜 2년 동안이나 지체되었는지는 확실하게 알 수 없다. 다만, 예루살렘과 가이사랴에서 바울을 고소했던 유대인들이 끝내 로마의 법정에 출두하지 않았기 때문에 바울의 재판이 궐석으로 진행되었고 마침내 무죄로 석방된 것으로 여겨진다.

바울은 이 기간 동안 옥중서신으로 불리는 에베소서, 골로새서, 빌립보서, 빌레몬서를 기록했다. 또한 이 기간 동안에 바울의 제자요 동료였던 디모데가 대부분 함께 지내다가 빌립보로 파송되었다(빌 2:19). 그리고 누가가 로마까지 함께 와서 바울을 보살펴 주었다(행 28:16, 골 4:14). 한편, 두기고는 바울의 옥중생활 초기에 합류하여 에베소서, 골로새서, 빌레몬서를 가지고 아시아 지방으로 파송되었다(엡 6:21, 골 4:7). 바울과 한때 불화했던 마가는 바울이 가리사랴에 있을 때부터 화해한 것 같고, 그때부터 같이 있었던 것으로 보인다(골 4:10). 데마는 바울과 같이 있다가 바울을 버리고 떠나갔다(골 4:14, 딤후 4:10). 그 외에도 빌립보 교회 성도들의 헌금을 가지고 온 에바브로디도(빌 2:25-30), 데살로니가의 아리스다고(골 4:10), 골로새의 에바브라(골 1:7), 회개한 노예 오네시모(몬 1:10) 등이 바울의 옥중생활을 하는 동안 큰 힘이 되었다.

누가는 바울의 2년 동안의 행적을 간략하게 기술하고 있다.

① 바울은 자기에게 오는 사람들을 다 영접했다(30절).

여기서 '영접하고' 라는 말은 '(아주 반갑게) 환영했다' 라는 말이다. 이 단어가 동작이나 상태의 계속을 나타내 주는 미완료 시제로 사용되었기 때문에 바울이 셋집에 있는 동안 사람들이 계속해서 찾아왔고 바울은 그들을 늘 환영했다는 얘기다. 다시 말하면 바울은 계속해서 자기를 찾아오는 사람들을 언제나 '친절과 사랑으로' 대접했다는 말이다. 하나님의 사람들은 나를 찾아오는 사람들을 주님을 대하는 정성으로 사랑하고 친절하게 대접해야 한다.

② 바울은 하나님 나라를 전파했다(31절).

바울이 자기를 찾아오는 사람들에게 전한 복음의 핵심은 '하나님의 나라' 였다. 유대인들이나 이방인 모두는 이 세상에서 겪게 되는 여러 가지 질병, 가난, 고통, 죽음 등 인간들이 해결할 수 없는 난제들 앞에서 새로운 세계를 원하고 있었다. 이런 사람들에게 '하나님의 나라' 에 대한 복음은 그들의 심령을 기쁘게 하는 복음이 아닐 수 없다. 이 하나님의 나라는 예수 그리스도께서 이 땅에 오셔서 십자가를 지시고 인류의 죄를 대속해주실 뿐만 아니라 부활하셔서 사탄의 권세를 이김으로 이미 이루어졌다. 그리고 예수 그리스도께서 재림하셔서 산 자와 죽은 자를 심판하심으로 앞으로 완성되게 될 것이다. 따라서 예수 그리스도를 '나의 주, 나의 하나님' 으로 믿는 자는 하나님의 나라에서 영생을, 믿지 않는 자는 영벌을 받게 될 것이다. 믿는 자들이 장차 들어갈 하나님의 나라는 슬픔, 고통, 가난, 질병, 어두움, 죽음이 없는 아름다운 나라임을 믿고 확신해야 한다(계 21:4).

③ 바울은 예수 그리스도에 관한 모든 것을 '담대하게', '거침없이' 가르쳤다(31절).

바울은 하나님의 나라뿐만 아니라 예수 그리스도에 관한 모든 것을 담대하면서도 거침없이 가르쳤다. 그는 비록 죄수의 신분으로 가택 연금 상태에 있었지만 복음 전하는 것을 결코 쉬지 않았다. 그는 주님이 함께 하심으로 담대하고도 거침없이 복음을 증거 할 수 있었다. 신앙인은 언제, 어디서, 누구 앞에서나 주님이 주시는 담대함으로 복음을 전하는 것이 중요하다.

이와 같이 누가는 바울이 2년 동안 가택 연금 상태에 있으면서도 담대하고도 거침없이 복음을 증거 했다고 증언하면서 본서를 마감하고 있다. 따라서 그 이후의 바울의 행적을 정확히 알 수는 없다. 다만, 바울은 A.D.63년에 석방되어서 마게도냐를 비롯해서 여러 지방을 여행하면서 복음을 전했던 것으로 보인다(딤후 4:20). 또한 전승에 의하면 바울이 그토록 가기 원했던 서바나까지 복음을 증거 했다고 한다. 바울은 A.D.66년에 다시 투옥 되어 A.D.67년에 순교한 것으로 알려졌다. 바울이 순교하기 직전에 디모데전서와 디모데후서, 디도서를 기록한 것으로 알려졌다.

사도행전은 누가에 의해서 여기까지 기록되었다. 그러나 이제 우리가 해야 할 일은 성령께서 지금도 우리와 함께 하심으로 우리들을 통해서 복음을 전하기 원하신다. 따라서 사도행전 29장 이하를 우리들의 손으로 계속해서 기록해야 할 것이다.

■ **오늘의 말씀을 요약해 보자.**

- 복음증거의 효과를 증대시키기 위해서는 계획을 세워 조직적으로 전해야 한다.
- 복음을 열정적으로 전하려는 마음을 갖는 것이 필요하다.
- 복음을 다른 사람들이 알아듣기 쉽게 증거 할 수 있도록 기도해야 한다.
- 우리들이 땅 끝까지 증거 해야 할 복음의 주제는 '하나님의 나라'와 '예수 그리스도'이다.
- 복음을 듣는 상대방이 이미 이해하고 있는 것을 이용해서 복음을 전하면 효과적이다.
- 주의 말씀을 듣고 영적생명이 더욱 풍성해져야 한다.
- 신구약 성경은 성령의 감동으로 된 하나님의 말씀이 확실하다.
- 하나님의 구원계획은 유대인뿐만 아니라 이방인 모두를 포함하고 있다.
- 내게 오는 모든 사람들을 사랑과 친절로 대접하는 것이 성도의 마땅한 도리다.
- 어떤 상황에서도 끊임없이 복음을 증거 했던 바울을 본받아야 한다.
- 복음의 핵심이 '하나님의 나라'와 '예수 그리스도'임을 분명히 알고 이 복음을 전해야 한다.
- 복음 증거자에게는 담대함과 확신이 있어야 한다.
- 계속해서 우리의 손으로 사도행전을 기록해 나가려는 각오와 결심이 있어야 한다.

사도행전 강해설교 4
사도행전적 비전을 갈망하라

펴 낸 날 1판 1쇄 2012. 7. 20

지 은 이 엄승용
펴 낸 이 이환호
펴 낸 곳 도서출판 예찬사
등 록 1979. 1. 16 제302-2004-000056호
주 소 서울시 용산구 한강로2가 108-1 정우빌딩 205호
전 화 798-0147(편집) 798-0148~9(영업)
팩시밀리 798-0145
홈페이지 yechansa.com
전자우편 yechansa@yechansa.com
yechansa7@yahoo.co.kr

I S B N 978-89-7439-389-2

* 저자와 협약하여 인지를 생략합니다.
좋은 책은 좋은 사람을 만듭니다.
예찬사는 기독교 출판 실천윤리강령을 준수합니다.